千家峒盘王广场

炎帝陵怀古（作者诗文）

湖南江华留影（右起黎明柳、任俊华、李祥红、张华兵、黄玉祥）

登上韶山（与姚新中教授）

在希望的田野上

在意大利学习

参观中央台（右起孙东生、任俊华、王伟、黄彦蓉）

易学与科学年会（右起孙熙国、陈振宇、任俊华、程刚、詹宇国、张正春）

第50期省部班一支部三组合影

第52期省部班二支部一组合影

党校正门留影

党校综合楼

北国风光

战略创新与管理之道

我在党校讲国学

任俊华 ◎ 著

中国书籍出版社

图书在版编目(CIP)数据

战略创新与管理之道:我在党校讲国学/任俊华著.
—北京:中国书籍出版社,2013.3
ISBN 978 - 7 - 5068 - 3372 - 1

Ⅰ.①战… Ⅱ.①任… Ⅲ.①国学 - 研究 Ⅳ.
①Z126.27

中国版本图书馆 CIP 数据核字(2013)第 037300 号

战略创新与管理之道:我在党校讲国学

任俊华 著

责任编辑	于健平	
责任印制	孙马飞 张智勇	
封面设计	华子设计	
出版发行	中国书籍出版社	
地　　址	北京市丰台区三路居路 97 号(邮编:100073)	
电　　话	(010)52257143(总编室)　　(010)52257153(发行部)	
电子邮箱	chinabp@ vip. sina. com	
经　　销	全国新华书店	
印　　刷	北京市媛明印刷厂	
开　　本	710 毫米×1000 毫米　　1/16	
印　　张	26	
字　　数	260 千字	
版　　次	2013 年 3 月第 1 版　　2013 年 6 月第 1 次印刷	
定　　价	198.00 元	

倡导"华夏新国学"
（代序）

　　"国学"，一般被认为是中国传统学术之简称。它涵盖了中国传统文化的方方面面，是中华民族世世代代血脉相传的文化大观园，更是中国人安身立命的精神家园。我亦对此作如是观。但是持此观点者，对"中国传统学术"之内涵之理解是有差异的，一般人认为此"中国传统学术"即指桐城派曾提出的三类学术：辞章之学、考据之学和义理之学，也就是大致相应于我们今天讲的文、史、哲三类学术。而我理解的"中国传统学术"则比这三类学术之限定要宽广得多，我比较欣赏晚清国学巨擘——曾国藩倡导的"四类学术"之说，即在辞章之学、考据之学和义理之学的基础上，再加上一类"经济之学"，这"经济之学"不仅仅是现在讲的"经济学"，它是指各种经世济民的学问，不仅包括了明、清西洋传教士带入的近代天文、地理、数学、物理、化学等格物之学和留洋士带回的近代医学、探矿、冶金、工程、军工、纺织、机械、农业、生物等新式格物之学，也包括明清实学派、洋务派、改良派和革命派等从西洋带回的诸如法学、经济学、金融学、政治学、宗教学、社会学、民族学等等各种近代人文社会科学等，即一切被认为是能够"利国利民之学"。这些近代西洋人文学科（Humanities 或 Liberal Arts）、自然科学（Natural Science）、社会科学（Social Science）进入中国已有百年之余，已融入中国学术之血脉中，成为"中国传统学术"的重要组成部分。所以，若以时间来界定"中国传统学术"的话，则可以起自上古而终至新中国成立，若以上古伏羲氏创制八卦符号代替结绳计数出现了繁荣农耕文化作为开端（即江西、湖南考古发现人工栽培稻的最迟年限），上下亦有八千年矣，岂止五千年哉！

"以史为鉴，可知兴替"，研究过去的华夏八千年国学文化，是为了开出今日中国现代化之新学术文化。只有站在高高的历史巨人肩上，我们才可以跨过高高的现代化之围栏，迈进真正的现代化强国之域！

我们以"华夏"命名国学是因为各国皆有各国之"国学"。为便于国际交流，用"华夏"限定后的"国学"则专指中华之国学也。因"华夏"国学比古之"中国"学（即"中原古国"之学）和今天之"汉学"（即"汉族之学"）的范围更广、内涵更丰富，包揽了当今中华56个民族的所有灿烂文化传统，所以用"华夏"命名的国学，乃指"大中华之国学"，即举凡赤县神州大地上所有民族之传统学问也。

用"新"来界定"国学"，是因为我们研究国学的目的是为了中华民族开创新的未来服务的，而不是仅仅为了通过品评宋版、明版的国故以及青铜器、瓷器、玉器和名家字画来供国人放心收藏、自我欣赏、自我陶醉用的。如果当今研究传统国学仅仅是通过品评、欣赏国故来唤起国人的爱国心和自强心，以推广"国粹"、"复古"和"保守"主义，那是狭隘地甚至错误地理解了国学研究的深远意义。

不错，国学研究是要唤醒国人的爱国心和自强心，但决不是为了"复古"，推广"国粹"，更不是为新"民粹主义"和"保守主义"招魂！

伟大的国民革命家孙中山先生曾站在时代巨人之列语重心长地对国人呼吁"世界潮流浩浩荡荡，顺之则昌，逆之则亡！"我们研究传统国学，就是为了更好地将大中华文明纳入世界现代文明之轨道，与当今最科学、最进步、最完美的文明融为一体，开创出真正利国利民的华夏新文明。我们倡导的"华夏新国学"研究的宗旨即在于推陈出新、开创最顺应当今时代进步潮流的"华夏新文明"。这个新文明就是融真、善、美为一体的新现代文明！流传至今的华夏最古之书——《周易》曾告诫我们要"与时偕进"即要把握时代的脉搏发展壮大自己。常言说得好："不进则退"、"落后是要挨打的"，我们华夏民族历史上有过太多太多的血与火的教训，仅仅是百年的近代列强侮辱史就让我们每一个有心肝的国民不能不去痛定思痛，奋起振兴曾历尽苦难的华夏民族！

要振兴华夏民族，希望在哪里呢？就在于"立本开新"即立足于华夏传统之本——民族之魂的塑造，开创出与时俱进的新文明，始终走在世界先进文明前列，保持始终不衰的发展势头，勇往直前，把我们的民族改造成为世界上最富有活力的民族，把我们的国家建设成为民主、富足、文明、和谐的现代化强国。

"不积跬步，无以至千里"，我们只有常年积累、一步一步地开拓下去，才能通过"华夏新国学"的今天开拓出"华夏新国学"美好的明天。

（本文曾以《何谓"华夏新国学"》为标题发表于2007年12月24日《学习时报》"党校教育专刊"，文字略有改动。）

目　录

第一讲
寻找传统文化中的创新智慧

　　我国是一个有着悠久历史的文明古国，我们的先人在这片土地上创造出了灿烂的文明，为我们留下了大量珍贵的文化遗产。这些遗产是中华民族文明绵延发展的见证，凝聚着中华民族的智慧成果。中华民族是一个勤劳勇敢、具有创新精神和创新传统的民族。中国传统文化作为中华民族在长期的历史进程中形成的观念体系、价值体系和知识体系，集中体现着中华民族特有的思维方式，是当代中国人思想意识、心理活动和行为方式无法完全摆脱的精神遗产。深入挖掘中国传统文化中的创新因素，对于继承和弘扬民族创新精神，形成符合时代要求的中国特色社会主义创新文化，动员亿万人民增强自主创新能力都有着重要的作用。我们仅从中国传统文化中的创新意识和创新思想、创新方法和创新内容及其历史传承与现代影响几个方面对中国传统文化中的创新元素做一梳理。

一、中国传统文化中的创新意识和创新思想

谈到中国传统文化，不少人会把它与保守联系在一起，只看到传统文化中阻碍创新的因素，而对中国传统文化中的创新意识和创新精神视而不见。

（一）中国传统文化中的创新意识

与西方社会国家形成的历史不同，中国国家的形成本身就是应对自然灾害的结果。从三皇五帝到部落联盟的官员都是具有强烈创新意识和丰富创新思想的杰出代表。据《易传·系辞下》记载，我国社会从原始社会到文明社会的历史进程，就是一个不断创新的过程。从包牺氏在"观象于天"、"观法于地"、"观鸟兽之文与地之宜"基础上创新——"结绳而为网罟，以佃以渔"，改善生存条件开始到神农氏在生产工具方面的重大创新——"斫木为耜，揉木为耒，耒耨之利，以教天下"，使中国人过上了农耕定居的生活。进入了农耕时代后，物资丰富，而人们生活也有了更多方面的要求，于是出现了产品交换方式的创新，这就是"日中为市，致天下之民，聚天下之货，交易而退，各得其所"。之后的黄帝、尧、舜，根据人类社会的变化，"通其变，使民不倦；神而化之，使民宜之"，实现了"垂衣裳而天下治"。特别是大禹治水不仅一改以往以堵治水的方法，变堵为疏，使人民的生命财产免受水患

威胁，更在治水的过程中，在面对水患以及其他重大自然灾害等共同威胁时，形成了共同的利益，推进了中华民族的形成，奠定了我国基本的国家版图。在向文明社会的发展中，历史上有名的绝地天通就是颛顼打着人人都与神交流沟通、天神不胜其扰的旗号，在人神沟通的方式上进行了创新，把原本人人都具有的与神沟通的权力垄断为己有，从而保证了自己所发号令的权威性和执行力。中国最早奴隶制王朝——夏朝的建立就是夏启在部落联盟首领产生的方式上的创新，中国社会从天下为公的时代走向了家天下的社会。而从夏王朝松散式的国家管理到商与周中央集权的发展，也是中华文明从巫觋传统向伦理传统的发展和创新的结果。从原本夏王作为巫师型领导人代天行道，到商王把自己的祖宗神作为天神的宾客代为转达天意，再到西周的"皇天无亲、惟德是辅"，"天视自我民视、天听自我民听"，反映出中华先民在国家合法性问题认识上的突破。周公制礼作乐以及嫡长子继承制、分封制等制度的出现和创新，更奠定了我国传统社会的基本格局，在很大程度上确定了我国传统社会的治理模式。

中国社会发展的每一步都是与创新密切相关的。社会的创新有着开物成务、以利天下等经世致用的源泉与动力，这在"尚象制器"中有明显的体现。"圣人观象以制器，包牺、神农、尧、舜等往圣先贤，他们充分开发物用，并使民众熟知物用之理，推而广之，成就了非凡的伟业。这种开物成务，以为天下利的精神，成为促进古代文明史发展的重要因素之一，成为尔后中国人重视文明创造的思想源泉。中国古代的四大发明，在整个世界古代文明史上具有不可抹杀的地位，应该说与此有着深刻的渊源关系。"①

（二）中国传统文化中的创新理念

我国古代有丰富的创新思想，有关创新的论述是很多的。三千年前，《诗经·大雅·文王》上说："文王在上，於昭于天。周虽旧邦，其命维新。"《文王》作为"大雅"首篇，歌颂了文王的开国功绩，意为周国虽然是一个古老的诸侯邦国，但它承受的天命却是要使国家更新法度。儒家经典"四书"中有两书（《孟子》、《大学》）直接引用了"周虽旧邦，其命维新"这句话，这说明我们的祖先很早就极为重视不断更新、不断创造。

> 滕文公问为国。孟子曰："……诗云'周虽旧邦，其命惟新'，文王之谓也。子力行之，亦以新子之国。"（《孟子·滕文公上》）

> 汤之《盘铭》曰："苟日新，日日新，又日新。"《康诰》曰："作新民"。《诗》曰："周虽旧邦，其命维新。"是故君子无所不用其极。

---

① 罗炽、萧汉明：《易学与人文》，中国书店2004年版，第224～225页。

（《大学》）

《孟子》引这句话用来回答滕文公关于治理国家方面的问题，指出要使国家长治久安，就必须革新制度，施行仁政，关注民生。而《大学》进一步拓展了这一创新思想，从强调制度上的创新到更加重视精神上的创新。"苟日新，日日新，又日新"这句话被刻在商汤王的洗澡盆上，本来是说洗澡的问题，引申为精神上的弃旧图新，提示求新是一个持续不断的过程，从动态的角度来强调不断革新，加强思想创新。"作新民"，展示的是一种革新的姿态，强调要造就一代自新的人，激励人弃旧图新。

"和实生物，同则不继"也是中国古代创新的基本思想之一。《国语·郑语》记载，西周末年，郑桓公问史伯西周政局有啥弊端时，史伯对曰：

> "夫和实生物，同则不继。以他平他谓之和，故能丰长而物归之。若以同裨同，尽乃弃矣，故先王与金、木、水、火杂，以成百物。是以和五味以调口，刚四支以卫体，和六律以聪耳，正七体以役心，平八索以成人，建九纪以立纯德，合十数以训百体。"（《国语·郑语》）

周文王之子周武王建立西周，历经几代，周朝实力削弱，史伯认为致使西周衰弱的原因，是周王"去和而取同"，去直言进谏的正人，而信与自己苟同的小人，并提出"和实生物，同则不继"的思想。"和"指不同事物在互相作用中所形成的一种新的稳定状态，"以他平他"是指不同事物之间的相互作用，即古代圣贤用土与金、木、水、火相互混杂而融合，创造了各种器物，这就叫"和实生物"，而如果只是以土加土，不可能创造出新的器物，这就是"同则不继"，这说明只有不同的事物互相作用才能创造新的事物，如悦耳动听的音乐是"和六律"的结果，香甜可口的佳肴是"和五味"的结果等。这也影响了后来的孔子，"和而不同，同而不和"，进而延伸到了整个中国文化。

而《易传》提出的"生生日新"思想，从天人合一的角度对创新做了更高层面的哲理概括，对不断创新的能力推崇备至，使人们比较容易接受进化和变革的观念，相信推陈出新是历史的必然趋势，是激励中华民族不断创新、不断前进的思想源泉。

> "一阴一阳之谓道，继之者善也，仁者见之谓之仁，知者见之谓之知，百姓日用不知；故君子之道鲜矣！显诸仁，藏诸用，鼓万物而不与圣人同忧，盛德大业至矣哉！富有之谓大业，日新之谓盛德。生生之谓易，成象之谓乾，效法之谓坤，极数知来之谓占，通变之谓事，阴阳不测之谓神。"（《易传·系辞上》）

《易传》认为天地万物中包含的阴阳两种对应因素交互作用，对应转化，相易相生，因而能"日新之谓盛德，生生之谓易"。"日新"指变化不息，日日增新；"生生"指阴阳相互变化而不穷。所谓"生生""日新"，就是不断地变化、更新。张岱年先生把"生生日新"视为中华民族创新的文化渊源，并指出，"'生'即是创，'生生'即不断出现新事物。新的不断代替旧的，新旧交替，继续不已，这就是生生，这就是易。"《周易》指出，"易，穷则变，变则通，通则久。"正因为这种"变易"思想，中华文明才具有自我更新的能力，在数千年的发展中生生不息、历久弥坚，这也是中华文明在世界四大古老文明中唯一没有中断的根本原因。

(三) 中国传统文化中的创新思想

1. 百家争鸣所体现的创新精神

在中国历史上，春秋战国是思想活跃、群星闪烁的时代。这一时期出现了诸子百家彼此诘难，相互争鸣的盛况空前的学术局面，同时这也是中国学术史上最为开放和创新的时代。社会的大变革催生了各种思想流派，如儒、法、道、墨等，他们著书讲学，互相论战。百家争鸣就是指春秋战国时期学术领域不同学派的涌现及各流派争芳斗艳的局面。百家之学通过不同理论学说及其争辩，使思想家们的理性及创新思维得到极大地张扬，心灵与思想的自由得到巨大的拓展，形成了中国古代思想史上理论创新的收获季节、黄金时代，缔造了我国古代创新思想辉煌灿烂的繁荣期。

百家之学，依汉代班固《汉书·艺文志》的分类，主要有儒、道、阴阳、法、名、墨、纵横、杂家、农家、小说等十家。其中既有建构性的，也有批判性的；既有复古怀旧的，也有大胆创新的；既有信而好古、述而不作的继承，也有"治世不一道，便国不法古"的创新。其中创新思想的理论，主要体现在《周易》的"唯变所适"、法家的"世界事异"以及兵家的"奇正"思想。

2.《周易》中的创新思想

创新意味着改变，所谓推陈出新、气象万新、焕然一新，无不是诉说着一个"变"字。而《周易》正是讲变的哲学。"《易》穷则变，变则通，通则久。"（《易传·系辞下》）变则通，就是说要通过不断变化，通过创新来实现通达，这才是长久之道。在《周易》中，始终贯穿着创新这一永恒的主题，易学本身处处充满着变革、创新的思想。"《易》之为书也不可远，为道也屡迁。变动不居，周流六虚，上下无常，刚柔相益，不可为典要，为变所适。"

《易纬·乾凿度》云："易一名而含三义，所谓易也，变易也，不易也。"郑玄依此义作《易赞》及《易论》云："易一名而含三义：易简一也，变易二也，不易三也"。也就是说"易"有三重含义：简易、变易、不易。虽然这三个含义都是对"易"的发挥，实际上"周易"的真义就是变化，变易是宇宙的根本精神，体现了宇宙万物永恒的运动本质。所以，唐人孔颖达说："夫易者，变化之总名，改换之殊称。自天地开辟，阴阳运行，寒暑迭来，日月更出，孚萌庶类，亭毒群品，新新不停，生生相续，莫非资变化之力，换代之功。然变化运行，在阴阳二气，故圣人初画八卦，设刚柔两画象而气也；布以三位，象三才也。谓之为《易》，取变化之义。"（《周易正义·卷首》）在孔颖达看来，"易"就是变化的总称，改换的特殊称谓，其基本内涵则是"新新不停，生生相续"，体现出来就是"变化之力，换代之功"，其变化的动力原因在于"阴阳二气"。因此说，之所以取名《易》，实则是取其变化的含义，"变化"的现代意蕴就是"创新"，具体化就是革故鼎新的创新思想。

《周易·杂卦传》说："革，去故也；鼎，取新也。"革故鼎新这一成语就是从这里来的。革，就是变革、革命，不破不立，破旧才能立新。鼎，是用来承接革的结果的，所以取意更新。《易经》中《革》、《鼎》两卦所体现出来的改革意识、变革思想与进取精神，是《周易》创新思想在社会历史领域的集中体现。《革·彖》曰："革，水火相息，二女同居，其志不相得曰革。'巳日乃孚'，革而信之。文明以说，大亨以正。革而当，其悔乃亡。天地革而四时成，汤武革命，顺乎天而应乎人。革之时大矣哉！"

《革》卦的卦象是离火中女在下，而兑泽少女在上。朱熹说："中少二女合为一卦，而少上中下，志不相得，故其卦为革也。"（《周易本义·下经二》）二女同为阴，两阴相互排斥，势同水火，而少女又位居中女之上，中女不能容忍，少女也势不能容，二者都试图消灭对方。在这种情况下，只有果断地进行变革，才能改变这种局面，变危为安。所以说，"革而当，其悔乃亡"，只有变革才是恰当的举动。"革"的理念延伸到自然领域，就是"天地革而四时成"，天地互相变革感应而生成四时万物；延伸到社会领域就是"汤武革命，顺乎天而应乎人"，社会历史也要不断进行顺天应人的政治改革。总结这两点，所以说"革之时大矣哉！"革的作用是很大的，这就是对变革、创新的充分肯定。这就为历代王朝更替、改朝换代提供了基本的理论依据。因此，"事实上正是《周易》启迪了中国文化的革命变革精神。'天下无道，圣人革之'，'革'、'鼎'、'艮'、'渐'、'睽'都是言变革的卦。'革，火水相薄，变在其中，圣人行权革易变之时'（《范文正公文集》卷五）。鼎，是古代圣王用以烹饪及祭祀天地和顺养圣贤的器具。范仲淹曾以殷汤王、周武王革命为例，认为汤武顺应天时人心而取代夏殷，接着'改正朔，变服章、更器用'，励行新政，他说这就是所谓'革去故而鼎取新'，是'天下治'又'盛乎'的根本原因。这种革新的思想是我们今天进行改革的重要文化基因。"① 易学的精华，就在于其本身的变，以及由此而延伸出来的"生生之道"、"革故鼎新"、"自强不息"的创新精神。

3. 法家创新思想

先秦历史进入到战国中期，生产方式、社会结构已经发生了根本性的改变，必然要引起治国理念与统治方式的改变。各国的变法运动，正是适应这样一种改变而发展起来的。在我国思想史上，法家既是这一变法运动的推动者，也是变法理论的倡导者。

在变法成为大势所趋的情况下，商鞅在秦国推行的变法最彻底、也最成功。他的变法理论也最有影响。商鞅推行变法在理论上的最重要依据是："治世不一道，便国不法古，汤、武之王也，不修古而兴。殷、夏之灭也，不易礼而亡。然则反古者未必可非，循礼者不足多是也。"（《商君书·更法》）在商鞅看来，治国之道变与不变，应该以便国利民的现实功利为依据，现实功利的求取方式已经变化，治国之道就应该而且必须变化。这种强调变法的政治主张，为治国之道的政治创新提供了理论依据。他提出"不必法古"，"反古者不可非"，反对守旧复古，认为社会制度是随着社会的变化而变化的，如果"时移而法不变"，那么国家的统治就危险了。因此，他积极主张进行

---

① 罗炽、萧汉明：《易学与人文》，中国书店 2004 年版，第 219～220 页。

变法，提倡创新，并且在秦国为自己的变法创新思想进行了政治实践。商鞅变法的成功，也证实了创新的必要性和正确性。

韩非子继承了商鞅的变法主张，提出了"世异则事异，事异则备变"的历史变化理论，进一步丰富了我国古代创新思想。他说："是以圣人不期修古，不法常可，论世之事，因为之备。""世异则事异，事异则备变。""事因为于事，而备适于事。"（《韩非子·五蠹》）时代在变迁，客观环境在变化，治国之道理所当然的要改变，这就需要创新。历史上任何伟大的创举都是时代的需要和产物。无论以前的措施多么完美有效，如果将它原封不动地搬到现在来用，则无异于守株待兔。因此，因循守旧、固步自封实不可取，不断进取、与时俱进才是永恒的生存法则，才能适应社会历史发展变化的客观规律。

4. 兵家创新思想

战场形势瞬息万变，因此，战争的变化运动，比其他许多社会现象更为迅速和不可预测。战争的关键，就在于指挥者要善于发现敌情变化，运筹帷幄之中，决胜千里之外，因此，古代的军事家们更加注重创新思想的总结和运用，在军事思想方面也更加推崇创新。《孙子兵法》、《孙膑兵法》、《三十六计》等等都是军事创新的杰作，而围魏救赵、官渡之战、赤壁之战等战例，更是创新思想在军事领域的成功运用。

　　兵家的鼻祖是春秋晚期杰出的军事家孙武。孙武所著的《孙子兵法》一书，总结丰富的战争经验，阐述了"以正守国，以奇用兵"（《汉书·艺文志》）的战略战术，蕴含了丰富的创新思想。他不仅提出"知彼知已，胜乃不殆；知天知地，胜乃不穷"（《孙子兵法·地形篇》），而且创造性地阐述了关于战势的奇正相生，奇正转化的问题。孙武说："战势不过奇正，奇正之变，不可胜穷也。奇正相生，如循环之无端，孰能穷之?"（《孙子兵法·势篇》）战争的态势或奇或正，奇正相生，变化无穷，象无端的圆环环绕一样，是很难完全掌握和穷尽的。"正"，是指战争态势方面一般的正规的形式；"奇"，指其多变的特殊的形式。但凡作战，一般的人都会用普通的方法去应对，正如古人云：兵来将挡，水来土淹。但要取得作战的胜利，就要用出乎别人意料之外的战法，这就是"奇"。"奇"就体现了一种思维的新颖性和独特性，就是创新。

　　在战争中，一般普通的方法，大家都知道，都会用。但是要战胜敌人，取得胜利，就要用不同于平常的，别人想不到的方法，就是要用"奇"。孙膑围魏救赵、韩信"明修栈道、暗渡陈仓"、诸葛亮唱空城计，都是奇招，都是军事上的创新。高明的将领正是在于识别和利用奇正态势的变化来取得胜利。所以说，"凡战者，以正合，以奇胜，故善出奇者，无穷如天地，不竭如江河。"（《孙子兵法·势篇》）杰出军事家和军事将领往往不按照正常的思维方式，普通的方法考虑问题，而是采用非常规的思维，表现出思维的新颖性，这就是创新。这是因为，"兵无常势，水无常形，因敌之变化而取胜者，谓之神。"（《孙子兵法·虚实篇》）兵无常势，水无常形，只有充分发挥主动灵活性，随时变更战略战术，才能出奇制胜。

孙武奇正相生、出奇制胜的军事思想后来被孙膑所继承和发展，其《孙膑兵法》就有专门的《奇正》一篇。"形以应形，正也；无形而制形，奇也。"（《孙膑兵法·奇正篇》）形势变化不测，不能机械地以一种办法去适应万变的客观现实，而要出奇制胜。田忌赛马的故事，就是孙膑奇正思想的具体运用和创新。齐将田忌和齐王赛马，他们的马都分为上中下三等，但是田忌的每一等的马都和齐王的马实力上有所差距，所以总是输。孙膑建议，用他的上等马对齐王的中等马，用中等马对齐王的下等马，用下等马对齐王的上等马，这样，田忌就三局二胜，赢得了千金。

由于传统文化中创新思想的熏陶，在中华民族的历史上，创新人才辈出，创新成果显著。商鞅变法确立了"治世不一道，便国不法古"的指导思想，是战国时期最彻底的一次变法，不仅推动了秦国社会的发展，而且推动了宗法分封制向中央集权制转型，为秦始皇建立大一统帝国奠定了基础，对后世产生了深远的影响。《史记·商君列传》记载："（商鞅变法）行之十年，秦民大悦，道不拾遗，山无盗贼，家给人足。民勇于公战，怯于私斗，乡邑大治。"所以后世有人说："百年犹得秦政法。"韩非子也极力主张随着时事的变化而变法改制。他认为历史是进化的，"是以圣人不期修古，不法常可，论世之事因为之备"，主张"世异则事异"，"事异而备变"，"古今异俗，新故异备"（《韩非子》），他讲了个守株待兔的寓言，讽刺一味法先王的保守派和历史循环论者就象守株待兔的宋人一样可笑，指出"今欲以先王之政，治当世之民，皆守株之类也。"他总结历史经验，主张法后王，认为"治民无常，惟法为治。法与时转则治，治与世宜则有功。……时移而法不易者乱，能众而禁不变者削。"（《韩非子》）再比如王充著《论衡》一书，对当时社会的许多学术问题进行了"百科全书"式的整理，就物理学来说，王充对运动、力、热、静电、磁、雷电、声等现象都有观察，书中记载了他的观点：他把人的发声，比喻为鱼引起水的波动，把声的传播，比喻为水波的传播。王充的这种看法与我们今天声学的结论是一致的：声是物体振动产生的，声要靠一定的物质来传播，这比17世纪欧洲波义耳认识到空气是传播声音的媒介要早1600年。总之，历史上诸多先贤无不钟情于"新"，如孔子首办私学、司马迁首创纪传体通史、华佗发明了"麻沸散"、王羲之写下"天下第一行书"、鲁班发明锯子、李冰修建都江堰、南阳太守杜诗发明水排、赵过发明代田法、蔡伦改进造纸术、毕生发明活字印刷、黄道婆改进纺车，二程、朱熹创新理学，王阳明创新心学……他们都是中国历史上的著名创新人才。

到了近代，有识之士也无不以创新相号召。1902年梁启超写了《新民说》，对旧的礼教纲常进行了批驳，力倡"道德革命"之说，认为"苟有新民，何患无新制度，无新政府，无新国家"，充分意识到伦理道德在文化转型过程中的效用。1915年陈独秀创办了《新青年》，他感到要救中国，先要从思想革命开始，否则政治革命就只能是走形式，于是从舆论宣传办杂志开始，把中国的希望寄托在青年身上，提出了新青年的六大标准：自主的而非奴隶的，进步的而非保守的，进取的而非退隐的，世界的而非锁国的，实利的而非虚文的，科学的而非想象的。1918年毛泽东办新民学会，会章规定学会的宗旨是"革新学术，砥砺品行，改良人心风俗"，"五四"运动后，受马克思主义影响，思想上发生了重大变化，学会宗旨被修改为"改造中国与世界"，目的是以伦理、哲学彻底革新国民思想，以求中华真正之独立。他们无不在追求一个"新"字。

二、中国传统文化中的创新方法和创新内容

中国传统文化中不仅有着丰富的创新思想，更形成了较为系统的创新方法和创新模式，在制度、文化、科技等诸多领域丰富了创新的内涵。

（一）中国传统文化中的创新方法

1. 学思结合、温故知新的方法

早在春秋时期，大教育家孔子在谈到如何为学时，就

提出了很多有针对性的创新方法。其中学思结合、温故知新的方法对中国传统创新有着重要影响。孔子认为，学而不思则罔、思而不学则殆。就学与思对于创新的意义而言，学是知识的积累、是创新的基础。惟有通过博学于文、每事问以及实践等多种途径，才能掌握现有的科技和知识，才能全面了解和掌握事物的客观规律，才能对一个事物有全面准确的认识，才能找到创新点并实现创新。而惟有将苦学与勤思相结合，才能取到事半功倍的效果。但是仅仅停留在学的层面，是不可能产生创新的。创新的实现是通过思来完成。思的过程，是人脑将已掌握的经验和知识与现实情境相结合，进行综合分析、判断和推理的过程，是人类所特有的创新方式。

学思结合的过程，同时也是一个温故知新的过程。只有通过"学"，掌握了尽可能多的"故"，才有了知新的基础。孔子说"吾尝终日不食，终夜不寝，以思，无益，不如学也。"（《论语·卫灵公》）如果说学思结合是创新的途径，那么温故知新就是创新的目的。温故知新不仅是孔子对人类认识世界的认识论的概括和方法论的总结，还与中国传统上习惯于传统基础上创新，创新后不抛弃传统有着密切关联。以天人沟通的方式而论，远古时期的中国人相信天与人之间虽然遥远，却可以通过高插云霄的高山实现天与人的对话。为了体现天意和权威，中国人习惯在有与高山形似的旗杆的广场上召开会议、决定重大事项。旗帜问题在现在之所以如此重要，就因为它代表的就是古人心目中神圣的共同利益。在同一个旗杆下开会，说明有共同的利益、共同的目标和方向。只有有了共同的旗帜，才能将不同的人团结在一起。在当代，旗帜虽然已没有了沟通天人的意义，却还是一个国家、组织同心同德的基础。我们高举中国特色社会主义伟大旗帜，就是因为只有这个旗帜，才能把亿万中华儿女团结起来形成民族的凝聚力和创造力。中国传统文化在创新方面的中国特色，就集中体现于我们的创新是在对传统进行因循损益基础上的创新，而且创新之后并不抛弃传统。创新来源于传统，却又高于传统。

学思结合、温故知新反映了中国人特有的思维方式和创新路径。

2. 举一反三、由此及彼的方法

创新既是对传统的超越，就意味着停留在"学"的层面、"温故"的层面是不够的，我们还要把掌握的"故"即学到的旧有知识与现实的情景和所遇到的具体情况相结合，能够举一反三、由此及彼才能真正实现创新。孔子经常说的"见贤思齐"、"见不贤而内自省"，就是将既有知识与自身情况相结合，由此及彼而进行创新的过程。孔子经常用比喻为学生讲解新知识。《论语》中对此有多处记载，在为弟子讲解"为政以德"时，孔子将"为政以德"比喻为"北辰"，告诉弟子"为政以德"就会像"北辰"一样"居其所而众星拱之"。把抽象的事物比喻为具体的、容易理解的东西，深入浅出地增进弟子对新知识的理解，就是运用的由此及彼的方法。

孔子对他的弟子说："举一隅，不以三隅反，则不复也。"意思是说，我举出一个墙角，你们应该要能灵活的推想到另外三个墙角，如果不能的话，我也不会再教你们了。后来，大家就把孔子说的这段话变成了"举一反三"这句成语，意思是说，学一件东西，可以灵活地思考，运用到其他相类似的东西上。通过一件事情类推而直到其他的事情，从而获得新知识、实现创新的过程就是举一反三。举一反三的能力和水平，反映的就是个体对于知识的融会贯通程度和综合运用水平，也反映着个体的创新能力和差异。每个人由于先天资质的差异、努力程度的不同以及其他因素的影响，举一反三的能力也有所不同。

3. 一阴一阳、有无相生的方法

在古代中国，人们观察自然界中各种对应相联的大自然现象，如天地、日月、昼夜、寒暑、男女、上下等，以哲学的思想方式，归纳出"阴阳"的范畴。早至先秦时代的《易传》以及老子的道德经都有提到阴阳。阴阳理论已经渗透到中国传统文化的方方面面。正如周敦颐的《太极图说》所描述的："无极而太极。太极动而生阳，动极而静，静而生阴，静极复动。一动一静，互为其根。分阴分阳，两仪立焉。"是故"易有太极，是生两仪"。（阴阳）二气交感，化生万物。万物生生，而变化无穷焉。一阴一阳通过阴阳交感、阴阳对立、阴阳互根、阴阳消长和阴阳转化五种方式的变化完成创新、化生万物。

而创新的本质就在于"有生无，无生有"——从现实世界的没有中创造出全新的事物——不断"有无相生"就是不断地创新。中国古代哲学中的一个重大命题，就是讲从无到有。老子《道德经》第一章开宗明义："无名，天地之始；有名，万物之母。"第四十章说："天下万物生于有，有生于无。"都是讲从无到有。这一中国哲学史上首次提出的本体论概念产生了天地万物，并完善天地万物，即指"道生一，一生二，二生三，三生万物。"老子还第一个用否定性的概念描述宇宙本体，即所谓"有生于无"。以无为本体，是人类认识史上一大进步。这是老子吸收前人成果上的一大创新。

（二）中国传统文化中的创新领域

1. 制度创新

中国古代的税收制度、人才选拔制度、军事制度等一直处于改革之中，不断推陈出新。比如中国古代的税收制度，初步形成于西周及春秋战国时期，各诸侯国相继实行"履亩而税"的田赋制度；秦汉时期已渐趋完备，秦代的成文法典称《秦律》，其中有关财政税收的法律有《田律》、《徭律》等，对征税的对象、品目、税率、纳税人、处罚等都有明确规定；魏、晋、南北朝和隋唐时期，在均田制的基础上不断改革完善；到了宋、元、明、清时期，随着均田制的破坏，土地兼并之风日盛，在不断清丈田亩、整理地籍的基础上，逐步实现地、户、丁税的合并征收，并加强商税和盐、茶、酒等货物税的征收制度，清代初期为加强赋税管理，在明万历旧籍的基础上编纂了《赋役全书》，建立了一套比较完整的田赋征收管理制度。中国古代的税制长期以土地税为主，以商税为辅，可自鸦片战争以后，中国由封建社会逐步沦为半殖民地半封建社会，自然经济遭受破坏，资本主义商品经济开始有所发展，中国近代税收制度也随之发生重要的变化，由以田赋为主逐步转向以工商税收为主。

大家知道，选官用人是国之大事，为了保证人才选拔，中国古代的人才制度也一直处在创新变革之中。春秋以前，官吏主要通过"世卿世禄"制度产生。战国时，"世卿世禄"制逐渐废除，官吏的选举发生了根本变化，秦在统一之前，"仕进之途，唯辟田与胜敌而已"，而胜敌是其主要途径，秦统一后的官吏，也就多出于军功。到了汉代，朝廷为了适应专制主义中央集权封建国家统治的需要，在秦的基础上，建立和发展了一整套选举统治人才的选官制度。这套制度包括察举、皇帝征召、公府与州郡辟除、大臣举荐、考试、任子、纳资及其他多种方式，不限于一途，而且还可以交互使用。以后，我国古代官吏选用又分别出现了魏晋时期的"九品中正制"及隋唐的科举制。

中国古代军事制度古称"军制"、"兵制"，它随着国家、军队的产生而产生，并与整个国家的经济、政治制度相适应，体现着统治阶级的意志。服务的统治阶级不同，军事制度也随之不断创新。从夏朝到清朝道光年间，中国军制经历了奴隶社会和封建社会两大发展阶段，它随着政治制度的变化，由简单到复杂、由低级到高级发展演变。奴隶社会军事制度以王权为中心，王是最高军事统帅，掌管国家军政大权，战时便是统军将领。封建社会军事制度由春秋战国到秦、汉，由三国、两晋、南北朝到隋、唐，由五代十国、宋、辽、夏金到元、明、清经历了三次大分裂和三次大统一，形成了与君主专制主义政治制度相配合的军事集权制，皇帝是当然的最高军事统帅，统兵、调兵与战时指挥系统三权分离，便于分而治之。这时期还出现了以《孙子》为代表的一大批军事专著，纷纷改革军制，以适应政治、经济变革的顺利实现。

2. 文化创新

鲁迅说："依傍和模仿，决不能产生真艺术"。在文学、书法、绘画、宗教等文化领域，都注重创新。陆机在《文赋》里说："谢朝花之已披，启夕秀于未振。"朝花已披开，借指别人已经写过的意境，要割爱去掉，不再去写它；夕秀尚未振，晚上还没开的花朵，指别人没有写过的，要大胆展开，要去写。他用这生动的譬喻，道出了忌模仿、重创新的主张。唐代王士源在《孟浩然集序》中说

"文不按古，匠心独妙"，强调写作要有十分巧妙而独具一格的艺术构思。清代叶燮在《原诗》中指出，诗文之"第一着"为"出新意"，而"专以依傍临摹为事，不能得古人之兴会神理"。①

书法是中国特有的艺术。中国书法文化源远流长，起始于商代中后期（约前14至前11世纪），那时出现了甲骨文和金文，东周时出现了器铭与刻石文字，秦始皇统一天下之后会融各地书风统一了文字，为中国第一次统一之字体。两汉三百余年间，书法由籀篆变隶分，汉隶定型化了迄今为止的方块汉字的基本形态。隶书产生、发展、成熟的过程就孕育着真书（楷书），而行草书几乎是在隶书产生的同时就已经萌芽了。真书、行书、草书的定型是在魏晋二百年间，它们的定型、美化无疑是汉字书法史上的又一巨大变革。南北朝书法以魏碑最胜。印刷术的发达使书法家从单纯的功能性书写活动中解放出来，书法艺术特性被进一步强调。两晋和隋唐时代书家辈出，宋、元、明书法以晋唐法度为契机，不断创造新技法和新意境，涌现出丰富多姿的个性风格和书艺流派，表现出鲜明的文人个性和特质，开一代新风。

宗教文化界也呈现出这种创新格局。佛教传入中国，中国佛教②与印度原来的佛教已经有很大的不同，而中国

---

① 《清诗话》下册，上海古籍出版社1978年版，第571页。
② 本文的中国佛教指汉传佛教。

佛教文化的博大精深，远非印度最初的佛教所能比及。中国佛教是中国古代佛教先贤（信仰、修持佛法的出家僧侣和在家信众）对印度佛教的引进、消化、吸收、扬弃的结晶，这个形成过程始于魏晋南北朝，至唐代基本完成。中国佛教吸收了儒道思想和仪轨，对一些佛教仪轨作了适合中国国情和民俗的改造。中国佛教主要宗派有天台、华严、禅宗等，将印度大乘佛教的"中观"、"唯识"二大系统，做了创造性的"圆融会通"，产生新型的教理实践系统，这里典型代表就是天台宗的《摩诃止观》，这种创造得到了印度同道的认可，唐代盛传印度高僧欲将智者大师的法华三大部（《法华玄义》、《法华文句》、《摩诃止观》）翻译成梵文，传回印度。与印度佛教部派泾渭分明相比，中国佛教更为"宗派圆融"，所以"净密双修"、"台密双修"甚至"禅净双修"都是中国佛教特色。此外，与印度各个部派都不同的是，中国佛教三藏中不但包括了印度大、小乘各个部派、各个时期的经论，还有大量西域僧人和中国僧人的著作，所以汉传佛教三藏是唯一可以以一种语言（汉语）窥得佛法全貌的一种三藏丛书。

3. 科技创新

近现代自然科学虽然首先是在西方产生的，然而西方近现代科学技术的产生和发展都离不开中国传统文化的影响。众所周知，二进制是计算技术中广泛采用的一种数制，当前的计算机系统使用的基本上是二进制系统，是由

18 世纪德国数理哲学大师莱布尼兹发现的，而《周易》中的八卦和阴阳学说，被认为是二进制的中国翻版，却比二进制出现要早一千多年。中国很早就提出"天人合一"、"吾心即是宇宙，宇宙即是吾心"等说法，与现在的全息理论不谋而合。现代生态学研究表明，中国传统文化中的相生相克说要比著名的达尔文的生存竞争说科学，亦更符合实际。中国科学院竺可桢院士根据史料于 1972 年发表了"中国五千年气候史研究"，这是中外科学界第一篇运用中国 5000 年史料写成的气候史论文，从而开创了历史气候学的研究，1976 年英国权威的《自然》杂志赞扬全文"是特别有说服力的"①。中国古代铸造方面的失蜡法，又称熔模法技术，可用于制作形状复杂、精度高且难的金属铸件，在现代铸造业中已发展为精密铸造产业。中医中的人痘接种术，自 1688 年传入俄国以后，陆续再传土耳其、欧洲、美洲等地，1796 年英国种人痘的医师爱德华·琴纳②在实践中发明了牛痘术，于是，全世界在 1979 年 10 月消灭天花，这是人类根除的第一种烈性传染病。当化学分子式没有发现之前，当显微镜没有发明之前，全世界的医学都没有认识到分子结构是怎么回事，也没有对生命认识到细胞这个层面上去，而在我们中国古时候，喝水之前

---

① 转引自"竺可桢生平与贡献"，载《竺可桢论文集》，科学出版社 1979 年版。

② 爱德华·琴纳，英文名 Adward Chinner，1749～1823，英国医生，以研究及推广牛痘疫苗防止天花而闻名，被称为免疫学之父。

要念一个饮水咒，"道观一钵水，八万四千虫……"，我们在那时就认为水里也是有生命的，要念了咒才能喝，超度那些生命。

中华先民的发明创造既成就了华夏文明古国，也深入地影响着近现代科学技术的创新。因为当代科学已从近代的小科学发展为大科学，从近代的分析性科学转化为综合性科学，从近代的简单性科学进化为复杂性科学，从近代的线性科学转入为非线性科学，传统文化在本质上又是综合性、复杂性、非线性的，故而如鱼得水，传统文化必将是21世纪科学技术创新的重要源泉。诚如1977年诺贝尔奖金获得者普利高津（Ikya Prigogine，1917~2003）所言："中国文明对人类、社会与自然之间的关系有着深刻的理解……中国的思想对那些想扩大西方科学范围和意义的哲学家和科学家来说，始终是个启迪的源泉。"[①] 英国科学家李约瑟博士在20世纪50年代指出："中国思想，其对欧洲贡献之大，实远逾吾人所知。在通盘检讨之后，恐怕欧洲从中国得到的助益，可以与西方人士传入中国的十七、十八世纪欧洲科技相媲美。"[②]

---

① 引自［比］伊·普里戈金、伊·斯唐热：《从混沌到有序》，上海译文出版社1989年版。

② 引自［英］李约瑟著《中国之科学与文明》第3册，台湾商务印书馆第236页。

三、中国传统文化中创新元素的历史传承与现代影响

与西方国家相比，中国传统文化中的创新有着自身的特点和传承方式，在潜移默化的状态下影响着现代中国人的思维模式、行为特点，全面认识中国传统文化中创新元素的历史传承与现代影响，对于我们今天构建中国特色的创新文化，对于推进我国自主创新进程和全球创新文化的完善，对于我国创新型国家的创建都有着重要的意义。

在我国上下五千年的历史发展中，创造出了璀璨的对周边国家产生重要影响的中华文明。历史上，中原地区虽然也经历了周边少数民族的入侵和统治，但中华文明却历经数千年未曾中断，中国文化脉络绵延不绝，中国民族精神生生不息，甚至为入侵的少数民族所接受，显示出了强大的生命力和优越性。直到鸦片战争的爆发，我国逐渐沦为半殖民地半封建国家，我们才开始思考我们的文化本身是否也存在缺陷。于是就有了"五四"新文化运动和"文化大革命"对传统文化的全面批判。然而正当我们庆幸突破了传统文化束缚，实现了经济高速发展和走上了现代化道路之时，却意识到我们似乎丢失了很多重要的东西。而这些东西正是支持我们经济社会可持续发展的精神动力和支撑。蓦然回首突然发现在被我们遗弃的传统文化中有很多闪闪发光之处，其中就有着对中华文明有着重要贡献的创新元素。

认真分析中国传统文化中的创新元素，并将之与当代西方创新文化相比，不难发现中国传统文化中的创新具有整体和谐、直观经验、辩证包容的特点。

（一）整体和谐的创新元素及其影响

在中国传统文化那里天人之间、物我之间，心物之间、身心之间、神形之间都是辩证统一的整体；与此相对应，中国人眼中的世界，也是开放交融、互相联系、和谐有序的一个整体、一个系统。正如西周史伯所说："和实生物，同则不继。以他平他之谓和，故能丰长而物归之。若以同裨同，尽乃弃矣。故先王以土与金木水火杂，以成百物。"（《国语·郑语》）有了这种整体的和谐，就有了创新的基础。和而不同、和实生物。创新的过程，更多的是推天道而知人事，是先王、先贤关乎人文以化成天下的自觉。

在经历了过分强调人类中心、技术至上的偏颇之后，中国哲学对于世界的多元存在、和谐共生的认识，为我们今天的创新提供了新的目的和路径。创新的目的不应再是人与自然的征服与被征服，不再是竞争对手之间的你死我活，不再是不同文化之间的对抗和冲突，而应如王夫之在《张子正蒙注·太和篇》所说："刚柔、寒温、生杀，必相反而相为仇；乃其究也，互相以成，无终相敌之理。"这就是张横渠的"仇必和而解"，应是多赢和共同发展，体现了《周易》"君子维有解"的和谐精神。正所谓"一阴一阳之谓道"，"一阖一辟谓之变"，"阴阳合德，而刚柔有体"，"保合太和，乃利贞"。"太和"中蕴涵着阴阳二气，阳气代表主动、刚健、明快、浮动、升腾的能量等等，阴气代表被动、顺承、暗慢、沉降、潜静的力量等等，两者相互感通，因而发生絪缊相荡、或胜或负、或屈或伸、或凝聚或发散的运动变化，从而形成丰富多样的世界。"故道大，天大，地大，人亦大。域中有四大，而人居其一焉。人法地，地法天，天法道，道法自然。"（《老子》二十五章）在中国思想家的眼中，宇宙是整体圆融、广大和谐、旁通统贯的系统。

. 人与天地万物一体，以万物并育而不相害，道并行而不相悖为创新的目的，我们就会发现运用推天理而知人事的创新方式，不仅可以避免头疼医头、脚疼医脚的弊病，更可透过现象看到事物的本质，从而推进各个领域的创新发展。天人之间、道器之间、理想与现实之间没有不可逾越的鸿沟。整体和谐的宇宙观念、人生智慧、思维方法、行为方式在现代仍然是全人类极其宝贵的思想传统和思想资源，是中国特色创新文化创建的源头活水。

（二）直观意象的创新元素及其影响

就人类认识世界的历史和现状而言，至少存在着两种冥想不同的时空选择偏向。一种以时间为主，以空间为辅；一种以空间为主，以时间为辅。与西方文化的以空间为主的时空选择相联系的抽象思维方式不同，中国人在认识世界的方式选择了以时间为主的时空选择相联系的意象思维方式作为主流。

根据刘长林先生在《中国的象科学：易、道与兵、医（上）》（社会科学文献出版社2007年版）一书对意象思维的理解，"在彻底开放而不破坏食物所呈现象之自然整体性的前提下，对事物进行概括，探索事物整体规律的思维，即为意象思维。"由于时间是一维的，不可分割的，因此以实践为主空间为辅的认识世界的意象思维方式，就会具有整体论倾向，在主客相融的关系中认识世界。意象思维方式亦称为象征，是用某种具体的形象的东西来说明某种抽象的观念或原则，是一种由具体到抽象的飞跃。百度百科把中国传统的意象思维方式分为三类："（1）符号意象思维，用某种符号来象征一些神秘的自然法则，如《易经》中的'—''--'，各种道教，佛教的灵符。（2）玄想意象思维，用选择出的意象符号来象征事物本质或某种"形而上"的东西，如老子、庄子的'道'、玄学中的'无''自然'，朱熹的'太极'、'天理'等。（3）审美意象思维，通过塑造审美意象来达到某种带有文学艺术情趣的思想境界，如王维的诗、苏轼的词、中国的山水画等都是这种思维方式的具体体现。中国创新中直观意象元素的优点是富于灵感，带有跳跃性和创造性，但它的缺点是不够严密、精确，缺乏科学性。从这种思维可以明白为什么中国古人长于文学艺术的创造，而乏于科学技术的创新。"

（三）辩证包容的元素及其影响

中国传统文化中还有着浓郁的辩证包容的创新元素。就"辩证"而言，其概念虽然是由德国著名的哲学家科学家莱布尼茨首次提出的，但却是来源于中国。根据莱布尼茨自己的说法，是曾受过耶稣会士白晋带回西方的《易图》的影响，是他学习中国古代哲学"阴阳"而提出的。而阴阳这对哲学范畴在古代中国是广泛运用于人生、社会、自然各个方面的，可以说，所有古代中国的知识，都是建立在阴阳消息的基础上的。作为中国传统文化中至关重要的一对范畴，阴阳也十分集中地体现了中国传统文化的创新精神。中国传统文化中从阴阳辩证的认识至少可以找到六种创新的路径，即世界万事、万物永远地都是有着对应两面的；世界万事、万物永远地都是可以分为对应两面的；世界万事、万物永远地都是由对应两面组合而成的；世界万事、万物永远地都是可以由阴转阳，或由阳转阴；世界万事、万物永远地都阴中含阳，阳中含阴；世界万事、万物永远都是在阴阳的共存、对立、互依、互动、互生的状态之下不断往复循环发展的。阴阳代表的辩证的相互对立和相互转化构成了丰富多彩的世界，是中国人创新的重要依据。

中国传统文化中的创新还具有包容的特点。我们的创新是建立在继承基础之上的，创新不是意味着对传统的抛弃，而是意味着对传统的继承和发展。这种包容性的创新使中国文化具有了强大的同化力。我们非但不排斥任何外来文化，反而吸收、消化外来文化。历史上的外来文化一旦进入中国，就会出现一个中国化的过程，而刻上中国文化特有的烙印。中国社会强烈的包容创新特点，甚至使得一些独立性很强的外来文化，也在不知不觉中融入了中国传统文化的整体之中，成为中国传统文化的有机组成部分。

作为中国文化三大组成部分儒、释、道之一的佛教在中国的创新和发展就充分说明了中国传统文化创新的这一特点。佛教传入中国的时间大约在两汉之际，那时中国文化已经有了儒、道两种完备的理论形态。儒家思想以"人"为本，重视人的生命意义与价值，宣扬以道德提升为人生的最高理想。道家以"自然"为本位，强调自然是人生的根本，主张顺应自然，回归自然。在道家思想基础上，后来又形成了以合道成仙为主旨的道教。儒家的人本主义和道家的自然主义，构成为中国固有文化的两大传统，奠定了中华古代文化的基础和走向。佛教重精神轻肉体、重解脱轻生命、重来世轻现世、重神灵世界轻世俗世界，是以"众生解脱"为本位，宣扬众生要通过修持，以求从烦恼、痛苦和生死轮回中解脱出来，进入大自在的"涅槃"境界。佛教传入中国后，儒家和道家（含道教）分别从自身本位立场出发来排拒佛教和迎接佛教。如儒家责难沙门不向国王顶礼是不忠，沙门落发出家，是断绝子孙，是大不孝。道家以长生成仙理念指斥佛教的人皆当死的思想，等等。佛教在中国发展，既保留了许多它的特殊性和具有普世意义的独特的价值，从而使其在博大精深的中国传统思想文化体系中依然能够占据重要的一席之地，有时甚至能与传统的儒道相并列而三分天下，同时，它又融合了许多中国传统思想文化的因素，具有许多中国的特色，从而更好地满足了中国人的信仰需要，为中土社会和广大民众所容受并信奉。印度佛教传入中国后，在与儒道文化的交流中形成了中国的佛教。而根据方立天教授概括归纳，中国佛教有着自身的极大特点，"中国化的佛教是属于中国自身的佛教，与本源的印度佛教相比，具有重自性、重现实、重禅定修持、重顿悟、重简易、重宽容的六大自身特点，这也成为中国佛教的闪光之处。"（见2009年4月22日方立天教授在中国人民大学逸夫楼的讲座记录）这是因中国文化的包容性而出现的创新和发展。

中国传统文化历经数千年发展，其中固然有着丰富的创新元素，有着构建中国特色创新文化，促进创新型国家创建的丰富资源，同时也不能否认中国传统文化中也不可避免地存在着阻碍创新的内容。比如两千余年封建官僚体制就在很大程度上延缓了中国社会创新的进程；有失实证精神和逻辑精神等分析理性的缺陷，使中国科技创新受到了消极方面的影响。冯胜利在《从人本到逻辑的学术转型》开篇语中谈到——爱因斯坦有言曰：西方科学的发展以两个伟大成果为基础：一是形式逻辑，二是系统实验。平心而论，我们的血管里流淌的是辩证法，是"相辅相容、相反相成、执端取中、过犹不及"的历史基因。这是我们的长处，这使我们善于把握变化，执耳宏观。然而历史和现实还告诉我们：没有逻辑，我们的学术不会强大，不会造就领导世界学术的大理论家，不会出现领导科学革命的大科学家。"逻辑"如同金融领域的金钱一样，有之虽不万能，离之则万万不能。

每个民族都有自己的传统，这是无法割裂的。中国传统文化有着丰富的创新元素，也有着阻碍创新发展的内容。这是我们民族自主创新的国情。对传统文化与创新的关系既不能一概否定，也不能盲目乐观，而应站在实事求是的立场上，进行具体问题具体分析。这才是真正的解放思想，才能真正推进我们中华民族的创新进程。

第二讲
龙的传人讲龙德

——周易文化与中华人文精神的勃兴

周易文化是中华民族古老经典《周易》所积淀起来的壮景。

无论在中国文化史还是世界文化史上，这种文化本身所散发出来的高深和不可思议的气息，是其它文化现象所无法比拟的。不少学者相信，中国古代文化是早熟的文化，而周易文化尤其是成熟得最早的一种典型，它是殷周之际观念变革的产物，代表了当时文化发展的最高水准。按常规发展来看，在距今三千多年前的殷周时代，能够产生如此奇特的《周易》，确是令人感到惊异和不可思议的。周易文化现象值得我们去予以正确的剖析和科学的认识。在这里不想展开来对周易文化作全面的评述，只是就周易文化中最有生命力的龙德哲学和人文精神问题作个简单分析，以促使人们对周易文化有一个正确的定位和再认识。

一、龙德哲学

我认为，源远流长的中国周易文化最有生命力的方面是给人们提供了一套讲究人生价值和政治伦理的龙德哲学。这种哲学的产生导致了中国人文精神的勃兴，给中华民族留下了一笔十分珍贵的文化财富。

何谓龙德哲学？简要地说，就是以《周易》乾卦的"龙"与周人的"德"观念相配来阐述人生和政治伦理的学说。孔子在《文言》和《二三子》等易传中对此作了论述，从中可以窥见龙德哲学的大概。

为什么"龙"和"德"能够相配而成龙德哲学呢？

我们知道，龙是中华民族创造出来的一种神物，这种神物是中华先民想用自己的智慧去调理自然关系的一种幻化。从原龙纹演化史来看，龙从创生之日起就充当着沟通天地的媒介和人神通天的助手，因此，王从仁先生下定义说："龙，就是各种沟通天人的动物的通称。""是天人交感意识的融合。"（见百家出版社《中国文化源·龙崇拜渊源论析》）

再来看"德"。甲骨文中的"德"字，表示在地上行走着眼睛往天上看。这个字型直观地表达了殷周之际的人们把德当作是"沟通天人关系的桥梁"的意识（见吴龙辉著《原始儒家考述》）。

我们说，正是由于"龙"和"德"都有充当沟通天人关系的媒介的功能，因而周易文化中能产生出龙德哲学。

《文言》是这样论述"龙德"哲理的：

1. 初九曰："潜龙勿用。"何谓也？

　　子曰："龙德而隐者也。不易乎世，不成乎名，遁世无闷，不见是而无闷，乐则行之，忧则违之，确乎其不可拔，潜龙也。"

2. 九二曰："见龙在田，利见大人。"何谓也？

　　子曰："龙德而正中者也。庸言之信，庸行之谨，闲邪存其诚，善世而不伐，德博而化，《易》曰：'见龙在田，利见大人。'君德也。"

第一部分借潜龙讲龙德哲学，指出具有龙德的人是"不易乎世（不随波逐流不为世俗所改变的人）、"确乎其不可拔"（信念坚强不动摇的顶天立地）之人，这就明确提出了做人的价值准则。进而，又提出了中国人生哲学最早的"忧乐观"，即"乐则行之，忧则违之"，这实是宋人范仲淹"先天下之忧而忧，后天下之乐而乐"思想的先导。

后一部分明确提出了"中"和"庸"的伦理观。认为"龙德而正中者也"（有龙德之人是居正得中的）、"庸言之信，庸行之谨"（平凡的言论亦当诚实，平凡的举动亦当谨慎），提倡中庸，开了后来中庸哲学的先河。随后又强调"德博而化"的政治伦理（用广博的德性来感化天下百姓），认为这就是"君德"（君主之德）。

最后《文言》下结论说，掌握了这种龙德哲学（"六龙"）就可以"御天"而使"天下平"，即所谓"时乘六龙以御天也，云行雨施天下平也。"（因时掌握龙德哲学可以驾御天道，使天上云气流行、雨水布施、天下和平。）"云行雨施"本是有龙之象，亦即是有德之象，如果天下之人都能按照龙德哲学行事，天下还有不太平的吗？

由此可见，《文言》中的龙德哲学是一种使天下和平的人生和政治学说。这种哲学经过《易传》的推而广之，其生命力更显得旺盛不衰。长沙马王堆出土帛书易传《二三子》就大力发挥了这种哲学思想。其曰——

二三子问曰："易屡称于龙，龙之德如何？

孔子曰："龙大矣。……龙既能云变，有能蛇变，有能鱼变，飞鸟昆虫，唯所欲化，而不失本刑，神能之至也。……龙之为德也……爵之曰君子；戒事敬合，精白柔和，而不讳贤，爵之曰夫子；或大或小，其方一也，至用者也，而名之

曰君子。兼'黄常'近之矣，尊威精白，坚强行

之不可挠也，'不习'近之矣。"

这段有关龙德哲学的阐述，显然与《文言》的论述是一脉相承的。《文言》讲"乐则行之，……确乎其不可拔"，《二三子》则进一步强调"尊威精白，坚强行之不可挠"，回答了之所以"乐"是因为有"尊威精白"的品德，所以才"行之"而"不可挠（拔）"，突出了龙德哲学强调内心要"精白"、外貌要"尊威"的表里如一的圣人修养观。

龙德哲学在周易中占有十分显赫的地位。易传讲"德"的地方有不少，提出了"德行"说（《系辞上》："不言而信，存乎德行。"）、"四德"说（《文言》："君子行此四德者，故曰：乾，元亨利贞。"）、"九德"说（《系辞下》："是故履，德之基也；谦，德之柄也；复，德之本也；恒，德之固也；损，德之修也；益，德之裕也；困，德之辨也；井，德之地也；巽，德之制也。"）、"崇德"说（《系辞上》："夫易，圣人所以崇德而广业也。"）、"至德"说（《系辞上》："易简之善配至德"）、"成德"说（《文言》："君子以成德为行"）、"进德"说（《文言》："君子进德修业"）、"道德"说（《说卦》："和顺于道德而理于义"）、"德义"说（《要》："易……我观其德义耳也"）等有关"德"的学说。

这些"德"的学说，都是由《周易》乾卦的解释而引发出来的。据考，乾卦通篇讲龙，应为龙卦。高亨《周易古经今注》指出："乾卦筮辞五爻有龙字，一爻隐龙字，仅一爻有乾字，不名之曰龙而名之曰乾，此不可解者也。"实际上，乾、龙二字意义相通，此乾卦爻辞已提供了最直接的例证。从音韵学来看，乾、龙读音亦有可相通之处。如龚字从龙得声，正与乾相同。其字音的分化，是由上古复辅音词 Klong 分化来的，因此，乾卦与龙密不可分就并不奇怪难解了。

二、中华人文精神的勃兴

龙与德，在《周易》中结合得如此神奇，而成为龙德哲学，这是与殷周之际的社会大变革的时代背景分不开的。殷商在公元前 1066 年前后被周所取代，这是中国上古史上的一个重大事件。周人认为周取代商是因为周文王有德的结果，由于"文王之德之纯"（《诗经·周颂·维天之命》），致使上帝降下天命，而"兴我小邦周"（《尚书·大诰》）。所以，《周易》兴起的时代，正是周人"德"的观念得到加强和光大的时代，这样就使得《周易》与"德"密不可分了。随着周邦的兴起，龙德哲学也兴起来了。由于德的观念的强化，使人们将注意力更多地投向现实世界的人事关系上，注重自身德性的修养，这就在客观上促进了人的主体性的觉醒和人文精神的勃兴。

《周易》龙德哲学的产生与人文精神的勃兴是一致的。周人相信殷商转化为周，即商的天命转化为周的天命，其中的媒介就是靠"德"，而统治者的德是从人民身上彰显出来的，所以文王之德是"怀保小民"、"咸和万民"（《尚书·多士》），民心的背向决定天命的去向，天命显现于民情之中，这样，中国人文精神中以民为本的观念在殷周大变革之际就形成了。重民即重人，以民为本即以人为本，这正是中国人文精神的核心所在。

另一方面，小邦周取代大国商，是由于周文王通过自身德性的修养和自强不息的努力而取得的。这说明人为的努力可以创造新的历史，这就促使了人的自主意识和价值理性的觉醒，开启了中国人文精神中重视人的自主地位和价值理性观念的先河，而人的自主意识和价值理性的形成又成为中国人文精神发展的原动力。所以，《周易》龙德哲学的形成与中国人文精神的勃兴是息息相关、一脉相承的。

通过以上对《周易》龙德哲学与人文精神勃兴的简单分析，我们对周易文化的审视应该有新的转变，那就是要改变那种把周易文化仅仅当作东方神秘方术文化来研究而忽视其为中国人文精神发展提供了原始发展契机的龙德哲学的做法，应该积极弘扬周易文化中的龙德哲学和人文精神，为建设现代中国新文化而努力，并进一步扩大其在世界文化之林的影响，让中国文化走向世界，成为 21 世纪和谐发展的文化明珠。我想，这正是周易研究的康庄大道之所在。

第三讲
从"德"字变迁看中华伦理政治的起源

　　"德"字的形成与变迁，反映了中华伦理文明出现的过程和中国早期思想史的变迁。返本才能开新。要了解"德"字的原初意义，也必须从甲骨文的"德"字一窥端倪。在甲骨文中，"德"有多种写法。《甲骨文集释》和《甲骨文编》各收录了其中的 15 种和 20 种，一般写作⑩。从结构上看，甲骨文的"德"字由"彳"、"目"和"目"上的一条竖线三部分组成。"彳"的意思就是行。罗振玉《殷墟书契考释》也认为"彳"为此义，他指出，"象四达之衢，人之所行也。""目"自然就是眼睛。而对于"目"上的一竖，学者大多认为，是一目或者目上为一直线，也有人认为这就是"直"。这个直线究竟代表什么、有什么特别的意义呢？现有研究大多认为一目即直，甚至认为甲骨文的"德"字与"值"是一个字。但甲骨文中的"值"右半部分为十目。《甲骨文字典》认为："从目上一竖，会以目视悬（悬，悬锤）测得直立之意。"但这只是今人的猜测，而"德"字从一目变为十目已经是金文时期了。"德"字中，"目"上的那条直线究竟代表什么，"德"又是如何从一目变为十目的呢？我们还需做一番认真的考证。

从甲骨文"德"字的用法，我们可以发现，"德"字多用于占卜战争的卜辞，多为战争前占卜天意。这也就是说，甲骨文的"德"与天意、天人关系相关。甲骨文"德"字"目"上的一竖也必然反映着这种天人关系。

一、前甲骨文时代的"德"与文明起源

遗憾的是，我们迄今为止发现的甲骨文之前的文字（包括符号和数字）只有河图、洛书和陶文（西安半坡和山东大汶口发现的陶器上文字，很多人认为是原始的汉字），而公元前五千年左右在黄河、洛水一代发现的河图、洛书是已发现的中国最早的数字文字。陕西西安半坡、临潼姜寨，青海乐都柳湾、山东莒县等据今六千年左右的遗址中发现了几百个原始文字刻画符号，或与甲骨文一脉相承，但其笔画过于简单，意义很难考证。所以我们只能去找寻文字之外的证据。（陈瑞苗、周幼涛：《大禹研究》，浙江人民出版社 1995 年版，第 1 页。曲辰、任昌华：《黄帝与中华文明》，中国华侨出版社 2004 年版，第 85 页）

在诸多考古遗址中，我们可反复看见三种建筑类型，即空地、祭台和大屋子。空地、祭台和大屋子三种建筑类

型都有一个共同之处，就是竖有沟通天人的中杆。空地中竖一中杆用来沟通天人，祭台上有祭旗表示神圣和权威，大屋子中的祖先灵位则是一个微型的中杆。这一传统一直影响着中国的建筑。直到今天，天安门前还有华表，代表着政权的神圣。可见中杆在中国文化中是沟通天人的重要工具。甲骨文中的"德"既然多与天人关系相关，"德"字"目"上的一竖当为中杆。

建筑美学专家、中国人民大学张法教授认为，远古时代的这种天地对应与中国的"中"相关。他指出，"'中'在古文字中，是与天相观测相关的一个中杆，用天文学的话来说，叫'立竿测影'。通过中杆，古人理解了天的规律，如果说天在远古被理解为一个神的话，那么，中杆上反映的就是神的意图。因此，最早的天人合一就体现在中杆的'中'上。'中'又是一种建筑形式，由于'中'代表天道的神圣性，原始部落的领导人举行重要仪式的地方，就在中杆下面。他在中杆这一神圣的地点开会，就占有了天道，天是神，他就拥有神的护佑。站在中杆下，你的话和行为就'中'，不然就不'中'。'中'在古文字中的另一个写法是一面旗帜。在中国文化中，旗帜非常重要，在古文字中，民族的'族'就是一个人或一些人站在一面旗帜下。"（张法：《紫禁城的文化遐想》，《中国教育报》2006年10月11日第11版）甲骨文中的"德"字是目视于途的意思，但行在途中眼睛要朝天空看什么，应该就是看这个旗帜、看这个中杆。

那时的人们相信天地之间并不遥远，人可以通过上插云霄的高山到达天上，甚至见到神灵。山是天人之间自然的桥梁，但在日常生活中人们不能随时登山望神，体悟神意。于是，山的形象被抽象，人们便仿照山的形象创造出了旗帜，并把它作为沟通天人的工具。中国的"中"，最初的写法就是一面旗帜。顺便说一下，清华简中《尚书》逸文《保训》所记载的"求中"、"得中"、"假中"和"归中"之"中"字，其含义就是拥有神权的一面旗帜，代表政权获得的神圣性和合法性，所以从舜帝到商帝和周文王都特别看重这个"中"。

不同的部落有着不同的图腾，不同的旗帜。到黄帝时期，"黄帝之子二十五人，其同姓者二人而已，惟青阳与夷鼓皆为姬姓。青阳，方雷氏之甥也。夷鼓，彤鱼氏之甥也。其同生而异姓，四母之子别为十二姓。凡黄帝之子，二十五宗，其得姓者十四人十二姓。姬、酉（有）、祁、己、滕、箴、任、荀、僖、姞、儇（宣）、依是也。唯青阳与苍林氏同于黄帝，故皆为姬姓。同德之难也如是。昔少典娶于有蛟氏，生黄帝、炎帝。黄帝以姬水成，炎帝以姜水成。成而异德，故黄帝为姬，炎帝为姜，二帝用师以相济也。异姓则异德，异德则异类。异类虽近，男女相及，以生民也。同姓则同德，同德则同心，同心则同志。同姓虽远，男女不相及，畏黩敬也。怨乱毓灾，灾毓灭姓，是故娶妻避其同姓，畏乱灾也。故异德合姓，同姓合义。"（《国语·晋语四》）这里的"德"已经是据以区分群族的重要标志，有祖先、神的意思。同姓则有共同的祖先，有共同的祖先神的保佑，就可以同心，就可以有共同的目标、共同的志向。由此我们可以更深刻地理解现代汉语的"德"，所谓十四人一心，十四为概数，表示多。德的意思也就是说，要使万众一心，就要有共同的利益、共同的目标、共同的旗帜。

随着人们宗教观念的加强，祭祀仪式也越来越制度化、专业化，出现了专门为祭祀而造的坛台。从女娲的璜台到黄帝的轩辕台，从夏启的钧台到殷纣的鹿台，都是专门祭祀和沟通天人的场所。在文献中，台还有着特殊的意义，所谓登之乃神、登之乃灵、登之乃帝。天的神圣赋予了地上的统治必要的合法性。登上祭台就成了神，就可以代表神来说话，也就得到了政治上的权威。因此，原始社会的部落联盟首领的就职仪式也是在祭台上实现的。

"会巫术的'技术人才'是越多越好，多了，他们随时可以供应我们的需要。而传达或翻译天神意思的人却是越少越好。社会共同遵守的信条不能随便改易。人数一多，就有人杂言庞，使社会无所适从的危险。"（徐旭生：《中国古史的传说时代》，文物出版社1985年版，第79页）人人都可以通过自己的方式与天沟通，这必然会损及政治的权威，必然为统治者所不容。于是，中国历史上发生了一件关乎政治和思想文化走向的大事——"绝地天通"。为了结束这种民神杂糅、民神不分、"家为巫史"的现象，黄帝的儿子颛顼进行了一次宗教变革。《国语·楚语下》对此有这样的描述："九黎乱德，民神杂糅，不可方物。夫人作享，家为巫史，无不要质。民匮于祀，而不知其福。蒸享无度，民神同位。民渎齐盟，无有严威。神狎民则，不蠲其为。嘉生不降，无物以享。祸灾荐臻，莫尽其气。颛顼受之，乃命南正重司天以属神，命火正黎司地以属民，使复旧常，无相侵渎，是谓绝地天通。"这样，就结束了任意传达神意的混乱现象。此后，民众就再不能随意与天沟通，只有帝颛顼和南正重可以管天上的事，传达神意。除他们之外的任何巫都不能再传达神意。巫的职责逐渐专业化，并为统治者服务。统治者因为垄断了人与神的沟通，便可以代表天意，他的统治也因此在形式上得到了天的支持，而具有了合法性。另一方面，人与神的关系发生了重大的转变。人不再被动地完全听命于神，在与神沟通的方式和人选上有了自主性。自此，中国文化的人文性逐渐兴起，宗教开始向伦理转变。

　　时间发展到尧、舜、禹时期，我们才可以从历史文献中较清晰地看到政统传承的脉络。关于帝尧如何成为部落联盟首领的，已不可考。但是舜和禹成为部落联盟首领却都是四岳（部落首长）的推举。当时舜的父亲瞽叟和大禹的父亲鲧都是和尧同时期的部落首长。舜和禹都是各自部落的世袭酋长继承人，并以此身份被选入联盟或民族的公共管理机构。在部落联盟首领从推举制发展为世袭制之前，部落的首领甚至部落联盟里的关键职位已经是世袭制了。中国这种世袭制的形成应该是从父系氏族公社开始的。随着血缘纽带从女性系统为中心转变为男性系统为中心，男尊女卑的观念就出现了。到黄帝时期，二十五子十四人十二姓，其中两子同姓，随黄帝姓姬，另外还有十一子没姓。姓氏获得本身就代表者尊卑贵贱的区别。黄帝有妻四人，其中正妻螺祖生二子，即所谓的"嫡子"，那时只有嫡子能够继承父亲的姓氏，而其他的儿子，有的是妻所生，有的是妾所生，更有的是仆或者奴隶所生，自然不论是血统、地位都不如嫡子尊贵，地位也不如嫡子高。殷商的始祖契和周的始祖后稷都是高阳氏帝喾之子。但后稷是元妃即正妻所生，所以随父姓姬，与曾祖黄帝同姓。而商的始祖契是帝喾的次妃简狄所生，所以姓子。之所以人们在稷（即弃）的名字前加"后"字，是因为他就是当时的部落酋长，是这一支的正宗、大家长。而大禹的父亲和大禹本人，都曾被称为伯鲧和伯禹，也是此意，代表着其宗主和部落酋长的身份和地位。

大禹治水的意义，绝不仅止于解决了威胁中国人生存的水患，更重要的是促进了中华民族和中国国家的形成。尧舜时期，水患威胁着先民的生存。在大禹治水之前，各部落都曾自行组织过治水事宜，但都未曾从根本上解决问题。大禹治水的成功是因为采取了变堵为疏的方法，更是因为各部落、各民族的配合。治水代表着中华民族的共同利益。为了顺利治水，大禹还曾三征不配合治水的有苗、在涂山召开万国诸侯治水大会、按照治水需要将全部土地划为九州，打破了部落的界限、任用被征服部落的人向自已的部落联盟纳贡。

大禹治水取得了成功，这不仅使大禹被四岳推举为部落联盟首领，人们"敬禹之德，令民皆则禹"（《夏本纪》），而且还为大禹的儿子启建立夏朝奠定了坚实的民意基础。

大禹的合法的部落联盟首领继承人，本非启，而是益。启有足够的经济积累，加上部落联盟里一些人的支持，从益那里武装夺取了政权，并在禹都钧台召开大会，确立自己政权的合法性地位，史称"钧台之享"。在大会上，有扈部落不满夏启夺取政权的方式，不服夏启的统治，于是夏启便发动战争灭了有扈，建立了联邦性质的夏王朝（夏作为中国原始社会向奴隶制社会过渡的时期，夏主直接管辖的区域只有夏国，也称夏邑。由于夏是在部落联盟基础上建立起来的，其他夏政权所及的区域，属于诸侯，是具有很强的独立性的地方政权。）《尚书·甘誓》记载了夏启"以侮辱五行"、"怠弃三正"的罪名对反对其即位的有扈氏进行征伐的历史事实，说是"天用剿绝其命"，自己只能"恭行天之罚"。可见，在夏启看来，神权是高于王权的。

夏王朝的建立，一方面有大禹的政治道德影响，另一方面也有强大的军事力量做后盾。不仅如此，夏启还是一个巫师型的领导人，据《太平御览》卷八十二记载："昔夏后启筮，乘龙以登于天，占于皋陶，皋陶曰：吉而必同，与神交通。"有这样一个巫师型君主的原因，夏王朝的巫术也很昌盛。清华大学国学院院长陈来教授把夏文化归结为巫觋文化，这是有道理的。①

明白了中杆及其背后的社会文化，我们就能更好地理解"德"的内涵和早期中国思想史变迁的历程了。"从颛顼到尧舜，他们在宗教信仰、社会组织、文化价值以及军事征服方面所从事的一切努力，概括说来，就是在这种多元（异姓则异德，九族、百姓、万邦各有不同的文化和价值观念）的基础上进行一体化建设。他们借助于天神的权威，为当时的部落联合体提供了一个共同的宗教信仰、共同的秩序原则、共同的价值取向、共同的精神支柱。如果缺少这种以天神观念为核心的精神凝聚力，是无法有效地克服多元的离心离德的倾向，来造就一个同心同德的文化共同体的。"② 正因为此，大禹和夏启也不得不借助神权来确立自己的政权合法性，以达到说服万国承认其统治的目的。这也就是所谓的以"德"服人。如果一味地不顾实际地抛弃神权强调王权的至高无上，就必然会使一家一姓的王权与天下万国为敌，而使天下混战不已，也就不可能有联盟式国家的成立，也不可能有今天的中国。

---

① 陈来：《古代宗教与伦理》，北京三联出版社1996年版，第11页。

② 余敦康：《夏商周三代宗教——中国哲学思想的源头》，载《经学今诠三编》，辽宁教育出版社2002年版，第48页。

二、甲骨文的"德"与祭祀文化

巫觋文化的传统和天命决定一切的信念，使夏启之后的统治者背弃了先祖与天帝的盟约，单方面地认为自己是上天选派的统治者，有天的庇护和支持，所以终日荒淫放荡，最终导致了后羿、寒浞之乱。后羿、寒浞虽靠武力或欺骗夺取了政权，却不修民事，不德于民，最后被少康在"复禹之绩"的旗号下召集起来的武装所打败，夏王朝统治得以恢复，政权得到巩固。但对天命的过度依赖和残暴淫虐的统治，使得夏桀众叛亲离。

商在夏的诸侯国中，是一个与夏关系较为密切的北方大国，虽然尊夏为共主，但彼此却没有严格意义上的君臣之分，保持着夏王朝建立前部落联盟首领部落与所属部落的关系。成汤灭夏之后，也在景亳召开了诸侯国大会，这也就是《逸周书·殷祝》所说的"汤放桀复薄，三千诸侯大会"，正是在这次大会上，汤从诸侯之位三让，三千诸侯莫敢即位，然后汤即天子之位，确立了共主的地位。与夏王朝相比，商与诸侯国的关系紧密了很多，酋邦制的国家体系更加完备。

在那时，所谓"国之大事，在祀与戎"（《左传·成公十三年》）。祭祀在殷商文化体系中有着十分重要作用，殷商文化也称为祭祀文化。在殷人的信仰体系中，上帝是最高的神，管理着自然和下界，特别是管辖着天时，影响农业生产。这个"上帝"已经从原始部落中的部族神发展到了拥有帝廷、臣工的人格神。殷人认为自己的先王先祖可以上宾于天，向上帝转达自己的诉求，于是殷人便通过祭祀献祭于自己的先王先祖，并通过他们传达自己的意愿，让上帝（上帝不享受祭祀的牺牲）保佑下界风调雨顺。据陈梦家考证，殷商祭祀的先王先祖分为两类，一类是上甲（王亥之子）以后的王、妣，一类是上甲以前的先公高祖、河、王亥等。前者有作祟的力量，后者有福佑的力量。而殷商的先王先祖比其他诸侯国的先祖和一般百姓的先祖地位要高。从尧舜时期，部落联盟首领独享祭天的权力到殷商时期诸侯国的先祖臣服殷商的先祖，中国奴隶制国家王权逐渐加强，君臣的关系逐步制度化、规范化。神权高于王权，商王的祖宗神宾于上帝，商王也借此确立和巩固了在地上的统治权。

与这种祭祀文化相适应，反映当时占卜记录的甲骨文，更多的是记录了国家在祭祀和战争等大事发生时的情况。"德"字也是如此。在战前，目视中杆或通过占卜询问天意；在战时，视中杆，看代表天意的旗帜。共同的旗帜就代表着共同的利益、共同的目标。

在此基础上，"德"的含义还得到了引申。人们用"德"表示征伐和征伐所获得的战利品。"德"有了与"得"相通的意义。在卜辞中，还有一个字——"帝"的含义与"德"相关。清末吴大澂提出甲骨文的"帝"字像花蒂之形，认为蒂落生果，所以帝字是表示有生物之德者。这与王国维等人所说的"蒂"是指高祖夔（帝喾）并不矛盾（帝喾为黄帝之子，商人先祖契乃帝喾次妃所生）。有德者方能为帝。是否有德决定着是否能为帝，是否能长久的保持王权。

三、金文时期的"德"与伦理文明的出现

与夏王朝一样，商王朝的王权也因统治者背弃了与天神的盟约，而被周王朝所取代。商末之时，有两个诸侯国虞国和芮国，因事起了纷争，他们本应找他们的共主——商王来解决问题。但他们却找了彼此共同信任的周文王为他们决断。二人在相约进入西岐之后，发现这里与别处不同，社会秩序井然，百姓安居乐业，二人有感于此，自觉惭愧，纷争不存。可见，在武王兴兵伐纣之前，民意已属西岐。在周武王兴伐纣之师大举灭商之时，得到了八百诸侯的支持。他们在孟津会盟，召开了誓师大会，此即历史上有名的孟津之誓。《尚书·泰誓》分上中下三篇详细记载了其详细过程。《左传》昭公二十四年引《泰誓》佚文曰："纣有亿兆人，亦有离德，余有乱臣十人，同心同德。""离心离德是一姓与万姓之间矛盾的激化，同心同德是通过文化的整合使矛盾得到妥善的解决，这是殷周兴亡的关键，因而周人对是否敬德的问题有着切身的体会，把同心同德当作理想的境界进行自觉的追求，由此而在宗教

思想上提出了'以德配天'的神权理论。"①

可见，"当时整个社会生活在神权统治的氛围之中，奉行神权高于王权的原则。但是这种神权并非无理性的暴力，而是时刻关怀着国运的昌隆和民众的根本利益，作为一种冥冥中的主宰力量维护正常的秩序，规范人们的行为，不论是王权的代表或是普通民众都必须绝对服从。"②

殷周之际是中国思想史上一个重要的时期。小邦周取代大邑商后，对殷商灭亡的教训进行了深刻的总结。

周王朝的统治者发现了神权背后的意义——国运的昌隆和民众的根本利益有着密切的关系。"在周人的神学体系中，'天视自我民视，天听自我民听'，即民心即天心所自出，是一条神圣的大法，天子作为天神在人间的代理人，本应自觉地以虔诚的敬畏之心遵循这条神圣的大法，实行舆论自由，倾听民心民意，依据人民的反映和评价来检验政治的好坏，体察天心的褒贬。"③ 惟有怀保小民，才能获得天命的永久眷顾。

而到金文时期，甲骨文的"德"字由"一目"变成了"十目"，下面还出现了"一"和"心"。"德"字的字义逐渐具有了伦理的意蕴，用来指美好的东西，引申义为

---

① 余敦康：《夏商周三代宗教——中国哲学思想的源头》，载《经学今诠三编》，辽宁教育出版社 2002 年版，第 64 页。

② 余敦康：《夏商周三代宗教——中国哲学思想的源头》，载《经学今诠三编》，辽宁教育出版社 2002 年版，第 52 页。

③ 余敦康：《夏商周三代宗教——中国哲学思想的源头》，载《经学今诠三编》，辽宁教育出版社 2002 年版，第 98 页。

政治道德方面遵从民意——人伦层面的个人道德。这样，"以德配天、敬天保民"，"天命不可待"，"天视自我民视、天听自我民听"的中华伦理文明逐渐形成。

第四讲
天长地久的法则
——《道德经》的生态伦理思想

老子《道德经》作为道家学派的元典，有十分丰富的生态伦理思想。下面，我们按照通行本《道德经》，结合郭店楚简本和马王堆汉墓帛本《道德经》来谈谈其中的生态伦理思想。

一、"道法自然" 的生态平等观

《道德经》的生态理想社会蓝图是建立在"道法自然"的生态平等观基础之上的。通行本、郭店楚简本和马王堆汉墓帛本《道德经》皆有"道法自然"的文字。通行本《道德经》第25章说："有物混成，先天地生。寂兮寥兮，独立而不改，周行而不殆，可以为天地母。吾不知其名，字之曰道，强为之名曰大。大曰逝，逝曰远，远曰反，故道大、天大、地大、人亦大。域中有四大，而人居其一焉。人法地，地法天，天法道，道法自然。"《道德经》认为，宇宙间存在一种"先天地生"而且"为天地母"的东西，他把它取名为"道"。这是《道德经》哲学本体论的最基本范畴。这个"道"是宇宙万物的本体，是为感官所不能接触的实在。它是宇宙万事万物所共同具有的一切物质的和观念的存在。这个"道"最基本的法则是"道法自然"。"自然"相当于我们今天讲的自然而然，它与"人为"是反义词。郭象、向秀在《庄子注》中曾解释"自然"说："天地以万物为体，而万物必以自然为正。自然者，不为而自然也。"这里讲的"不为"就是不要人为乱来，这样才符合自然而然的宇宙衍生法则。

老子《道德经》认为宇宙间的"四大"即"道大、天大、地大、人亦大"，都是平等的，没有地位高低和贵贱之别，这样老子就把自己的生态伦理学的出发点很好地建立在坚实的生态平等观之上了。为什么要爱护环境、尊重自然？因为天地万物与人一样皆是尊贵的（"大"）、平等的，人与人之间讲伦理，人与生态万物之间当然也应该讲伦理。这样，生态伦理理念才真正从根本上确立起来。《道德经》以为道、天、地、人，这"四大"共同遵循的普遍规律是"自然"，即它们都是自然而然生成的，也应该自然而然地发展下去，任何"人为"的乱来和"天地主宰"的行为都是违反自然本性的，这样老子就既否定了"人类中心主义"，又否定了"天地主宰论"，是地地道道的生态平等主义者。在宇宙间，不仅人类尊贵，天地尊贵，天地人共同拥有的"道"亦是尊贵的，这"四大"都以尊贵的身份参与宇宙大自然的衍生过程，都是宇宙这个"域"中的一分子，都是大自然的一部分。通过这样的论证，《道德经》的深层生态学理论自然而然滴水不漏地建立起来了。宇宙间从来就没有什么"救世主"（主宰者），任何东西（天地万物和人），包括生成天地万物和人的"道"本身，都是平等的，它们皆是宇宙间身份尊贵的一份子，都是"大"的，所以天地万物和人类一道都要珍惜自己，敬畏生命，以不负于"大"者的尊严，这样就把《道德经》"贵生"、"重死"的生态哲学从人类扩充到宇宙天地万物之间，具有了一种深层次的彻底的宇宙生态伦理观，这是《道德经》哲学对人类世界的伟大贡献之所在，值得珍惜。

二、"天网恢恢"的生态整体观

《道德经》生态哲学，不仅提出宇宙间"四大"尊贵而平等，而且认为这"四大"是彼此作用的一个整体。

《道德经》第73章在讲"天之道"时，提出了一个生态哲学命题："天网恢恢，疏而不失"。原来宇宙大自然就是一张"天网"，这张网看上去虽然稀疏，却非常宏大，布局严密，没有缺失。正是这张天网使宇宙间的"四大"彼此之间相互联系、相互作用，共同维系起宇宙大自然衍生的责任和义务。

这张"天网"是通过"人法地，地法天，天法道，道法自然"的自然规律发生联系的，"四大"各自拥有和占据着一个网域，都有一个域名，就像现代的互联网一样，遍布全世界，为宇宙之生生不息服务。如果缺少任何一个都会破坏这张天网的完整性，所以《道德经》特别强调"疏而不失"四字。这里"疏"字有着深刻的生态哲学含义，不可不深入体味。"疏"是形容彼此独立自主，看上去表面上联系松散，但实质上是共生在一张网上，是彼此牵连的。这里，《道德经》强调宇宙网民的自主性，又突出了网民联系不是表层次的，而应该是深层次的。彼此之间"生之畜之，生而不有，为而不恃，长而不宰，是谓玄德"（《道德经》第10章）。只有保持"疏"的心态和美德，才能"明白四达"（"四达"同"四大"），保持最大的德性（"玄"本指天的颜色，因天至高无上，故借"玄"字描绘最大的德性——"玄德"）。《道德经》将这种"疏而不失"的"玄德"，称之为"夫莫之命而常自然"（《道德经》第51章），网民之间的互相联系和发生作用，并没有谁对其发号施令，这只是其本来就顺应自然行事的结果。这也体现了《道德经》"道法自然"、反对人们胡作非为之生态哲学观。

"天网"是严密的，有着自身内在的联系规律，"四大"在天网中彼此独立自主，又相互依附，和平共处，保持着生态整体的完善性和最大德性。然而，这张天网又是如何保持秩序井然的呢？老子《道德经》提出了"道法自然"和"道生万物"两条准则，共同维护"天网"的运行。"道法自然"，我们前面已有叙述，这里要指出的是，这条准则是用自然性来解决人与宇宙天地万物关系的内在问题的最初尝试。丁四新在其博士论文《郭店楚墓竹简思想研究》中曾揭示了老子《道德经》这一思想的原创性，他说："老子的'道法自然'观，则是在同样重视德性修养的基础上，以自然性第一次真正把天人关系融通、联贯起来。自然性是人能真正效法天地或道的根本，也是天人合一的真正原因。"① 因为"四大"都效法自然，以自然为法则，所以能保持"天网"的井然秩序。然而，老子认为这样还不够，他强调"天网"是通过"道生万物"准则形成的，所以网民才有共同维护它的基础。《道德经》第42章明确提出："道生一，一生二，二生三，三生万物。万物负阴而抱阳，冲气以为和。"由于道生万物，所以宇宙万物在网上能和平共处，它们"负阴而抱阳"，共同维系着这张"天网"。这种"道生万物"观，强调了"夫唯道，善始且善成"（《道德经》第41章），把"道"的普遍性与自然性紧密联结在一起，为"天网"说打下了坚实的生态伦理学基石。

一张宇宙大自然的"天网"，靠两大准则来维护，这是老子《道德经》生态整体观之原创性的集中体现。老子

---

① 丁四新：《郭店楚墓竹简思想研究》，北京：东方出版社2000年版，第256页。

的"天网"说，还不仅仅停留在"两大准则"理论上，他还提出了这张天网本身维系更好（生态系统平衡）的作用方式。《道德经》第77章说："天之道，其犹张弓与？高者抑之，下者举之；有余者损之，不足者补之。天之道，损有余而补不足。"这就揭示了"天网"维持平衡之道，"天网"发生作用时，就如拉开了弦的弓一样，高了就把它压低些，低了就把它提高些。"天网"的运行始终贯彻一条"损有余而补不足"的平衡规律，这样才确保宇宙大自然的生态系统平衡。当然，这种系统平衡是动态的，不是一劳永逸的，新的系统平衡总要取代旧的系统平衡，这样生生不息，使宇宙万物不断衍生下去，这才是《道德经》生态伦理观的归宿所在。

老子《道德经》把维持生态之网（"天网"）的系统平衡，看成是"天长地久"之道，并号召"圣人"（统治者）要树立"无私"之胸襟，既保持"天网"的天长地久，又能成就圣人自己的伟大事业。他说："天长地久，天地所以能长且久者，以其不自生，故能长生。中以圣人后其身而身先；外其身而身存。非以其无私邪？故能成其私。"（《道德经》第7章）维持生态系统平衡，保持天长地久，就要效法天地万物厚德载物的"无私"之心，发扬"圣人后其身"即把个人利益放在身后的美德，积极行动起来，从我做起，从现在做起，明确"天长"、"地久"、"身存"三者的辩证法，保护好生态之网，这样做的话，就既保全了天地之长久又能最终保全自身的利益，是两全齐美之举，何乐而不为呢?! 我们说生态系统平衡事关地球上的每一个人的利益，只有维护好生态系统，才能最终不危及和损害自身的根本利益，所以从《道德经》的生态整体观考虑，我们都要行动起来，把维护生态系统平衡当作自己一项义不容辞的职责来承担，这才是当代人应有的明智之举。

三、"知常曰明"的生态保护观

《道德经》生态伦理思想不仅仅体现在"道法自然"、"天网恢恢"的论述上，还体现在"知常曰明"的生态保护观上。

《道德经》第16章提出："万物并作，吾以观复。夫物芸芸，各复归其根。归根曰静，静曰复命。复命曰常，知常曰明。不知常，妄作凶。知常容，容乃公；公乃全，全乃天；天乃道，道乃久，没身不殆。"这句话是老子《道德经》对其提出的"观复"生态哲学思想的解释。老子《道德经》认为，要保持大自然的美好环境，做到良性循环（往复）生生不息，不使之受到破坏，必须从维护"万物并作"的立场出发，讲究"知常"的辩证法，不肆意妄为，这样人类终究不会有毁灭自身的危险。"常"即自然规律。"知常曰明"即认识掌握自然规律才不会瞎来。"不知常"即不懂得自然规律，胡作非为，这样就会导致"凶"的后果。对这种"妄作凶"的后果，恩格斯曾经作过生动的描绘。他说："美索不达米亚、希腊、小亚细亚以及其他各地的居民，为了想得到耕地，把森林都砍完了，但是他们梦想不到，这些地方今天竟因此成为荒芜不毛之地，因为他们使这些地方失去了森林，也失去了积聚和贮存水分的中心。阿尔卑斯山的意大利人，在山南坡砍光了在北坡被十分细心地保护的森林，他们没有预料到，这样一来，他们把他们区域里的高山畜牧业的基础给摧毁了；他们更没有预料到，他们这样做，竟使山泉在一年中的大部分时间内枯竭了，而在雨季又使更加凶猛的洪水倾泻在平原上。"[①] 违背自然规律，破坏生态平衡，就会导致大自然对我们无情的报复，造成巨大的灾祸和无法挽回的损失。

如何做到"知常曰明"呢？《道德经》提出了如下方法：

第一，《道德经》认为万事万物都存在一个共同的本质——道，这个"道"是产生万事万物的总根源，所以认识事物，掌握规律，必须善于透过现象看本质，正确理解其中包含本质性和自然性实质的"道"。这个"道"既不是上帝创造的，也不是随便附加于物质上的，它本身是有规律性的，"周行而不殆"（《道德经》第25章），只要善于观察、细心体会，就能够认识它。

---

① 《马克思恩格斯选集》（第 3 卷），人民出版社 1972 年第 1 版，第 517 页。

第二，《道德经》认为要善于从事物的对立统一关系中认识客观规律，因为任何事物的存在都是相互依存的，不是孤立的。他说："天下皆知美之为美，斯恶已；皆知善之为善，斯不善已。故有无相生，难易相成，长短相形，高下相倾，音声相和，前后相随。"（《道德经》第 2 章）正反双方互为存在的条件，美与恶，有与无，难与易，长与短，高与下，前与后都是通过对方的存在而存在着的，所以从对立面认识和把握客观规律不失为一种有效的方法。

第三，《道德经》主张从事物的运动变化中认识和把握规律。任何事物都处在运动变化之中，不能抱着一成不变的思想去认识事物。《道德经》第 42 章讲"物或损之而益，或益之而损，"事物过于"损"时就会出现"益"，反之过于"益"时就会出现"损"，任何事物的运动变化都遵循物极必反、损益互补的原则，在运动中求得发展。《道德经》第 22 章讲"曲则全，枉则直，洼则盈，敝则新，少则得，多则惑，"便是在事物的运动变化中认识客观规律的生动记录。在运动变化中把握转化规律，这是正确认识事物的又一可行办法。

第四，《道德经》为了帮助人们更好的认识客观规律，提出了对比认识法。《道德经》第 54 章讲："以身观身，以家观家，以乡观乡，以邦观邦，以天下观天下。吾何以知天下之然哉？以此。"这里《道德经》回答别人问他是咋知道天下的情况的，《道德经》说自己用的就是这个方法——即对比认识法，从自身观察他人，从自家观察他家，从本乡观察他乡，从本国观察他国，从本天下观察他天下。这种方法源于《周易·系辞下》讲的"近取诸身，远取诸物"观察法。《道德经》认真吸取了这一观察认识事物的方法，并将之提高升华为"知天下"的认识路线。这一方法对认识客观规律的确是有助益的。

第五，《道德经》对认识主体提出了"致虚极，宁静笃"（《道德经》第16章）的要求，认为如果认识主体一旦心灵达到极度虚静状态，保持内心世界的清明澄澈、无私无欲，就能体会出万事万物的变化规律，获得正确认识。即所谓"不欲以静，天下将自正"（《道德经》第37章）、"静胜热，清静为天下正"（《道德经》第45章）

《道德经》认为，只要认识主体掌握了这些方法，加强主观修养，是可以做到"知常曰明"的。

做到"知常曰明"是维护生态平衡的前提。要保护好生态环境，维持好生态系统的良性循环，《道德经》提出了如下主要措施：

第一，主张统治者要带头实行绿色消费观。《道德经》第29章提出了"圣人去甚、去奢、去泰"的生态哲学命题，要求统治者饮食不要奢移，住宅不要太豪华，宴请不要太过分。因为饮食奢移，势必消费过多的粮食；住宅豪华，势必消耗过多的土地空间和建筑材料；宴请过分，势必造成粮食资源的巨大浪费，所以必须实行"去甚、去奢、去泰"的绿色消费观。

第二，主张知足知止，爱护资源，确保资源用之不竭的长久之道。《道德经》第44章提出："甚爱必大费，多藏必厚亡，故知足不辱，知止不殆，可以长久。"认为过多的爱好必定会造成大量耗费，过多的收藏必定会酿成严重的损失。只有知道满足才不会受到侮辱，知道适可而止才不会有危险，这样才可以保持资源的长久不竭。

第三，反对发动战争，破坏生态环境。《道德经》第30章提出："以道佐人主者，不以兵强天下，其事好还。师之所处，荆棘生焉。"《道德经》第31章提出："夫兵者不祥之器，物或恶之，故有道者不处。"《道德经》认为以兵强天下，发动战争，势必破坏生态，造成资源的浪费。"师之所处，荆棘生焉"八个字将战火所到之处，民不聊生，大量耕地荒费，荆棘丛生之景生动地描绘出来了。所以《道德经》认为用兵是不吉祥的做法，为有道之士所不取。

第四，提倡生养万物而不去宰杀的生态伦理慈爱观。《道德经》第2章提出："万物作焉而不为始，生而弗有，为而弗恃，功成而弗居。"第10章、第51章又一再强调："生而不有，为而不恃，长而不宰，是谓玄德。"自觉去养育万物，使之生长而不去占有，不去宰杀，这才是最高的德性。老子《道德经》第67章将这种最高的德性概括为自己的"三宝"之一——"慈"即慈爱之心。他说："我有三宝，持而保之。一曰慈，二曰俭，三曰不敢为天下先。"《道德经》的这个"三宝"，前二宝都与生态伦理有关。有慈爱之心，才不会随意损害生命、破坏生态环境；有节俭之举，才有绿色消费理念和生态伦理的推广，所以老子是一位慈祥的生态哲学家，他的"三宝"除了最后的"不敢为天下先"值得商榷、不能随便搬用外，其余二宝都是符合现代生态伦理学要求的，值得我们去推而广之，发扬光大，为建设美丽中国，确保中华民族永续发展服务。

第五讲
敬 畏 天 命
——孔子的生态伦理思想

　　孔丘（公元前 551～前 479 年）字仲尼，今山东曲阜人，是公认的儒家鼻祖，被世人称为孔子。作为儒学的创立者，他最早阐述了儒家生态伦理思想。这些思想汇入奔腾不息的中华文明长河之中，成为中华生态伦理文明一束光芒闪烁的奇葩，为我们今天正确认识人与自然的关系，保护生态环境提供了有益的精神资源。下面我们根据孔门弟子对孔子言行的辑录文献《论语》，结合有关材料，对其生态伦理思想进行阐释。

一、"知命畏天"的生态伦理意识

　　一般认为，孔子儒学只讲人与人之间的关系，不讲人与自然的关系，所以谈不上有生态伦理资源，只有道家最看重人与自然的关系，所以讲生态伦理资源非道家莫属。

汤一介先生在其主编的《中华历史文化名人评传·道家系列》序文中说："人类社会要合理健康地发展就必须'和平共处'，因此就要调整好人与人之间的关系，具体地说就是要调整好国家与国家，民族与民族，地域与地域之间的关系，在这方面儒家思想可以为人类提供有价值的资源。但今日之世界不仅需要较好地解决人与人之间的关系问题，还要较好地解决人与自然之间的关系，人类才可以'共同发展'；这方面道家'崇尚自然'的思想无疑可以提供有积极意义的资源。"（许抗生：《老子评传》，广西教育出版社1996年8月第1版，第2页）显然，汤先生是主张把儒家资源放在调整人与人之间关系内，而解决好人与自然之间的关系则要的是道家资源的。

　　的确，在关于人与自然关系方面，孔子儒家比道家涉及得少，孔子和孔门弟子致力于"祖述尧舜，宪章文武"（《中庸》），鼓吹效法先王（尧舜指尧帝、舜帝，文武指周文王、周武王），讲人伦之道多，讲自然之道少，所以连南宋大儒朱熹都说："至于性与天道，则夫子罕言之，而学者有不得闻者。"（《四书集注·公冶长第五》）汤先生是学贯中西且对儒、道、释皆有深研者，他遵从传统的看法，这是无可非议的。但是，孔子儒学虽然罕言天道，但不等于说没有论及，更不等于说论及得少就不精彩。朱熹在肯定孔子罕言天道这一事实后，接着又强调指出："盖圣门教不躐等，子贡至是始得闻之，而叹其美也。"（引文同上）朱熹是针对孔门弟子子贡很不容易听到孔子言及"性与天道"问题，而自豪地赞美说："夫子之文章，可得而闻也；夫子之言性与天道，不可得而闻也！"（引文同上）立论的，这一立论与北宋大儒程颐对子贡此言的评论相同，程颐说："此子贡闻夫子之至论，而叹美之言也。"（引文同上）子贡由于对"夫子之文章"经常听到，而对"夫子之言性与天道"很不容易听到，所以发出了"真不可多得"的赞美，这应该是事实，不然子贡也不会专门就"性与天道"发表感慨了（子贡点明"性与天道"问题，说明孔子对子贡谈及过，否则不会留下这句言及"性与天道"的文字）。程颐和朱熹作为深研儒学的大家，皆肯定子贡听过孔子关于天道的至论即精妙之论，这绝不是像一般人所说的只不过仅仅是一种恭维和猜测之言，因为程、朱二人皆是学问严谨之人，他们十分崇敬孔子，因此注释《论语》还是十分认真的。所以，这并非臆断之言。由于程、朱之言涉及孔子有无天道自然观的重大理论问题，我们不得不就此作些疏辨。谈到"性与天道"问题无疑就涉及到孔子的天命观问题（《中庸》一开头就说"天命之谓性，率性之谓道"，可见"天命"与"性"同义，且皆与"道"有关），过去和当今学界对孔子关于天命的议论颇多曲解和误会，现在我们要探讨孔子"知命畏天"的生态伦理意识，对此不可置而不论。

孔子谈天论命即"天命"，此二字在《论语》中出现不多，仅见于以下二句——子曰："吾十有五而志于学，三十而立，四十而不惑，五十而知天命，六十而耳顺，七十而从心所欲不逾矩。"（《论语·为政第二》）孔子曰："君子有三畏：畏天命，畏大人，畏圣人之言。小人不知天命而不畏也，狎大人，侮圣人之言。"（《论语·季氏第十六》）孔子把"知命畏天"看作是君子才具备的美德，这与孔子在《论语·尧曰第二十》中讲的"不知命，无以为君子也"是一致的。特别要注意的是孔子讲的"五十而知天命"一语，孔子在《论语·述而第七》中讲："加我数年！五十以学《易》，可以无大过矣。"即让我多活几年吧！我五十岁已学过《周易》，可以说不会有大的过错了。（孔子有很大的理想和抱负，晚年依旧孜孜不倦地教书育人、整理六经，但自知时间已不多了，所以发出"加我数年！"的感慨）。这里，"五十以学《易》，可以无大过矣"显然是对自己"五十而知天命"的补充说明。为什么孔子要特别强调自己"五十而知天命"和"五十以学《易》"呢？"知天命"和"学《易》"有什么关系呢？据《史记·孔子世家第十七》记载："孔子晚而喜《易》，序《象》、《系》、《象》、《说卦》、《文言》。读《易》，韦编三绝。"（司马迁：《史记》卷四十七）这就是说，孔子晚年非常喜爱《易》学，并整理了《象辞》、《系辞》、《象辞》、《说卦》、《文言》等《易传》文献。孔子读《易》很勤奋，以致把一部《易经》编书简的皮绳都弄断了好多次。

《史记》的记载和《论语》的记载情况是相吻合的，孔子是认真"学《易》"后，才"知天命"的。根据《史记》讲的经孔子整理过的有关《易传》文献分析，"《易》道"与"天命"确是息息相通的。《易》学阐明了古代天人合一的天道观，成为孔子以后历代儒学流派的自然观的立论基石。所以程颐、朱熹深悟此中道理，各自花费几十年时间研读《易》学，程颐有《伊川易传》、朱熹有《周易本义》和《易学启蒙》问世，他们皆为儒家易学造诣极深的人物。因而当他们读到《论语》中子贡对孔子"言性与天道"发出赞美不绝的感慨时，他们俩皆不约而同地肯定子贡一定是听到了孔子关于"知天命"天道观的精妙之论，不然孔子也不会自我表白"五十而知天命"和"五十以学《易》，可以无大过矣。"确实，孔子认真研读《易》学，韦编三绝，一定会有自己关于"知天命"的精彩论述。新近公布的长沙马王堆汉墓出土帛书"易传"资料中，有一篇《要》，这篇易学文献记载了孔子与子贡谈论《易》学的情况，十分珍贵，可以帮助我们揭开孔子"五十以学《易》"和"五十而知天命"的秘密所在。

《要》篇记载，子贡对自己的老师孔子晚而喜《易》，竟到了"居则在席、行则在囊"的地步，十分不理解，为此，孔子和子贡展开了一场尖锐的辩论，最后孔子概括出"《易》道"——"明君不时不宿，不日不月，不卜不筮而知吉与凶，顺之于天地心，此谓《易》道。故《易》有天道焉，而不可以日月星辰尽称也，故为之以阴阳；有地道焉，不可以水火金土木尽称也，故律之以柔刚；有人道焉，不可以父子、君臣、夫妇先后尽称也，故为之以上下；有四时之变焉，不可以万物尽称也，故为之以八卦。"（任俊华：《易学与儒学》，中国书店2001年3月第1版，第78页。）这里，从《易》道讲到了天道、地道、人道，以及四季的变化规律，确是一段十分精彩的有关人与自然关系的论述，难怪乎子贡听后要赞美不已了。

孔子本人不讲"天道"只讲"天命"，整部《论语》中"天道"二字只出现在子贡讲的"夫子之言性与天道"一语中，我怀疑子贡讲的此"天道"应为"天命"之误。因为，第一、按出土文献《要》所论，"天道"只是与"地道"、"人道"相并列的概念，而"天命"涉及到"天道"、"地道"、"人道"与"四时之变"的方方面面，总概了人与自然的变化规律即大自然客观存在的不可抗拒的变化规律，亦即"《易》道"。朱熹注"天命"是指"天道之流行而赋于物者"（《四书集注·论语集注卷二》）正揭示了此意。第二、"天命"是西周武王灭商纣后，才出现的概念。陈梦家说："商人称'帝命'，无作天命者，天命乃周人的说法。"① 周人的"天命"取代商人的"帝命"标志着周人的伦理政治取代了商人的神权政治，具有历史的进步性。以周公旦为代表的周人天命观把政治从神界转向人界，认为民意决定天意，顺应天意就要以德治国，体现了敬天修德、以民为本的价值取向。对此孔子十分崇敬，他认为周代比夏商二代皆好，所以他说："周监于二

① 陈梦家：《尚书通论》，中华书局1985年版，第207页。

代，郁郁乎文哉，吾从周。"（《论语·八佾第三》）他明确表示要继承周文化传统，所以孔子使用"天命"概念，并吸取了周文化的敬畏天命、重德修德思想（孔子在《论语·述而第七》中讲"天生德于予"把"天"与"德"并提，就是明显证明）。第三、和孔子同时且被孔子称道的政治家子产和晏婴皆反对那种把天灾和人祸胡扯在一起的所谓"天道"（这也是当时流行的祝巫们惯用的占卜吉凶的"天道"伎俩），晏婴讲"'天道'不谄"（《左传·昭公二十六年》），反对借"天道"谈论人事吉凶问题，这与孔子不语怪神、反对迷信的思想是一致的，因此孔子不可能违背自己的意愿将"性"与当时祝巫们爱用的"天道"二字连同使用。

既然"天命"就是指自然（包括天地人）规律，那么"知天命"即对自然规律的了解、掌握就很不容易，能够了解、掌握它，当然就是一种君子美德了，因此才会有孔子"不知命无以为君子"之说以及"五十而知天命""可以无大过"之说了。

孔子在《要》篇中阐明的"知天畏命"的天命观，强调贤明的君子不违背时宿，不逆日月而行，不依靠卜筮来掌握吉凶，只是顺应（遵循）着天地自然变化的规律。这应该就是孔子"知天命"的真谛所在。值得注意的是"天地心"三字，这与"天命"二字实属同义，体现着孔子的伦理精神不仅贯穿其人生之道，也贯穿其天命之道，亦即孔子不仅仅是对人类讲伦理，亦对天地（自然）讲伦理，这正是孔子生态伦理意识的自然流露。

我们说孔子的"天命"是指自然规律，这在《论语》中亦可找到确证。《论语·阳货第十七》记载说——子曰："予欲无言。"子贡曰："子如不言，则小子何述焉?"子曰："天何言哉? 四时行焉，百物生焉，天何言哉?"这一则记载实际上是对前一则子贡讲"夫子之言性与天道，不可得而闻也!"的补充说明。孔子用八个字揭示了天命即"四时行焉，百物生焉"，这正是天地万物自然变化的规律。这八个字与《要》篇孔子讲的"四时之变焉，不可以万物尽称"是同一种思路，即由"四时"变化想到"万物"生长。这也说明尽管《要》篇经过了孔门弟子的加工修订（当然也窜入了个别晚出材料），但基本思想仍然是孔子的，是研究孔子天道自然观的重要史料。我们说正是因为有《要》篇的出土，才使孔子"知天命"的真谛得以破解，也证明了程颐、朱熹肯定孔子有"天"之至论的不伪。

孔子的生态伦理意识不仅仅体现在"知天命"而且更重要的是体现在"畏天命"——敬畏天命是孔子提出其生态伦理思想的理论基石。

为什么要敬畏天命? 天命是客观存在的不可抗拒的自然规律，如四时变化，万物生长都有其自身的规律性，人们只有掌握它，春耕播种，才有金秋收成；人们只有适应它，热天降暑，冬日防寒，才能健康不病。如果违背天命，既不能搞好粮食生产，也难以保证人自身健康成长，这无异于自取灭亡，所以君子必然要敬畏天命了。孔子敬畏天命的思想还不仅仅是讲人们要遵循自然规律办事，而且还将"畏天命"与"君子"人格结合起来，体现了一种天人合一的生态伦理意识。将"畏天命"与否，作为一条划分"君子"、"小人"的分界线，要求君子卑以自牧，不做过头事，不讲过头话，维持人与自然的和谐和世界的安宁、和平。《中庸》讲"君子居易以俟命，小人行险以侥幸"、小人没有"畏天命"之心，所以肆意妄为，什么缺德事都干得出来，既敢破坏人与人之间的关系，也敢破坏人与自然之间的关系，于是出现了人伦丧尽、生态破坏的当今世界一系列所谓的"道德危机"、"信仰危机"和"生态危机"现象。由此，可体会二千五百年前孔子提倡敬畏天命，树立君子人格，维护人类社会健康发展和生态平衡的良苦用心。当今社会理应效法孔子敬畏天命的君子人格论，培养自觉遵循天地自然规律的生态伦理意识，这才是治理生态问题的"治本之策"。

二、"乐山乐水"的生态伦理情怀

孔子有了"知命畏天"的生态伦理意识，身体力行，培养起一种"乐山乐水"的生态伦理情怀，自觉地与大自然融为一体，体味大自然化生万物的无限魅力。这种"乐山乐水"的生态伦理情怀对开展生态教育，培养青少年从小热爱大自然，自觉维护大自然的思想意识有重要的作用，值得深入探讨。

孔子"乐山乐水"命题见诸于《论语·雍也第六》："子曰：知者乐水，仁者乐山。知者动，仁者静。知者乐，仁者寿。"这是孔子赞美"知者"和"仁者"的一句话。在孔子看来，"知者"和"仁者"都是有道德修养的人，相当于我们今天讲的"仁人志士"。孔子赞美仁人志士的修养功夫，实际上是为了鼓励他的学生和广大民众都来做这种"知者"和"仁者"。这种"知者"和"仁者"既快乐又长寿，不正是人生追求的目标和最高境界么？！

那么，如何培养"乐山乐水"的生态伦理情怀呢？孔子认为首先要淡泊明志，有一种做圣贤君子"不改其乐"的人生志向。他说，"君子谋道不谋食"（《论语·卫灵公第十五》），颜回就做到了尽管生活条件十分困难，但因为做圣贤君子的人生志向明确，所以能身处"陋巷"而始终"不改其乐"（《论语·雍也第六》）。第二、要有"泛爱众而亲仁"（《论语·学而第一》）的心理自觉，只有心中充满了仁爱之情，才会"乐山乐水"，爱护好山山水水，对水中的鱼、山中的鸟才不会去赶尽杀绝（见《论语·述而第七》"钓而不纲，弋不射宿"），而保持一钟"鸟之将死，其鸣也哀"（见《论语·泰伯第八》）的同情心。第三、通过学习《诗》、《乐》增强欣赏大自然的知识能力和审美意识，他说"《诗》可以兴，可以观……多识于鸟兽草木之名"（《论语·阳货第十七》），又说"兴于《诗》……成于《乐》"（《论语·泰伯第八》），认为学《诗》

可以使想象力和观察力丰富，可以多认识一些鸟兽草木的名称，而学《乐》可以提高修养助人成就事业，所以皆有益于培养"乐山乐水"的生态伦理情怀。

通过论述如何达到这种与山与水同乐同寿的理想人生境界，孔子揭示了培养"乐山乐水"的生态伦理情怀与做仁人志士、树立高尚君子人格的密切关系。从中我们也可以发现，孔子的人伦道德与生态道德是一致的，做仁人志士与乐山乐水不仅不相矛盾，而且是相互促进、相互融通的。"仁者乐山"命题的提出，是儒家思想史上第一次将"乐山"的生态伦理要求纳入"仁"的范畴体系之中，可以看作是儒家的第一个生态伦理学命题。这种乐山乐水的生态伦理思想对后世儒者的道德修养影响极大，如汉儒董仲舒高唱《山川颂》、宋儒周敦颐追求山水之"真境"，他们都实现了"出淤泥而不染，濯清涟而不妖"的君子人格理想。因此，宋儒程颐在评点孔子这句话时，很有感慨地指出："非体仁知之深者，不能如此形容之。"（《四书集注·论语集注卷三》）孔子因为自己是一位仁人志士、修养到家（《论语·述而第七》记载："子之燕居，申申如也，夭夭如也。"可见孔子日常生活仪态舒缓，体现出一副和颜悦色之贤德气象），所以才能体味个中的真谛——原来仁人志士的一举一动都体现着"乐山乐水"的高尚情怀。孔子把"乐山乐水"与做仁人志士联系起来，作为培养儒家理想君子人格的一项道德行为规范，说明儒家创始人对生态伦理的重视。君子要仁民、爱人、乐山、乐水，这就把生态伦理教育有机地融入到人伦道德教育之中。过去我们只重视孔子"仁民爱人"的人伦道德研究而忽视了孔子"乐山乐水"的生态道德研究，这是十分片面的和不应该的。今天随着生态伦理学的蓬勃兴起，深入挖掘孔子这种"乐山乐水"的生态伦理思想，自觉地将生态道德教育与人伦道德教育结合起来，无疑有着重要的理论和实践意义。

实际上视"乐山乐水"的大自然为一种优美的人生境界，也体现在孔子"吾与点也"的思想论述之中。据《论语·先进第十一》记载，一次孔子与他的学生子路、曾点、冉有、公西华谈人生志向和理想时，曾点说："莫春者，春服既成。冠者五六人，童子六七人，浴乎沂，风乎舞雩，咏而归。"意即：春夏之交，春天的农事已做完，与五六位成年人和六七个小孩子一起在沂水河边洗个澡，上舞雩台吹吹风，一路上唱着歌儿回来（译文"莫春"采皇侃疏，用既适于农事且符合北方气候的夏历作依据译为"春夏之交"，"春服"据《尔雅·释诂上》"服，事也"释为"春事"）。孔子听后赞叹道："吾与点也！"即我赞同曾点的看法。为什么孔子对子路、冉有、公西华治理国家的看法不屑一顾，而对曾点热爱大自然的看法却如此赞叹呢？这就是因为曾点的理想主义（曾点追求人间的和谐与自然的和谐二者相统一的社会理想主义，这从"冠者五六人，童子六七人"的讲话可体现出来。曾点是与冠者、童子们一起享受山水之乐而非一人独享，这才是真正的

"乐山乐水"的仁人志士的高尚理想情怀），与孔子主张培养"乐山乐水"的仁人志士的高尚理想情怀是一致的。孔子要培养的是既有仁者胸怀又能治世的理想君子人才，这种人才仅仅能治世是不够的，必须有"乐山乐水"的生态伦理情怀，将人间的和谐与自然的和谐自觉统一起来，去实现"老者安之，朋友信之，少者怀之"（《论语·公冶长第五》）的儒家社会理想。应该说，孔子这种理想人才教育思想是相当有远见的。当今生态环境恶化，尽管原因是多方面的，但一些国家的统治者和一些单位的领导者缺乏"乐山乐水"的仁者情怀，追求眼前利益，不管子孙后代死活，乱用地球资源，违背生态道德（特别是代际伦理道德），造成了一方面经济空前繁荣、国力强大，但另一方面环境问题严重、生态危机四伏的"二律背反"局面，这是十分可怕的。现在我们都知道"只有一个地球"，地球上的山山水水都是全人类共享的不可再生资源，如果再不加强"乐山乐水"的生态伦理教育，恐怕要不了多久，都会遭受灭顶之灾，到时候人类的命运如何也就不言而自明了。所以赶在"灭顶之灾"降临之前，弘扬孔子"乐山乐水"的仁人志士道德教育思想，实在是最明智之举了。我们说，只要从现在做起从我们每个人做起，自觉培养"乐山乐水"的生态伦理情怀，地球和人类还是有希望和平发展下去的。让我们早日醒悟起来吧！

三、"弋不射宿"的生态资源节用观

孔子有"乐山乐水"的生态伦理情怀，因而他对山中的鸟、水中的鱼都能持一种节用态度，反对乱捕乱杀。《论语·述而第七》记录说："子钓而不纲，弋不射宿。"即孔子捕鱼用钓竿而不用网，用带生丝的箭射鸟却不射杀巢宿的鸟。这里揭示了孔子的生态资源节用观。

我们知道，孔子生活在二千五百多年前的春秋时代，那时的中国野生动植物资源是相当丰富的，老百姓"靠山吃山，靠水吃水"，捕鱼狩猎是维持基本生活所必需的，因此孔子去河边钓鱼和山上射鸟正是参加劳动、维持基本生活的表现，不存在今天意义上的捕杀野生动物问题。

为什么孔子主张用竹竿钓鱼不用绳网捕鱼，用带生丝的箭射鸟却不射杀巢宿的鸟？这是因为用绳网捕鱼可对鱼儿一网打尽，无论大小；射杀巢宿的鸟也会大大小小一巢打尽。这样一来就破坏了生态资源的可持续利用，既会造成资源枯竭，也会阻塞老百姓的靠捕鱼狩猎为生的生存之道，是一种不仁的行径，所以孔子加以反对。当然，这种生态资源节用观也体现了孔子"泛爱众而亲仁"（《论语·学而第一》），为了大多数人的生存利益而反对毁灭野生资源的生态伦理思想和对可再生资源保持可持续性发展的社会发展战略思想。

孔子的节用观是跟儒家"爱人"、"惠民"的政治伦理思想紧密联系在一起的，是儒家主张统治者以德治国必须具备的道德观念。孔子说："道千乘之国，敬事而信，节用而爱人，使民以时。"（《论语·学而第一》）即治理千乘之国，必须严肃对待，诚信无欺，节用资源，爱护众人，用工不违农时（这里，"人"与"民"并用，前者泛指，后者专指，并非"人"就一定指"大人"，不然何必不直接讲"爱大人"呢？至于"民"与"时"即农时并用，显然专指农民）。可见，敬事、诚信、节用、爱人都是同一个层次的道德范畴，是对统治者的道德行为规范。孔子还把"君子惠而不费"（《论语·尧曰第二十》）即君子给人民好处自己却节用而不浪费，作为"五美"（五种美德）之首，这表面上是对君子而言，实际上也是对统治者的道德要求。

当然，孔子亦将节用作为仁人君子日常生活的一种美德加以倡导。他说："君子食无求饱，居无求安。"（《论语·学而第一》）即君子吃饭不要求太饱，居住不要求安乐舒适。为什么要求"食无求饱，居无求安"呢？因为饮食太饱势必多消费粮食，居住太舒适势必耗费过多的土地空间和建筑材料，这都是没有做到节用，故为君子所不取。孔子说："以约失之者鲜矣。"（《论语·里仁第四》）因为节约而犯过错的人是很少的，所以孔子又说："奢则不逊，俭则固；与其不逊也，宁固。"（《论语·述而第七》）奢侈就显得不恭顺，俭朴就显得简陋；与其不恭顺，宁可简陋。孔子主张节俭，反对奢侈，哪怕别人说自己简陋亦无妨。本来"礼"是儒家很看重的，但孔子提出"礼，与其奢也，宁俭"的主张（见《论语·八佾第三》），认为就一般的礼仪来说，与其奢侈浪费，宁可俭朴一些好。孔子讲节用俭朴不仅仅是在理论上讲，自己也是身体力行的。据《论语·子罕第九》记载，一次孔子想搬到九夷去住，有人对他说："那个地方非常简陋，怎么好住呢？"孔子回答说："君子居之，何陋之有？"意即有君子住在那里，哪来的简陋呢？他赞扬自己那位生活简陋却特别好学的弟子颜回说："贤哉回也！一箪食，一瓢饮，在陋巷，人不堪其忧，回也不改其乐。"（《论语·雍也第六》）这正是对"君子居之，何陋之有？"的最好注脚。由此可见，孔子主张生活俭朴、节用资源，讲究内在的道德修养、君子人格，不追求外在的生活奢侈、豪华气派。因为他自己出身贫贱，知道民众疾苦，他讲"俭，吾从众"（《论语·子罕第九》），既然大家都这样俭省，我也应该跟大家一样节俭，这说明孔子的确是一个节俭意识很强的思想家。他的这种节用观无疑在当时生产力水平不发达，直接可用资源有限的情况下，对减少民众疾苦，维持日常生活，以及生态资源保护有重要的进步意义。今天，虽然生产力水平大大提高，人们的生活条件大大改善，但为了保护生态环境，我们还是要大力提倡生态节用消费观。节约光荣，浪费可耻，这应当成为全社会崇尚的一条生态伦理规范。我们说当今世界全球性的环境问题，与人类自身过多地追求高消费，不注意节用，是有直接关系的。如果大家都能发扬孔子"饭疏食饮水，曲肱而枕之，乐亦在其中矣"（《论语·述而第七》）的生态消费理念，吃粗粮，喝冷水，弯着胳膊当枕头，节俭而又其乐无穷地生活，那么就会给我们这个地球节省更多的资源，为子孙后代造福。试问，这岂不也是"乐亦在其中"的事情么?!

第六讲
养体、养心与养德
——孟子对《周易》思想的发挥

　　孟子（公元前372～前289年），名轲，字子舆，战国时期邹（今山东邹县东南）人。在先秦诸子中，孟子是对《周易》琢磨最透、领会最深、发挥最为出色的人，其特点是不讲卦爻，不拘泥文字，不分义理象数，只注重它的精神实质，而又能融会贯通，运用于实际。在整部《孟子》中无一处提及《周易》，更无一处引用《周易》，而其言论却处处充满了《周易》思想，处处闪耀着《易》理的光辉，它特别善于在一些具体问题的阐述中自然而生动地将《易》理的奥秘精微发挥得淋漓尽致。

一、对继善成性思想的发挥

　　《易》的主旨在《乾》，而《乾》的主旨在善。《乾》卦卦辞："元亨利贞。"《易传·文言》解释说："元者善之长也。"《易传·系辞》说："一阴一阳之谓道，继之者善也，成之者性也。"元者始也，天地之始是什么性质的呢？《文言》说"善之长也"，《系辞》说"继之者善也"。《文言》说善是就既成的天地而言的，所以说"善之长"。《系辞》说善是指未成的天地而言的，所以说继之者善也，都是说的天地的本质是善，其具体表现是能覆载万物，生成万物，一片仁慈之心，所以说"天地之大德曰生"。推之人事，人的本性是什么呢？是与天地一致为善呢，还是与天地相反为恶呢？或者从天地的兼收并蓄引伸出有善有恶、无善无恶呢？在这个问题上，孟子高扬人性本善的大旗，两千余年来深深地影响着中国的伦理道德。

孟子认为，人之性善，是先天的，而不是后天的；是"我固有之"的，而不是来自外部的。何以见得是我固有而非外来呢？他举出了"人皆有不忍人之心"来论证自己的观点。孟子说："所以谓人皆有不忍人之心者，今人乍见孺子将入于井，皆有怵惕恻隐之心，非所以内交于孺子之父母也，非所以要誉于乡党朋友也，非恶其声而然也。"（《孟子·公孙丑上》）

何谓人皆有不忍人之心？孟子举出了上述的例子，一个小孩眼看就要掉进水井了，凡是看到了当时情景或是闻到哭声的人没有不十分紧张恐惧，担心害怕的，惟恐小孩掉了下去，为什么会有这种心理呢？孟子排除了各种外来的因素，认为是生来俱有的不忍人之心，这就叫本性。于是据以推断："恻隐之心，人皆有之；羞恶之心、人皆有之；恭敬之心，人皆有之；是非之心，人皆有之。"（《孟子·告子上》）而恻隐之心、羞恶之心、恭敬之心、是非之心都是美德，都是善，可知人的本性是善。

孟子不仅认为善的本性是人固有的，由善引伸扩展的仁义礼智也是固有的。孟子据此推论说："恻隐之心，仁也；羞恶之心，义也；恭敬之心，礼也；是非之心，智也。仁义礼智，非由外铄我也，我固有之也，弗思耳矣。"（《孟子·告子上》）

孟子不把仁义礼智看成是一种教化的结果，而视为是人本身固有的良知良能。孟子说："人之所不学而知者，其良能也；所不虑而知者，其良知也。孩提之童，无不知爱其亲者；及其长也，无不知敬其兄也。亲亲，仁也；敬长，义也。无他，达之天下也，"（《孟子·尽心上》）"孩提"指一岁左右的小孩，能孩孩发笑，故叫"孩"；知道要人提抱，故叫"提"。人在"孩提"之际，应该说还未曾受到社会的影响，却知道亲自己的亲人，由此可知良能良知都是天生的，而不是后天才有的。

告子不同意孟子人性本善的说法，认为人性无所谓善恶，然而可善可恶。他以流水作比喻说："性犹湍水也，决诸东方则东流，决诸西方则西流。人性之无分于善与不善也，犹水之无分于东西也。"（《孟子·告子上》）

告子以水流无分于东西来比人之性的无分善恶，认为全是外界的影响所致。孟子反驳说："水信无分于东西，无分于上下乎？人性之善也，犹水之就下也。人无有不善，水无有不下。今夫水，搏而跃之，可使过颡；激而行之，可使在山，是岂水之性哉？其势则然也，人之可使为不善，其性亦犹是也。"（同上）

水的流动确实是不分东西的，往东流，往西也流。然而却分上下，往上不流，往下则流。孟子认为，不分东西不是水的本性，分上下才是它的本性，水的本性无有不下，就像人的本性无有不善。水是不是也有向上流的时候呢？有。但那是势使之然，而不是它的本性。比如，你对着流水猛一掌，它可以超越你的面颊；如采取特殊的处置，还可以引向山顶。而无论是超越面颊和引向山顶都是"势"所使然，并非水的自然本性。既然水的趋下之性可以逼而使之向上，人的善的本性亦逼而使之成恶也就成了自然之理了。

孟子以水比性的这段议论尽管不无牵强，但也不是全无道理。人之为不善不一定全由谁强制，但环境的影响至关重要。一旦环境形成了一种不善的势，许多本来是善的，也会变成不善；不是自己愿意变，而是势所使然，不得不变。比如在盗贼满山的地方和时代，凡有为盗条件者很少不为盗，原因是形势所逼，不为盗无以自存；不是钱米无着不能自存，而是直接威胁着生命安全不能自存。于此时也，只有加入诸盗一伙，才能自保，否则必遭戕灭。在这种情况下，要使人不为盗，就必须折盗之势，彻底剿灭山中之盗，但山盗并非那么好剿，剿完这山有那山，剿完此地有他地。故明儒王阳明提出不但剿山中贼，还要剿

"心中贼"。贼从何来？这倒不是"人固有之"的，而是社会造成的，分配不公，政治腐败，恶吏横行，不敢言而敢怒，于是就有了山中贼，也有了"心中贼"。

告子觉得孟子用水性比人性不切，因为人与水并不同类。所谓不同类，是指人是有生命的，而水则是无生命的，于是指出："生之谓性。"（《孟子·告子上》）意思是说性只能存在于有生命的活物中。水非活物，故不能与人比。但即使同是活物，也不一定有相同的本性，于是孟子反驳说："然则犬之性犹牛之性，牛之性犹人之性与？"

孟子是雄辩家，能轻而易举地击败对方，尽管也经常夹杂一些诡辩。那么人与牛狗的本性究竟是同还是不同呢？对此，朱熹作过一条长注。朱熹说："性者，人之所得于天之理也；生者，人之所得于天之气也。性，形而上者也；气，形而下者也。人物之生莫不有是性，亦莫不有是气。然以气言之，则知觉运动人与物若不异也，以理言之，则仁义礼智之禀岂物之所得而全哉？此人之性所以无不善而为万物之灵也。告子不知性之为理，而以所谓气者当之。所以然者，盖徒知知觉运动之蠢然者人与物同，而不知仁义礼智之粹然者人与物异也。孟子以是折之，其义精矣。"（同上）

朱熹在这里实际上将性分成了两种，一是先天之性，一是后天之性。进而又把先天之性说成气，后天之性说成理。并以先天之性为蠢然的知觉运动，后天之性才是粹然的仁义礼智。这样，算是把同有知觉运动的人与动物的性区分开了，孟子正是用这点来反驳告子的。所以朱熹赞扬说"其义精矣"。但这个思想却不合于《周易》。《系辞》说："一阴一阳之谓道，继之者善也，成之者性也。"善是继道的结果，而性是成善的体现，因道而有善，因善而成性。《礼记·中庸》也说："天命之谓性，率性之谓道，修道之谓教。"也认为"性"是上天赋予的，是由道所规定、所统率的。至于仁义礼智等社会道德和行为能力，乃是修道设教的结果。可见朱熹所谓的蠢然、粹然等等只不过是朱熹自己的思想，而不是《周易》的思想，因而也不全是孟子的思想。

人性的善恶问题本来是个很复杂的问题，时人已有各种不同的主张，以此孟子不得不经常面对不同的观点展开辩论。一次，公都子在转述了告子的性无善恶说之后向孟子提出疑问说："或曰性可以为善，可以为不善，是故文武兴则民好善，幽厉兴则民好暴。或曰有性善，有性不善，是故以尧为君而有象；以瞽瞍为父而有舜；以纣为兄之子且以为君，而有微子启、王子比干。今曰性善，然则彼皆非与？"（《孟子·告子上》）

公都子在这里提出的是有关善恶的一连串问题，目的是为了论证性无善恶。提问一连列举了四种情况，一是从社会风化说，文武之时好善，幽厉之时好暴，说明人性可以导之使善，可以诱之使恶；二是从周围影响说，大圣人帝尧为君，竟还有象这样刁蛮不规之徒；三是从血缘关系说，瞽瞍这样不慈不义的父亲竟生下了舜这样的善良儿子；四是从家庭教养说，暴君纣王，他的亲叔叔微子、比干，却又都是好人。这些现象该如何解释呢？孟子回答说："乃若其情，则可以为善矣。若夫为不善，非才之罪也。"就是说性善虽是人的本质和本能，但必须启动、发扬，性动曰情，不启动发扬，仍然只是潜在的性。那些行为不善的人，并不是他不具备这种本能和本质，而是没有发挥这种本能与本质。故接着孟子又说："求则得之，舍则失之，或相倍蓰而无算者，不能尽其才者也。"数之一倍叫倍，五倍叫蓰。"或相倍蓰而无算者"，意即背离人的本性走得很远。"无算者"，无可数计。众多背离人的本性而走得很远的人，都是因为自己不去寻求，不加发展，所以善的本质无从体现，但不能因此就可以否定善的本质。为了说明这个问题，孟子用牛山之木作为例子，并从而展开议论说："牛山之木尝美矣。以其郊于大国也，斧斤伐之，可以为美乎？是其日夜之所息，雨露之所润，非无萌蘖之生焉，牛羊又从而牧之，是以若彼濯濯也。人见其濯濯也，以为未尝有材焉，此岂山之性哉！虽存乎人者，岂无仁义之心哉？其所以放其良心者，亦犹斧斤之于木也，旦旦而伐之，可以为美乎？其日夜之所息，平旦之气，其好恶与人相近也者几希，则其旦昼之所为，有梏亡之矣。梏之反覆，则其夜气不足以存；夜气不足以存，则其违禽兽不远矣。人见其禽兽也，而以为未尝有才焉者，是岂人之情也哉？故苟得其养，无物不长；苟失其养，无物不消。孔子曰：操则存，舍则亡，出入无时，莫知其向，唯

心之谓与?"（同上）

　　濯濯，光洁貌，有如用水清洗一般。牛山好好一片森林，只因为他距城市太近，被砍伐一光。本来它还有再生的能力，无奈光山又成了牧场，牛踩马踏，于是就成了光秃秃的山包了。那些不了解此山历史的人从眼前的现象出发，以为它从来就是一座不长草木的光山，自然不合乎事实。据此类推，人也不能以现象当本质。人的仁义之心也和牛山能长树木一样，本来是存在的，只是因为良心的放纵，就像树木之于斧子，旦夕砍伐，被毁坏了。因为毁坏的程度过大，以致失去了再生的能力，于是离人的本质越来越远，而离禽兽的本质越来越近，最终竟等同于禽兽，但我们决不能因为他已经成了禽兽而否定他曾经存在过的人的本质。最后，孟子综合人心与山木说："苟得其养，无物不长；苟失其养，无物不消。"消者亡也，不得其养，有物也会消失，也会泯灭，充分强调了后天的作用。

　　那么，如何才算是得其养呢？孟子说："虽有天下易生之物也，一日暴之，十日寒之，未有能生者也。吾见亦罕矣，吾退而寒之者至矣，吾如有萌焉何哉?"（同上）一暴（温暖）而十寒，再容易生长的东西也无法生长。作为社会现象，暴与寒的条件是同时存在的，暴进而寒退，寒长而暴消，如果不择暴弃寒，避寒就暴，即使有向好的方面发展成长的愿望，也是徒然的，所以说"如有萌焉何哉"。

　　养性不能一暴十寒，也不能因小害大，这里有个

"养"的方法问题。公都子问孟子："均是人也，或为大人，或为小人，何也？"孟子问答说："从其大体为大人，从其小体为小人。……耳目之官不思而蔽于物，物交物，则引之而已矣。心之官则思，思则得之，不思则不得也，此天之所与我者。先立乎其大者，则其小者不能夺也，此为大人而已矣。"（《孟子·告子上》）

孟子认为，大人之所以能成为大人，是因为他能养其大，即陶冶其心志，注意思考，不蔽于耳目，一事当前有自己的思考，有自己的见解，这就叫立其大。然则什么叫小呢？孟子说："养其一指而失其肩背而不知也，则为狼疾人也。饮食之人则人贱之，为其养小以失大也。"（同上）饮食之人指专门讲究吃喝的人。

孟子以为养心为大，养体为小。大人着意于养心，有思想，有境界，故成大人，小人一味养体，饱食终日而无所用心，故成小人，这就是孟子著名的养心与养体之说。这里的大人、小人不是权力大小之谓，而是有无德行以及德行高低之谓。

如何养心呢？孟子认为养心的最大要领在于寡欲。孟子说："养心莫善于寡欲。其为人也寡欲，虽有不存焉者寡矣。其为人也多欲，虽有存焉者寡矣。"（《孟子·尽心下》）存与不存，指的是人的善的本性。为人寡欲，虽然也有不能保留和发挥善的本能和本性的，但为数极少。为人多欲，虽然也有能保留和发挥善的本能和本性的，为数也极少。这里，孟子作了有条件的判断，没有绝对化。而其强调善的本能和本性，却是始终如一的，对《周易》继善成性思想的发挥是充分的、大胆的。

二、对乾道刚健思想的发挥

刚健是《周易》一个至为重要的思想，它贯穿于全书，更集中反映在《乾》卦。乾是天，天就是刚，就是健，就是高明，就是博大。刚健是天的本质特点，也是乾道的本质特点。惟其刚健，故能为勿用之龙，能作在田之龙。惟其刚健，才能"终日乾乾，夕惕若厉"。也惟其有不断的奋发进取，而且知进知退，才能跃于田，才能飞于天，才能不作有悔的亢龙。故《易传·大象》概括《乾》卦的主旨说："天行健，君子以自强不息。"这就是通常所说的刚健之气，孟子一生，最注重这种刚健气质的修养，也最看重自己的这种气质。一次，告子问他，什么是他所长。孟子回答说："我知言，我善养吾浩然之气。"告子又问："敢问何谓浩然之气？"孟子回答说："难言也。其为气也，至大至刚，以直养而无害，则塞于天地之间。"（《孟子·公孙丑上》）

浩然之气是什么气呢？孟子作过许多解释，概括起来，就是至大至刚。至大是至为广大，至刚是无比刚健。但这至大至刚的气并不是生来就有的，是需要培养的，"直养而无害，则塞于天地之间"，一直培养而不加损害，它就能充塞于天地之间，这和《象传》说的"大哉乾元，万物资始，乃统天"的气势是一致的，与《乾》卦九三爻辞"君子终日乾乾"以及《象传》"君子以自强不息"的精神是一致的。

朱熹为了使孟子的养气说与性善的思想相一致，为之作注说："至大，初无限量；至刚，不可屈挠。盖天地之正气，而人得此生者，其体段本如是也。"朱熹从人性本善的思想出发，以为这浩然之气是生来就有的。原本是天地之正气，人得气而生，所以"其体段本如是也"。朱熹的解释虽然与性善的思想扣得很紧，惜乎失之迂阔。果真如此，则怀抱里的婴儿其气必是更加刚大的了，因为他刚从天地那里下来，其气未曾受到后天的任何损害。

朱熹的解释也不全是自己的见解，是根据程颐的思想来的，只是着意发挥了程颐思想中不合理的一面。

程颐说："天人一也，更不分别。浩然之气，乃吾气也，养而无害，则塞乎天地之间；一为私意所蔽，则欿然而馁，却甚小也。"（《均见《四书集注·公孙丑章句上》）程颐从天人合一的观点出发，也认为这浩然之气"乃吾之气"，是人生来固有的，但它着意强调的是养与不养的问题。养而无害则塞乎天地之间，一为私意所蔽则欿然而馁。"乃吾气也"，虽然也是说气为人所固有，但强调的程度远不及朱熹。

然则孟子所说的浩然正气究竟是他原本有之的？还是养而成之的呢？孟子自己也没有说得十分清楚，既像原本有的，又像养而成之的。实际的情况是既有原本的，也有养成的。原本有的是事物的本质，是内在的因素，是可养的基础。惟其有此基础，才有养的可能，才有至大至刚的前途和发展。也惟其有养，才能成为浩然之气，才能发展成至大至刚。这点，从孟子对气的性质和养气原则的解释可以得到证实。孟子说："其为气也，配义与道，无是，馁也。"（同上），加配了义与道之气，自然不是先天的自然之气，而是社会化了的人伦之气了，它的成份是既有义，又有道。这有义有道之气，不可能是朱熹说的"初"时的气。但朱熹为了自圆其说，在注释中加以发挥说："配者合而有助之意，义者人心之裁制，道者天理之自然。馁，肌乏而气不充体也。言人能养成此气，则其气合乎道义而为之助，使其行之勇决，无所疑惮；若无此气，则其一时所为，虽未必不出于道义，然其体有所不充，则亦不免于疑惧，而不足以有为矣。"（《四书集注·公孙丑章句上》）

朱熹这则注释既坚持了"浩然之气"的固有性，同时又将此气客观化，以为原本存在这样一种气，有此气则如何如何，无此气又如何如何。而孟子并无此意。孟子是说人要养气，要持之以恒，养而无害，这气就能至大至刚，塞于天地。但养的过程必须配以义道，否则就会疲乏不振。义与道是什么？就是思想，就是品德。"无是，馁也"，这是必然的，因为没有思想内容的纯自然之气不可能持久，不可能有战胜各种艰难险阻的力量。孟子说的是气的性质和养气的方法，而不是说有这么一种配制好了的现行的气。

那么，义与道究竟要如何配气才好呢？孟子说："是集义所生者，非义袭而取之也。行有不慊于心，则馁矣。"（同上）就是说气要充满着义，以义率气，集义以生气，做到气到义到，气义一体，而不能使义成为外来的东西，这样，才能大，才能刚，才能浩然充沛而不乏不馁。否则，"行有不慊于心，则馁矣"。不慊于心即于心有不满足，不惬意的感觉，只要一出现这种感觉，这气也就馁了。所以，孟子的养气实际上是养义，只有为人光明正大，才能有浩然正气；有义则有气，无义则无气。孟子这段话的核心在于"集义"。

义应如何集，也有讲究，孟子提出了"勿正，勿忘，勿助长"的三勿原则。孟子说："必有事焉而勿正，心勿忘，勿助长也。"（同上）预期曰正，勿正是说不能在事先拉开架势，心勿忘是说心不离义，勿助长说的是不可脱离实际达到的程度而人为拔高，故作姿态。为了说明不可助长，孟子还举了宋人拔苗助长的故事。说明人的集义养气的功夫，有如禾苗之自然生长，有一个必需的过程，任何企图寻找捷径、人为助长的做法都是不能奏效的，"助长"的结果只能是"非徒无益，而又害之"。

集义养气，目的是为了提高自己的气质，养成良好的刚柔并济的理想性格，那么什么才是理想性格呢？孟子曾以古代名人为实例作过比较。孟子说："非其君不事，非其民不使，治则进，乱则退，伯夷也。何事非君，何使非民，治亦进，乱亦进，伊尹也。可以仕则仕，可以止则止，可以久则久，可以速则速，孔子也。皆古圣人也，吾未能有行焉，乃所愿，则学孔子也。"（《孟子·公孙丑上》）伯夷、伊尹、孔子，古之三圣，其气自然都是至大至刚，充沛天地，但却并不同道，即他们各自的性格不同。伯夷至刚不柔，他的原则是择时进退，以保持着自己的正气不被他物沾污。伊尹化刚为柔，进而不退，以自己的正气感化他人。孔子有刚有柔，因时进退。三者比较，孟子说他都做不到，但他愿意学孔子。实际上也只能学孔子。如学伯夷，高洁不污，最后只能饿死首阳山。如学伊尹，又只能是传说中的英雄，很难成为事实。只有孔子，因时俯仰，能进则进，能退则退，这才是比较现实可行的态度。

孟子认为，在与人的交往上，刚直的原则是必要的，但不能过严，也不能过宽。过严则形成孤傲，过宽则失于简慢，孤傲、简慢都不符合刚直的原则。他举出了两位古代名人作为例子，一是伯夷，一是柳下惠。孟子说："伯夷，非其君不事，非其友不友。不立于恶人朝，不与恶人言。立于恶人朝，与恶人言，如以朝衣朝冠坐于涂炭。推恶恶人之心，思与乡人立，其冠不正，望望然去之，若将浼焉。是故诸侯虽有善其辞命而至者，不受也。不受也者，是亦不屑就已。柳下惠不羞污君，不卑小官。进不隐贤，必以其道。遗佚而不怨，阨穷而不悯。故曰，尔为尔，我为我，虽袒裼裸裎于我侧，尔焉能浼我哉？故由由

然与之偕而不自失焉。援而止之而止。援而止之而止者，是亦不屑去已。"（《孟子·公孙丑上》）

伯夷是以高度的原则性著称的，连别人的帽子戴得不正他都要生气。柳下惠则相反，和谁都能交往。虽则交往，但决不受他人影响，哪怕是娇艳女人袒臂露胸站在身旁，也不为所动，这就是脍炙人口的柳下惠坐怀不乱的典故。两人的共同点是任何时候都不为外界的不良倾向影响自己。其不同点则是方式绝殊。对待不良倾向，伯夷是"望望然去之"，而柳下惠则"由由然与之偕而不自失"，两者都十分可贵，十分难得。但孟子认为两者都不可取。他作出评价说："伯夷隘，柳下惠不恭。隘与不恭，君子不由也。"（同上）

何谓隘与不恭，宋人孙奭解释说："此孟子复言伯夷之行失之太清而不能含容，故为狭隘。柳下惠失之太和，而轻忽时人，故为不恭敬。然狭隘与不恭敬是非先王所行之道，故君子不由用而行之也。"孙奭认为：狭隘太清，不恭太和，故先王不行而君子不用。太清必然脱离群众，使自己孤立；而太和则难以自持，真正能"尔为尔，我为我，虽袒裼裸裎于我侧"，而不能浼者，恐怕也就只有传说中的柳下惠了，故不可提倡。

虽然如此，但孟子仍然肯定伯夷、伊尹、柳下惠为人的典范性，以及其人格的社会意义。孟子说："伯夷，目不视恶色，耳不听恶声。非其君不事，非其民不使。治则进，乱则退。横政之所出，横民之所止，不忍居也……当纣之时，居北海之滨，以待天下之清也。故闻伯夷之风者，顽夫廉，懦夫有立志……柳下惠不羞污君，不辞小官，进不隐贤，必以其道……故闻柳下惠之风者，鄙夫宽，薄夫敦。"(《孟子·万章下》)

孟子虽然声称他要学孔子，但一生最推崇伊尹，也最维护伊尹，原因是伊尹起于畎亩，位至卿相，匡君救民，改天换地，完整地体现了一个充满浩然之气的大丈夫性格。为此，孟子对伊尹的历史和行事曾着力进行了宣染。《孟子·万章上》篇记载说："万章问曰：人有言伊尹以割烹要（邀）汤，有诸？孟子曰：否，不然。伊尹耕于有莘之野而乐尧舜之道焉。非其义也，非其道也，禄之以天下，弗顾也；系马千驷，弗视也。非其义也，非其道也，一介不以与人，一介不以取诸人。汤使人以币聘之，嚣嚣然曰：我何以汤之聘币为哉？我岂若处畎亩之中由是以乐尧舜之道哉？汤三使往聘之，既而幡然改曰：与我处畎亩之中由是以乐尧舜之道，吾岂若使是君为尧舜之君哉？吾岂若使是民为尧舜之民哉？吾岂若于吾身亲见之哉？天之生此民也，使先知觉后知，使先觉觉后觉也。予，天民之先觉者也，予将以斯道觉斯民也，非予觉之而谁也……故就汤而说之以伐夏救民……吾闻其以尧舜之道要（邀）汤，未闻以割烹也。"

伊尹最初究竟以什么身份见汤，如何得到汤的赏识和信任，说法不一，但在孟子的笔下，伊尹是一位以义道配气最为完美的圣人。其最为难得之处，不在位能乐尧舜之道，非其义不取，非其义不顾；在位能行尧舜之道，以天下为己任，"匹夫匹妇有不被尧舜之泽者，若己推而内（纳）之沟中"。（《孟子·万章上》）

孟子称道伊尹，还有一个重要原因，这就是伊尹在朝，不仅管民，而且管君，支持一切正义的人和事，反对一切不正义的人和事。孟子宣扬说："伊尹相汤以王于天下。汤崩，太丁未立，外丙二年，仲壬四年。太甲颠覆汤之典例，伊尹放之桐。三年，太甲悔过，自怨自艾，于桐处仁迁义三年，以听伊尹之训己也，复归于亳。"（同上）

太甲是太丁之子，成汤之孙。太丁去世比成汤早，故不得立。汤死，太甲尚幼，故立了太丁之弟外丙，外丙死，再立仲壬。太甲稍长，继位为君，因为颠覆汤时成法，被伊尹放逐。宰相从来是受皇帝管着的，而伊尹却敢放逐无道的太甲，其气之正，之大，确乎已塞于天地之间，无可复加了。这就是孟子所说的至大至刚。

孟子有一个可贵的思想，认为皇帝并非一定要谁才能做得，有德者当之。他的原则是："是以惟仁者而在高位；不仁而在高位，是播其恶于众也。"（《孟子·离娄上》）所以当齐宣王问他关于卿大夫的职责时他明确回答说："君有大过则谏，反复之而不听则易位！"（《孟子·万章下》）易位就是挪动位置，把台上的拉下来，换别的人上去。孟子此语一出，致使宣王"勃然变色"。而这正是孟子浩然之气的本质表现。

什么叫浩然之气呢？孟子借与人讨论何谓大丈夫问题

时说："居天下之广居，立天下之正位，行天下之大道，得志，与民由之；不得志，独行其道。富贵不能淫，贫贱不能移，威武不能屈，此之谓大丈夫！"（《孟子·滕文公下》）大丈夫者，胸中有浩然正气而不可屈挠侵夺者也，而这正是乾道的刚健所在。

三、对德位思想的发挥

德与位是《周易》推卦理以及人事的着眼点和着力点。以《乾》卦为例，全卦七爻，无爻不讲德，也无爻不讲位。《周易》认为，位与德是相联系的，又是相分离的。有位必须有德，但有德不一定有位。德与位相比，德是第一位的，有德才有位，先有德而后有位，无德必须去位。对此，《易传·文言》的作者借孔子之口作了十分精辟的解释。

"初九曰，潜龙勿用，何谓也？子曰：龙德而隐者也。不易乎世，不成乎名，遁世无闷，不见是而无闷；乐则行之，忧则违之，确乎其不可拔，潜龙也。"说的是德与位的分离性。历史上有不少这样的高人，有高深的道德修养，有非凡的经世才能，然而澹泊名利，"遁世无闷，不见是而无闷"，是一种不在位的龙，是谓潜龙，也是难得的隐士。

"九二曰，见龙在田，利见大人，何谓也？子曰，龙德而正中者也。庸言之信，庸行之谨，闲邪存其诚，善世而不伐，德博而化，《易》曰：'见龙在田，利见大人'，君德也。"说的是有德有位而且大有发展的君子，他的位是以自己的德为前提的：言而信，行而谨，去邪存实，有功不居，君人之德。

"九三曰，君子终日乾乾，夕惕若厉，无咎，何谓也？子曰，君子进德修业，忠信，所以进德也；修辞立其诚，所以居业也。知至至之，可与几也；知终终之，可与存义也。是故居上位而不骄，在下位而不忧，故乾乾因其时而惕，虽危无咎矣。"德与位的增长是应该成正比的，怕的是位愈高而德愈不进，这种人十个有十个摔跤。为了不摔跤，就必须"终日乾乾"，不断进德修业。

"九四曰，或跃在渊，无咎，何谓也。子曰，上下无常，非为邪也；进退无恒，非离群也；君子进德修业，欲及时也，故无咎。"龙跃于渊，说的是适逢其时，飞黄腾达，而且又吉而无咎，这正是前段进德修业的结果，也是德能适位的表现。

《易传·文言》就这样一爻一爻地解释，直至最后，通篇贯彻着一个德位统一的思想。因为有进德修业的内容，所以德实际上包括了后世所说的才，也就是德才兼备。《周易》的德位观启发了后学，千百年来孜孜不倦，探求进德修业的途径。著名的《大学》、《中庸》，讲的全是这方面的道理。但探讨时往往着重于德的一个方面，而很少像《周易》本身一样，把德和位二者联系起来考察。这点还是《周易》自身作得好，《易传·系辞》："天地之德曰生，圣人之大宝曰位，何以守位曰仁，何以聚人曰财"，算是道出了问题的实质。权位是圣人之大宝，圣人有改天换地的作为，改天换地需要权位，所谓有权可使天下，无权不足以使邻里，但权位必须以德行来充实。有德行的人不一定能得到权位，而无德行的人不一定得不到权位，但无德行的人一定守不住权位；侥幸守住一时，也守不住长久。不仅守不住权位，而且要付出惨重的代价。鉴于历史的经验教训，《易传·系辞》提出了"守位"的命题，而且提出了仁以守位的具体原则。

仁以守位是通过施仁政来守住权位，在这个问题上古往今来阐述得最生动、最深刻且又十分大胆的，要算孟子。一卷《梁惠王》，说尽了其间的道理，然则如何以仁守位呢？

一曰保民。位是以民为前提的，无民则无位，故《礼记·大学》说："有德此有人，有人此有土，有土此有财，有财此有用。"人是一切事业的根本，故保位首先必须保民。梁惠王问孟子，如何才能王天下，孟子回答十分简单："保民而王，莫之能御也。"如何保民，孟子针对当时的情况提出了"省刑罚，薄税敛，深耕易耨，修孝悌忠信"四事。其时七雄并立，国君们为了竞争的需要，尽量扩充自己的军事力量，对本国人民施行高压政策，严刑峻法，重税厚敛，残酷之至，孟子把这些称之为"杀人"。一次，梁襄王问孟子，天下如何才能安定时，孟子回答说："定于一"。问："孰能一之?"回答说："不嗜杀人者能一之。"为什么不嗜杀人者就能统一呢？孟子解释说："王知夫苗乎？七八月之间，旱，则苗槁矣。天油然作云，沛然下雨，则苗浡然兴之矣。其如是，孰能御之？今夫天下之人牧，未有不嗜杀人者也；如有不嗜杀人者，则天下之民皆引领而望之矣。诚如是也，民归之，由水之就下，沛然谁能御之！"

　　或以为孟子说的杀人就是直接砍人头颅，故以为是张大之词。但北宋史评家苏洵认为并不夸大，他说："孟子之言，非苟为大而已，然不深原其意而详究其实，未有不以为迂者矣。予观孟子以来，自汉高祖及光武，及唐太宗，及我太祖皇帝，能一天下者四君，皆以不嗜杀人致之。其余杀人愈多，而天下愈乱。秦、晋及隋，力能合之，而好杀不已，故或合而复分，或遂以亡国。孟子之言，岂偶然而已哉！"

　　保民的关键在于爱民。官爱民则民爱官，反之，就中了孟子的名言："君之视臣如犬马，则臣视君如国人；君之视臣如土芥，则臣视君如寇仇。"国君如此，地方官吏亦复如此。一次，邹鲁发生武装冲突，邹人大败，官员死亡甚多，而百姓无一伤亡。邹君十分恼怒，向孟子诉苦说："吾有司死者三十三人，而民莫之死也。诛之则不可胜诛，不诛则疾视其长上之死而不救，如之何则可也。"

　　是呀，一场恶斗，死的全是官员，竟无一个百姓，这究竟是百姓不近人情还是官员自身的问题呢？好在孟子是邹国人，了解邹国情况，于是解释说："凶年饥岁，君之民老弱转乎沟壑，壮者散而之四方者几千人矣，而君之仓廪实，府库充，有司莫以告，是上慢而残下也。曾子曰：戒之戒之，出乎尔者，反乎尔者也。夫民今而后得反之也，君无尤焉。"尤者怨也，孟子劝邹君不要埋怨，因为有司不关心民瘼在前，百姓不救长上在后，这就是曾子说的"出乎尔者，反乎尔者也"，也就是一报还一报。故一切贪官恶吏，千万不要以百姓无奈我何而安之若素，一旦有事，报必优先。所以，保民才能保位，虐民难免丧身，这是孟子守位的第一要诀。

二曰不与民争利。在社会尚未进入民主的时代，在民主制度不完善的国度，权位就是资产，而且是一种万能的资产，就像钱币作为通货一样，随时可以转化为自己需要的任何商品，乃至并非商品的商品。而这种资产的限额，又是由掌管的权位大小来决定的，权位愈高，资产愈大。大夫掌管一地，拥有一地的资产；诸侯掌管一国，拥有一国的资产；天子掌管天下，拥有天下资产。这样，位与德的关系被扭曲成位与利的关系。惟其它是被扭曲了的，非正常的，历史上无时无处不有因位得利，同时又因利丢位乃至丧身的事例。所以，孟子守位的另一要诀是不与民争利。不仅不能争利，而且也不能随便言利。一次，梁惠王说了一句"亦将有以利吾国乎"的话，招来了孟子的长篇大论。孟子说："王何必曰利？亦有仁义而已矣。王曰何以利吾国，大夫曰何以利吾家，士庶人曰何以利吾身，上下交征利，而国危矣。万乘之国，弑其君者必千乘之家，千乘之国弑其君者必百乘之家。万取千焉，千取百焉，不为不多矣。苟为后义而先利，不夺不餍。未有仁而遗其亲者也，未有义而后其君者也，王亦曰仁义而已矣，何必曰利？"（《孟子·梁惠王上》）

孟子在这里说的不言利，实际上是说不能倡利，如果国家的领导者一味言利，提倡利，鼓吹利，乃至争利，就会造成"上下交征利"的争夺倾轧局面，国家就会瓦解。那么是否可以完全不要利而只讲义呢？不是，孟子的主张是先义而后利，并不是有义而无利。只是义利的先后次序不能颠倒。"苟为后义而先利"，就会形成公开的抢夺，因为不掠夺别人，自己就无法满足。这就叫"不夺不餍"。权位是最能满足个人欲望的，因而也就成了优先抢夺的对象。故国君倡利就可能自失其位。

孟子的主张和《易》的德位观点是一致的，因为义是德的一个重要方面，不过是通过义的反面的利来表现罢了。这里的义与利是作为道德范畴的一对矛盾提出的。不少人曲解了孟子的思想，以为孟子只讲义，不讲利，只要精神，不要物质。这些人实质上是把生存需要和道德需要混为一谈，最终混淆了人与动物的区别。人和动物都需要生存条件，但人的获取是必须符合义的原则的，只有动物的获取才能不择手段。然而动物不择手段的获取又随时可以成为另一动物获取的对象，这就是权位力得而不能力守的原因所在。

三曰与民同乐。与民同乐是一切统治者最爱用以标榜自己的话题，然而大多徒有其名，并无其实，很难有孟子所说的与民同乐，与民同乐的实质是人际关系协调的体现。在权力决定一切的社会，权位最易破坏人际间的关系，甚至权位本身就是破坏人际关系的产物，故守位必须十分注意协调人际关系，不是协调个别人的关系，也不是少数人的关系，而是要协调整个社会的关系，特别是统治者与人民大众的关系。

对这样一个重大原则问题，孟子的阐述却是从一件小事上展开的。一次，孟子去见梁惠王，梁惠王正兴致勃勃地站在池塘边欣赏他豢养的鸿雁的英姿和麋鹿的美丽，见孟子来，指着鸿雁、麋鹿问道："贤者亦乐此乎？"贤者指谁呢？可以是孟子，也可以是古圣先贤。很显然，梁惠王将自己排除在贤者之外，因为他好鸿雁、麋鹿之乐。大出梁惠王的意料，孟子回答说："贤者而后乐此，不贤者虽有此不乐也。"（同上）

孟子不仅肯定贤者乐此，而且肯定只有贤者才能乐此，不贤者虽有此而不乐。在这里，贤是乐的条件，不是只有贤者才知乐，才想乐，而是只有贤者才有条件乐。与之相对衬，"不贤者虽有此不乐也"。不贤者不是不知乐，不想乐，而是没有乐的条件。条件是什么？条件就是"贤"。为人贤，有贤德，受人拥戴，权位无虞，故能有此乐趣；不贤者无贤德，处处与百姓相对立，权位难得保，虽有鸿雁、麋鹿，也无法享此乐趣。为了说明这个问题，孟子举出两个历史名人作为例子。一是好的典型周文王。

文王也修池，也筑台，也养鹿，也养鸟，但他的苑囿是开放的，是与大众共用的，是为大众而置的，所以人们高兴，歌吟不绝。一是坏的典型夏纣，纣王无道，兴土木无宁日，全不顾人民死活，而楼台亭阁仅为一人享用，所以人们恨他，愿他速死，甚而至要和他拼命，与他同归于尽。形势到了这种严重地步，楼台亭阁再好，飞禽走兽再多，也就无由欣赏了。所以说"不贤者虽有此不乐也"。鸿雁、麋鹿既不能欣赏，权位自然也就不复存在了。与民同乐有两个方面的前提，一是同，二是乐。同是不特殊，乐是不愁苦。为上为君者自己不特殊是重要的，但使民不愁苦更加重要。孟子曾与梁惠王讨论过欣赏音乐的乐趣。孟子说："臣请为王言乐。今王鼓乐于此，百姓闻王钟鼓之声，管籥之音，举疾首蹙额而相告曰：吾王之好鼓乐，夫何使我至于此极也？父子不相见，兄弟妻子离散。今王田猎于此，百姓闻王车马之音，见羽旄之美，举疾首蹙额而相告曰：吾王之好田猎，夫何使我至于此极也？父子不相见，兄弟妻子离散。此无他，不与民同乐也。今王鼓乐于此，百姓闻王钟鼓之声，管籥之音，举欣欣然有喜色而相告曰：吾王庶几无疾病与？何以能鼓乐也。今王田猎于此，百姓闻王车马之音，见羽旄之美，举欣欣然有喜色而相告曰：吾王庶几无疾病与？何以能田猎也。此无他，与民同乐也。"（《孟子·梁惠王下》）

孟子在这里举出的两种截然相反的效果，就同的方面而言，是没有区别的，都是钟鼓之声、羽旄之美，但钟鼓羽旄所勾起人们的思想感情，就完全不一样了。前者是"疾首蹙额"，后者则是"欣欣然而有喜色"。那么是什么原因使人们个个疾首蹙额呢？是人们生活的痛苦：父子不相见，兄弟妻子离散。一方面是钟鼓管龠的欢乐，一方面是妻离子散的痛苦，两者的反差形成强烈对比，可以想见，这种极不协调的局面不仅不能同乐，而且也是不可能存在太久的了。当然，说他不可能存在太久不等于不存在，这就靠强权和高压来支撑了，于是恶吏横行，冤狱遍地，人民处于水深火热之中，统治者居于干柴烈火之上，势若累卵，岌岌可危了。

要使百姓乐而无忧，关键的问题要使其生活有着，能够温饱。如何才能使民温饱，孟子阐述他的观点说："不违农时，谷不可胜食也；数罟不入洿池，鱼鳖不可胜食也；斧斤以时入山林，林木不可胜用也。谷与鱼鳖不可胜食，林木不可胜用，是使民养生丧死无憾也。养生丧死无憾，王道之始也。"（《孟子·梁惠王上》）

孟子提出的条款虽然不多，但却带有根本的性质，不违农时，是保证谷物生产的根本；不竭泽而渔，使鱼类保持旺盛的繁殖能力，是鱼鳖不乏的根本。至于禁止滥砍滥伐，不仅是木材供应的保证，更是生存环境的保证。历史的经验证明，大凡一个地区、一个国度的灾荒，往往直接间接地与执政的失误有关，或因战争，或兴土木；或荒淫嬉戏，或任意指点。而这些都直接关系到民众的生活，乃至他们的生死存亡，执政者是不可不慎的。能慎，也就是

"王道之始"，就不必担心权位不保了。

当然，这只是孟子提出的纲领，他还有细目。孟子接着说："五亩之宅，树之以桑，五十者可以衣帛矣。鸡豚狗彘之畜，无失其时，七十者可以食肉矣。百亩之田，勿夺其时，数口之家可以无饥矣。谨庠序之教，申之以孝悌之义，颁（斑）白者不负戴于道路矣。七十者衣帛食肉，黎民不饥不寒，然而不王者，未之有也。"

孟子生活在两千多年前的封建社会，向往的自然是小农经济了。他的理想是家有五亩私宅，菜蔬瓜果之外兼种桑麻，百亩耕地，不夺农时，如此食用自足，人无饥寒。在此基础上讲义修睦，人知礼义。衣食有着，礼义既修，社会就会出现老者衣帛食肉，黎民不饥不寒的富庶康乐局面。社会有此局面，自然不愁天下不治；天下既治，这权位自然也就无忧了。

遗憾的是在位者很少这样做，于是孟子话题一转，把人的视线引到了另外一个世界："狗彘食人食而不知检，途有饿莩而不知发。人死则曰：非我也，岁也。是何异于刺人而杀之，曰：非我也，兵也。"孟子在这里举出了两种使他最反感的现象：一是猪狗吃人的粮食不加制止，一是路有饿死之人而不知救济。"狗彘食人食"所指有两方面的意思，一是直指，说的是猪狗吃了人的粮食。猪狗不一定只是猪和狗，主要指富人饲养的宠物。宠物的大量出现是社会分配不公的产物，更是统治者生活奢侈、社会腐败的表现。孟子之前，养宠物规模最大的要算卫懿公了。

他好鹤堪称天下一绝，他的鹤还分等级，参照相廷官员级别，分为鹤卿、鹤大夫、鹤士。鹤卿坐四人轿，鹤大夫坐两人轿，鹤士有跟班，耗费大量资财。不过卫懿公也为此付出了代价，最后尸首不全，但付出代价更高的还是在他统治下的百姓，一只"鹤卿"不知要多少百姓为之服务，为之牺牲。孟子之后似乎今不如古，饲养宠物的规模难以出懿公之右，但其消费却每每后来居上：宠物乘车而人肩挑背负，宠物餐餐鱼肉而人粗食不饱，宠物舒躺怀中而人遭白眼，宠物有幸择医而人久病无药。其实，宠物之受宠不过是宠物者空虚、颓废的心理表现，所宠之物愈是高贵，宠物者的人品，就愈加低下，而一旦宠物满街，不见人而只见兽，这个民族的灭亡也就为期不远了。

"狗彘食人食"的另一意思是间指，说的是猪狗不如的人抢夺了人们口中的粮食，这种现象较之前面所说猪狗吃人的粮食更为严重。抢夺他人之食的人不一定口边无食，只为了占有的欲望，而抢夺来的却正是他人口中之食。无论是猪狗食人之食，抑或是猪狗不如的人夺人之食，都是孟子不能容忍的，所以列为执政者罪恶之首。

"狗彘食人食"的后果是严重的，民贫国瘦，稍遇灾荒，饿莩满路。对于这样的现象统治者为了开脱自己，往往任意夸大自然灾害，说是年岁不好所致。故孟子揭露批驳说："人死，则曰：非我也，岁也。是何异于刺人而杀之，曰：非我也，兵也。"那种把人为的责任推给自然，无异于把亲手杀人的责任推给手中的兵器。

　　为了说明失政与恶政的危害，孟子进一步比喻说："杀人以梃与刃，有以异乎？曰：无以异也。以刃与政，有以异乎？曰：无以异也。曰：庖有肥肉，厩有肥马，民有饥色，野有饿莩，此率兽而食人也。兽相食，且人恶之，为民父母，行政不免于率兽而食人，恶在其为民父母也。仲尼曰：始作俑者，其无后乎！为其象人而用之，如之何其使斯民饥而死也！"

　　"庖有肥肉，厩有肥马"和"民有饥色，野有饿莩"是当权者生活与无权百姓生活的鲜明对比。孟子认为，百姓的饥色，野外的饿莩，是当权者一手造成的，因为他厨中的肥肉、院中的肥马，都是吃百姓血汗长肥的，所以叫"率兽而食人"。率者领也，统治者率领着一群野兽在吃人。其实吃人的并不是兽，而是人，是兽一样的人。他们凭借手中的权势，巧取豪夺，任意设关征税，随便抓人罚款；无风起浪，借水兴波；敲骨吸髓，无所不用其极。所有这些，都是在权势的保护和纵容下进行的，小势靠大势，大权护小权，从中央到地方，层层包庇，这不等于率领一大群野兽在吃人吗？所以孟子十分气愤地斥责说："兽相食，且人恶之，为民父母，行政不免于率兽而食人，恶在其为民父母也！"

　　事情就是这样蹊跷，兽相食，人不免起而干预，或投之以石，或驱之以杆，而人相食却无人干预；不是不想干预，而是无从干预。人吃人一般都有两个特点，一是无形。人毕竟不是兽，所以吃人的时候不是杀了宰了生吞活

剥地吃，而是留着活口慢慢榨着油、吸着血吃，这就叫
"吃人不吐骨"。二是有理。理便是权。大凡吃人，无不与
当时当地的"行政"有关，行政有权，有权便有理，理之
所至，但吃无妨。于是吃者众多，或者行政自己吃，或者
亲戚朋友吃；或者被人收买，由出钱收买的人吃，或者渎
职失察，纵容不法之徒吃。无形便无据，有理则有辞，有
此两条，谁敢干涉？于是手中无权的百姓只好一代一代被
吃了。也有被人吃了而高呼万岁的，那都是无形、有理制
造的罪恶。

　　率兽食人虽然听起来可怕，但毕竟还只是一种行政责
任，吃人的主要是所率之兽，故孟子也只是指责一番。如
若本人吃人，而且吃人甚多，那就当作别论了。一次，齐
宣王问孟子："汤放桀，武王伐纣，有诸？"孟子回答说：
"于传有之。"宣王又问："臣弑其君，可乎？"孟子回答
说："贼仁者谓之贼，贼义者谓之残，残贼之人谓之一夫，
闻诛一夫纣矣，未闻弑君也。"（《孟子·梁惠王下》）孟
子认为，像桀、纣这样的独夫民贼，是一伙贼仁贼义的败
类，根本不配为君，人人都可得而诛之。孟子这话，为一
切在位的不仁不义者敲响了警钟：不要看你有权有势，小
心有一天取你人头！头之不存，权位自然也就不保了。

　　四曰不好大喜功。孟子认为，不好大喜功也是守位一
大要诀。

　　人的最大心理特点在于"有欲"，有生存之欲，有爱
美之欲，有不断改善生活条件之欲等等。正是这些永无满

足的欲望，推动了社会的前进。但欲望却是忧喜参半的，特别是权力的欲望。权力欲最容易膨胀。守位的关键一着，就是要自觉克制这种随时可能发生的膨胀。一次，齐宣王对孟子说，他将要寻求他的大欲。孟子听了，颇感兴趣，于是展开了如下一段对话："曰：王之所大欲，可得闻与？王笑而不言。曰：为肥甘不足于口与？轻暖不足于体与？抑为彩色不足视于目与？声音不足听于耳与？便嬖不足使令于前与？王之诸臣皆足以供之，而王岂为是哉？曰：否，吾不为是也。曰：然则王之所大欲可知已，欲辟土地，朝秦楚，莅中国而抚四夷也。以若所为，求若所欲，犹缘木而求鱼也。王曰：若是其甚与？曰：殆有甚焉。缘木求鱼，虽不得鱼，无后灾。以若所为，求若所欲，尽心力而为之，后必有灾。"（《孟子·梁惠王上》）

身为国君，还有什么不能满足呢？是吃的吗？穿的吗？眼睛看的、耳朵听的吗？这些都是臣下可以提供的。那么，究竟是什么呢？原来是"辟土地，朝秦楚"。扩张土地，使秦楚来朝贡并无别的，全是为了扩大自己的权力。孔子说"人之疾好为人师"，好为人师当然不好，强不知以为知，总想教训别人，而好为人上则更不好。国人之疾就在于一好为师，二好为上，总是以管人、训人为荣，而管人又以所管愈多愈荣。管了一万想管十万，管了十万想管百万，管了百万想管千万、万万。管一地之民不足，想管一国之民，管一国之民又想管天下之民，于是战乱不休，纷争不已，天下多事。正是这种心理促使齐宣王有"辟土地，朝秦楚"的"大欲"。

其实，开疆辟土只是私欲膨胀的表现之一，其他如大兴土木，滥加爵号，乱发号令，故作惊人之举，等等，如嬴政造宫，王莽改制，杨广开河，真宗信道，皆属此类，大多事未成而权位已失。

好大喜功之疾不仅生于权高位极的国君，也常见于权力有限的地方小吏。一些权力欲大的人，为了谋取更大的权位，揣摩窥测，迎上所好，不顾民力，常作非份之想，强办难成之事，一则邀功请赏，二则树碑立传。此种人因时行事，往往得逞，然而民怨沸腾，口碑甚恶，自己也身心俱瘁，得不偿失。而以此自败者，亦不少见。

五曰听于国人。听于国人也就是听取大多数人的意见。一次，齐宣王问孟子，如何才能使贤者进、不肖者退。孟子回答说："左右皆曰贤，未可也。诸大夫皆曰贤，未可也。国人皆曰贤，然后察之；见贤焉，然后用之。左右皆曰不可，勿听。诸大夫皆曰不可，勿听。国人皆曰不可，然后察之；见不可焉，然后去之。左右皆曰可杀，勿听。诸大夫皆曰可杀，勿听。国人皆曰可杀，然后察之；见可杀焉，然后杀之，故曰国人杀之也。如此，然后可以为民父母。"（《孟子·梁惠王下》）

孟子在这里列举了三种情况，一是该用的，二是该去的，三是该杀的。这是"为民父母"者经常遇到的事，特别是用人和去人。如何确定该用、该去乃至该杀的对象呢？孟子总的原则是听于众而不听于寡，无论在国为君，或者在地方为官，身边免不了有一批比较亲近的人，这就是孟子所说的"左右"。"左右"是当权者接触最多的人，也是揣摩当权者心理最准的人，故"左右"的意见也往往是主宰人自己的意见。此辈最多阿谀奉承之徒，少有耿介高标之士，故曰"勿听"。"大夫"是国君政令的执行者，也是国家权力的分享者。因为有他分享的一部分权力，因而在用人办事的问题上就有了他们自己的利益，故也不能听。

国人自然指一国民众，国民与国家从来都是对立的统一体，在具体利益上往往存在着局部与全局、暂时与长远的矛盾，因而也不免存在片面性。但国民毕竟是大多数，大多数人看问题毕竟比少数人全面，特别在衡量人的贤愚善恶的具体问题上，更具真理性，所以要更多地倾听他们的意见。但为了防止片面性，还得加以考察。考察的结果与国人反映的相符，然后拍板。孟子这个排除左右附和、排除诸大夫偏见、倾听国人呼声、进行细致考察、拍板决断的决事方式，应该是一切以权力为核心的社会决策者的圭臬。无奈因为权力的扭曲，当权者总以为自己高明，一味我行我素，以为左右就是一切，用人不出左右，选贤不出左右，言计听从不出左右，好处便宜不出左右，耳目为左右所障，思想为左右所囿，事不得其任，人不得其选，贤能耿直不能进，奸佞庸愚不能退，民处水火、国在危艰而不知，昏昏然沉浸于阿谀奉承之中，陶醉在自鸣得意之内，直至国败家亡而后已。

第七讲
天行有常与圣人制天命
——荀子的生态伦理观

荀卿，生卒年不详，是战国末期最杰出的思想家，大约生活在齐宣王末期（前301年）至秦始皇统一六国前后（前221年）。司马迁《史记·孟轲荀卿列传》有其生平事迹简介。他的思想资料主要保存在《荀子》（又称《孙卿新书》）一书中。这里就根据此书，对荀卿的生态伦理思想进行讲解。

一、"天行有常"的生态伦理意识

学界公认《荀子》一书有丰富的生态伦理思想，这无疑是荀子（以下按其著作和习惯称呼其为荀子）留给后人最为宝贵的一份精神财富。由于荀子是对先秦诸子百家作总结式的大思想家，其哲学、政治、经济、军事和教育等方面的思想皆相当丰富，所以人们在对其主流思想作深入研究的时候，往往忽视了对其非主流思想——生态伦理思想的探究，这是与荀学研究的繁荣局面不相称的。当今，随着全球性生态环境问题的日益加剧，现代生态伦理学学者们对中国传统文化中的生态伦理思想给予了高度重视，为此，对荀子的生态伦理思想进行深入研究就摆到了我们面前。我们说，荀子丰富的生态伦理思想首先是与其"天行有常"的生态伦理意识分不开的。

荀子在《荀子·天论》中基于自然界（天）与人类是有本质区别的考虑，提出了"天行有常"的生态伦理观——"天行有常，不为尧存，不为桀亡。应之以治则吉，应之以乱则凶。强本而节用，则天不能贫；养备而动时，则天不能病；循道而不贰，则天不能祸。故水旱不能使之饥，寒暑不能使之疾，妖怪不能使之凶受时与治世同，而殃祸与治世异，不可以怨天，其道然也。故明于天人之分，则可谓至人矣。"这里明确告诉我们自然界的运行变化是有固定的规律的，它不是因为有尧这种好的帝王就存在，也不是因为有桀这种暴君就消亡。只有明白自然界与人类各自有自己的职分，才可以称得上是一个高明人。值得注意的是，这里荀子提出人类社会出现的饥荒、疾病、殃祸"不可以怨天"，是由于"应之以乱"没有处理好人与自然的关系造成的。无疑，这里谈的天人关系明显包含了人与自然之间的伦理关系即生态伦理问题。荀子在这里用自己的生态伦理思想正确地解释了人类社会为什么出现饥荒诸问题，这是难能可贵的。

为什么说"天行有常"呢？荀子在《荀子·不苟》中作出了解释："天不言而人推高焉，地不言而人推厚焉，四时不言而百姓期焉——夫此有常，以至其诚者也。"原来"天行有常"是通过这些事情显示出来的：上天不说话，人们却认为它处于最高；大地不说话，人们却认为它宽广无边；春夏秋冬四时不说话，老百姓却都能感知节气的变化。这些"不言"的事里包含有它们自身的规律，即"有常"。荀子不仅仅指明"天行有常"的事实，而且认为天行之所以"有常"，在于"以至其诚者也"即大自然之所以运行有规律就因为它达到了真诚。真诚不仅能使天地化生万物，还能使圣人教化万民。他说："天地为大矣，不诚则不能化万物，圣人为知矣，不诚则不能化万民。"（《荀子·不苟》）这样，通过诚把"天地"和"圣人"即天人合一关系凸现出来了。"诚"即真诚无妄，是一种道德规范。天地有诚，意即天地亦有伦理道德行为（当然，这种伦理道德行为是而且仅仅是通过天人关系展现出来的，它本身"不言"，只是人的评价而已），这样，实际上已涉及对天地万物（自然界）讲生态伦理的问题了。可惜荀子没有进一步展开明确提出天地伦理观，过了近半个世纪，西汉大儒董仲舒才正式提出"行有伦理副天地"的天地伦理观，这反映了儒家生态伦理思想的发展过程。

荀子认为，既然由于天地达到了真诚无妄，才体现出"天行有常"，因而圣人、君子就应当从"天行有常"这种真诚无妄的行为中体会"天德"，去修心养性，提高道德水准，用"诚心行义"，把握好自然规律，为民造福。他说："君子养心莫善于诚，致诚则无它事矣。唯仁之为守，唯义之为行。诚心守仁则形，形则神，神则能化矣；诚心行义则理，理则明，明则能变矣。变化代兴，谓之天德。……君子至德，嘿然而喻，未施而亲，不怒而威。夫此顺命，以慎其独者也。"

荀子把从"天行有常"中体现出来的"诚"的"天德"，看作是君子养心行义、圣人化民治国的根本。他说："夫诚者，君子之所守也，而政事之本也。"（《荀子·不苟》）由此可见，原来荀子提出"天行有常"，是为了把"诚"这一"天德"提供给君子修养身心，以便当作安邦治国的"政事之本"用的。而要体会出"天行有常"的"天德"，就必须首先明确天地存在着和人类一样的伦理行为，这正是荀子生态伦理意识的集中体现。

荀子通过"诚"这一道德规范，把"天之道"和"人之道"连在一起，显然是继承了儒家天人合一的传统。比荀子早半个多世纪的儒家"亚圣"孟子就说过："诚者，天之道也；思诚者，人之道也。至诚而不动者，未之有也；不诚，未有能动者也。"（《孟子·离娄上》）孟子这句话实际上已将"天之道"和"人之道"之所以"能动"（天人感应）归结在一个"诚"字上了，荀子则在此基础上作出了新的概述。由此可见，孔孟荀儒家讲天人关系传统的一致性。在天人关系上荀子同前辈儒学大师一样是主张"天人合一"取向的，并不存在有的学者误解的"天人相分"（天与人是相互分开的）问题。

荀子从来没有讲过"天人相分"，他只是说"明于天人之分"（《荀子·天论》），这个"分"是指职分、分工（荀子讲"明于天人之分"后紧接着讲"不与天争职"，很明显此"分"同"职"是一个字义）。在荀子看来，自然界（天）和人各有自己不同的职分、不同的分工，发挥着不同的作用，二者是有本质区别的，不能混淆不清，并不是认为"天"与"人"是相互分开、彼此之间没有任何联系的，把"分"理解为"相互分开"（与"天人合一"之"合"相反义）是违背了荀子本义的。从句式来分析，"明于天人之分"此句中因为前面已有动词"明于"，所以后面的"分"显然是名词（结合上下文正确的字义是"职分"），而"天人相分"此句中之"分"是动词"把……分开"，此两句中"分"的字义和词性是截然不同的。在荀子看来，天与人只是分工不同，上天的职分在于没有任何有意识的作为和追求，一切都是自然发生的，即所谓"不为而成，不求而得，夫是之谓天职"（《荀子·天论》）。天是没有意志的，是客观存在的物质自然界。这是荀子天论中最为光彩夺目的一笔。而人的职分在于遵守天规（自然规律）和人道（社会规律）自强不息、好自为之，即"官人守天而自为守道也"（引文同上）。

荀子把天、人不同的职分和作用加以区别对待，一方面是为了突出人的主体性，使人类能够"制天命而用之"

（引文同上），"序四时，裁万物，兼利天下"（《荀子·王制》），掌握自然规律，根据四季变化安排生产，使天地万物为人类发挥好的作用。另一方面是为了使人类"不与天争职"（《荀子·天论》），避免人类胡作非为、干扰天的职分，从而能更好地发挥人类本身的作用，去认识掌握自然规律。

荀子将"人"从"天"的控制的阴影中（"天"是西周的至上神）彻底解放显现出来，认为"天"并不神秘，它同"人"一样是客观的自然存在，人类完全可以掌握自然，使之为人类发挥作用。他说："天地生君子，君子理天地；君子者，天地之参也，万物之总和，民之父母也。无君子，则天地不理，礼义无统，上无君师，下无父子，夫是之谓至乱。"（《荀子·王制》）在天人关系上，君子（人）、天、地三者是相互并立而存在的，"天地"生养"君子（人）"，而"君子（人）"则能治理"天地"，总和"万物"，使天地万物和谐，使社会秩序安排合理，如果离开了"君子（人）"则天下"至乱"，一切都混乱不堪了。由此可见，"人"比"天地"贵。他说："水火有气而无生，草木有生而无知，禽兽有知而无义；人有气、有生、有知亦有义，故最为天下贵也。"（引文同上）这样一来，经过荀子对天人关系的全新论述，人的主体地位就牢牢地树立起来了。

可见，荀子并不主张"天人相分"，把天与人相互截然分开，而是主张"天人相参"即把天地人三者相互并存

（"参"，同"叁"，指三者并立在一起而存在），并最终取向于"天人合一"即天与人之间互相联系，构成了一个"天有其时，地有其财，人有其治，夫是之谓能参"（《荀子·天论》）的天地人三者相互联系的生态系统。这个天地人生态系统，通过"天行有常"的"诚"（天德）和"人有其治"的"诚"（君子至德）统一起来，各自既有不同的分工，又彼此之间相互作用。这样才有了《诗经·周颂·天作》所歌唱的那种"天作高山，大王荒之；彼作矣，文王康之"的美好自然与人文相互交织的景象。荀子的这种天地人相参相合思想，被西汉大儒董仲舒充分吸收并加以发扬光大，成为其"行有伦理副天地"的天地伦理观的理论基础——"天地人一体说"。董仲舒说："何为本？曰：天、地、人，万物之本也。天生之，地养之，人成之。……三者相为手足，合以成体，不可一无也。"（《春秋繁露·立元神》）把天地人三者看成是情同手足、合为一体的关系，且三者分工不同，又彼此作用，共同成为"万物之本"。这与《荀子·不苟》论述的"政事之本"实为同出一辙之说。为什么这样讲呢？因为作为荀子"政事之本"的"诚"正是贯通天地人，将三者联结成一体的最本质的东西，没有这个"诚"则天地人三者不可能合一，又哪来"万物之本"呢?! 所以董仲舒"万物之本"说，正是对先秦儒家天人合一学说的发扬光大，其儒学精神是一脉相承的。

二、"制用天命"的生态伦理实践观

荀子不仅从"天行有常"中体会出天人合一的"诚"的生态伦理意识，而且重视生态伦理实践，提出了"制用天命"的生态伦理实践观。他说："人之命在天，国之命在礼。君人者，隆礼、尊贤而王，重法、爱民而霸，好利、多诈而危，权谋、倾覆、幽险而尽亡矣。大天而思之，孰与物蓄而制之！从天而颂之，孰与制天命而用之！望时而待之，孰与应时而使之！因物而多之，孰与聘能而化之！思物而物之，孰与理物而勿失之也！愿与物之所以生，孰与有物之所以成！故错人而思天，则失万物之情。"（《荀子·天论》）荀子在这段话里，强调人类的命运在于如何对待自然界，主张把天当作自然物来蓄养、控制而加以利用，既要顺应季节的变化使之为人类生产服务，又要施展人类的才能促使其保持不断繁殖再生，用人力确保万物成长下去；既要合理利用万物，又要不造成浪费；不能放弃人类的努力，一心指望天赐恩惠，这样，才不会"失万物之情"，充分而合理地利用和爱护好生态资源，建立起天下"尊贤而王"或"爱民而霸"的良好社会秩序，避免人类走进"尽亡"的泥坑。

持平而论，荀子作为中国古代具有朴素唯物论与朴素辩证法相统一思想的杰出思想家，把人类的命运自觉地与如何对待大自然联系起来，并号召人们积极主动地发挥人

的主观能动性，采取"物蓄而制之"、"制天命而用之"、
"应时而使之"、"聘能而化之"、"理物而勿失之"的一系
列符合生态伦理要求的对策，强调不"失万物之情"，一
片爱护万物的生态伦理情怀跃然于笔尖。这是十分难能可
贵的生态伦理思想，值得今人珍视而力行之。

关于"制天命而用之"，有些学者误解为是荀子不讲
尊重天命（自然规律），而是鼓吹"征服自然"的论调[①]，
这是不符合荀子思想本义的，也是没有任何根据的。通观
《荀子》全书，荀子主张"天行有常"，肯定大自然的运
行是有客观规律的，人类只有在充分认识、把握自然规律
的前提下，才能发挥好主观能动性，合理利用好自然界。
这里"制"固然有控制、掌握之义，但紧接着讲"用"，
目的是为了对人类有用，"制"是为了更好地"用"，如
果是不尊重自然规律，胡作非为地"制"，如何又能达到
"用之"的目的呢？可见，荀子从来都不主张对自然界随
心所欲地控制、征服，他讲"制天命"是在"敬天而道"
（《荀子·不苟》）的大前提下进行的，他讲的"而用之"
也包含着可持续利用的目的，即他在《荀子·荣辱》中讲
的"长虑顾后而保万世"的意思，不能仅就一个"制"
字，作片面的、断章取义的理解。

谈到对"制"字的理解，有的学者为了避免将"制"

---

① 张岱年主编：《中华的智慧——中国古代哲学思想精粹》，上海人民
出版社 1989 年第 1 版，第 109 页。

理解为"控制、制裁"之义，提出将此"制"作"遵从、遵循"解，并举《商君书·更法》："知者作法，而愚者制焉"和《淮南子·汜论训》："夫圣人作法，而万物制焉"为例，说东汉经学家高诱对此"制"作的注释是"制，犹从也。"即有"遵从、顺从"之义。（见《森林与人类》1996 年第 3 期第 20 页）这个观点是站不住脚的。《商君书·更法》和《淮南子·汜论训》这两句中主语是"知者、圣人"，后面的"愚者、万物"是承受的对象，故有顺从之义。而"制天命而用之"全句为："从天而颂之，孰与制天命而用之！"在句中，前面已指明了"从天"即顺从、遵从天，后面不会有转折语气的"制天"又是遵从天之义（"制"与"从"应为反义词）。而且，所举"愚者制"、"万物制"之例，与"制天命"句式不同，不可妄加对照而套解。实际上，"制"为"裁"义，既符合荀子本义，亦有与《荀子》同时代的文献可佐证。马王堆汉墓出土文献中有一篇《系辞》，其成书年代正与《荀子》编撰年代相近，其中有"缘也者，制也"的文字，而通行本《系辞》写作"象者，材也。"显然，这里"制"同"材"即"裁"义。

"材"同"裁"，在《荀子·解蔽》中可找到证据，即"经纬天地而材官万物"一句。而《荀子·王制》讲的"序四时，裁万物，兼利天下"正是此"材（裁）"义的最佳注脚。实际上，只有明确将《荀子》此"制"字解释为"裁"（控制、掌握），才能真正揭示荀子刚健有为的天道观的实质。对此，中国人民大学的焦国成教授有相当高明的看法。他把思孟学派与荀子学派的用字进行比较后指出："荀子学派用的'理'、'裁'、'治'等字，实际上是把人放在了主体的地位。在他们看来，天地只不过是生育万物而已，没有了人（君子），天地就会呈现出相当的混乱。用现在的话来说，天只有通过人，才能保持生态平衡。显然，思孟学派要温和一些，荀子学派要激进一些。"① 我们说，正是由于"荀子学派要激进一些"，才使一些学者产生了对荀子"制天命而用之"思想的严重误解，如有学者批评说："生活在古代的荀子没有意识到，仅仅强调征服自然，而不注意顺应自然，不注意与自然相协调，是片面的观点。"②，这种批评显然是不能成立的。

我们认为，荀子"制天命而用之"的"天命"二字是直接继承了儒家鼻祖孔子"五十而知天命"（《论语·为政》）和"小人不知天命而不畏也"（《论语·季氏》）中的"天命"之义，它们皆指自然规律而言。从孔子到荀子的儒家文献中，"天命"二字孟子没有使用过。孟子只讲过"圣人之于天道也，命也，有性焉，君子不谓命也。"（《孟子·尽心下》）孟子用"天道"，不用"天命"，而孔子却正好相反，一部《论语》只有子贡讲过一次"天

① 焦国成：《儒家爱物观念与当代生态伦理》，载《中国青年政治学院学报》1996 年第 2 期。

② 张岱年主编：《中华的智慧——中国古代哲学思想精粹》，上海人民出版社 1989 年第 1 版，第 109 页。

道"，孔子本人没有说过"天道"二字。因此，在天道自然观方面，荀子是有意识地与孔子保持一致性的。今人多有不识此"天命"继承之奥妙，而将孔、孟天道观视为相同，将孔、荀天道观视为相异，这是欠妥的。孔子讲敬畏天命，把"畏天命"看作是"君子"与"小人"的分界线。孔子说："君子有三畏：畏天命，畏大人，畏圣人之言。小人不知天命而不畏也，狎大人，侮圣人之言。"（《论语·季氏》）而荀子亦讲："君子，小人之反也。君子大心则敬天而道，小心则畏义而节。"（《荀子·不苟》）意即君子与小人相反，君子从大处来讲则敬畏自然规律，从小处来讲则敬畏仁义礼节。由此可见，荀子也是讲敬畏天命（自然规律）的。我们研究荀学，如果只注重他的"制天命而用之"思想，而忽视他的"敬天而道"思想，就会得出前面所引的批评荀子"仅仅强调征服自然，而不注意顺应自然"的错误结论来。

荀子"制用天命"的生态伦理实践观进一步丰富了孔子"敬畏天命"的生态伦理思想，把儒学创始人开创的"知天命"——"畏天命"生态伦理思想路线发展为"知天命"——"畏天命"——"制天命而用之"的生态伦理思想路线，这样，就更具有实践意义，既维护了人类管理地球的实践主体地位，又凸显了人类保护自然资源、使之用之不竭和永葆生态平衡的生态伦理责任。毫无疑问，这种生态伦理观是积极的而非消极被动的，对当代生态伦理学的健康发展有重要的参考和指导作用。

三、"圣人之制"的生态资源爱护观

荀子从他的"制天命而用之"的生态伦理思想路线出发，提出了"圣人之制"的生态资源爱护观，体现了"制用"和"爱护"相结合的生态伦理辩证法思想。他在《荀子·王制》中说："圣王之制也，草木荣华滋硕之时，则斧斤不入山林，不夭其生，不绝其长也；鼋、鼍、鱼、鳖、鳅、鳣孕别之时，罔罟毒药不入泽，不夭其生，不绝其长也；春耕、夏耘、秋收、冬藏，四者不失时，故五谷不绝，而百姓有余食也；污池渊沼川泽，谨其时禁，故鱼鳖优多，而百姓有余用也；斩伐养长不失其时，故山林不童，而百姓有余材也。圣王之用也，……谓之圣人。"这段文字荀子是把它作为《王制》篇中的核心——"圣人之制"（亦即篇名"王制"之义）提出来的，由此可见爱护自然资源在荀子心目中的地位何等重要！这也无可辩驳地说明了荀子对天地万物不仅仅是"制而用之"的，他也是高度重视自然资源的可持续性利用和自觉地维护生态平衡的。实际上这种"谨其时禁"、"不失其时"的爱护自然资源的措施，并非仅仅是荀子的个人奇想。它的确是有历史根据的，《国语·鲁语》就记载说："且夫山不槎蘖，泽不伐夭，鱼禁鲲鲕……古之训也。"《逸周书·文传解》亦记载说："山林非时不升斤斧，以成草木之长；川泽非时不入网罟，以成鱼鳖之长。"西周时的《伐崇令》更明确要求用兵时注意"毋伐树木，毋动六畜。有如不令者，死无赦。"但将这些措施作为"圣人之制"的生态资源爱护观来强调却是荀子的首创。后出的儒家文献《礼记·月令》和《礼记·王制》等显然是直接采用了荀子的观点（《荀子》原本有322篇，经西汉刘向校定后只传下来今本32篇，不及原本的十分之一。据今人研究，荀子的有关文献和思想被保存在《礼记》中了）荀子遵循儒家先辈"祖述尧舜，宪章文武"（《礼记·中庸》）的传统，借"圣王"（指尧、舜、文王、武王等儒家推崇之古代帝王）的名义宣讲自己的思想，这一点我们是应当清楚的。所引这段文字生动地介绍了如何使"五谷不绝"、"鱼鳖优多"、"山林不童"的措施。荀子认为这些措施如果能认真加以实施，那么就可以确保百姓有余食、百姓有余用、百姓有余材，亦即老百姓的衣食住行都可以不成问题了，这样也就可以体现"圣王之用"的光辉，是名副其实的"圣人"了。由此看来，所谓"圣王"、"圣人"也必须是能够爱护自然资源，保持生态平衡的人。荀子这一思想通过其学生李斯影响了秦国的宰相吕不韦，被《吕氏春秋·十二纪》采用，成为秦汉之际新道家生态伦理观的重要思想来源。

荀子"圣人之制"的生态资源爱护观还特别强调要坚定不移地按自然规律办事。他说："循道而不贰，则天不能祸。故水旱不能使之饥，寒暑不能使之疾，妖怪不能使之凶。"（《荀子·天论》）只要坚定不移地（"不贰"）按自然规律办事，大自然就不会危害我们，即使出现水灾、旱灾和寒暑变异的天气也不能使饥荒、瘟疫和各种灾难发生。

　　荀子主张"无为无强"地发展生产，反对人为地破坏自然资源，这还体现在其提出的一套"人妖"理论之中。他说："物之已至者，人妖则可畏也：楛耕伤稼，耘耨失岁，政险失民，田薉稼恶，籴贵民饥，道路有死人，夫是之谓人妖；政令不明，举错不时，本事不理，夫是之谓人妖；礼义不修，内外无别，男女淫乱，父子相疑，上下乖离，寇难并至，夫是之谓人妖。妖是生于乱，三者错，无安国。"荀子认为"人妖"（人为的怪事）有三种，涉及到农业生产、政治和人伦礼义三个方面。其中"伤稼"（伤害庄稼）、"失岁"（农业歉收）、"田薉"（田地荒芜）、"民饥"（百姓饥饿）、"不时"（破坏农时）、"本事不理"（不抓好农业生产）等显然与人为地破坏自然资源有直接关系，人类社会正是由于有"人妖"，老百姓才会饥饿、国家才会不安宁。所以荀子一再讲天灾不可怕，人为造成的破坏才真正可怕。荀子在两千二百多年前提出"人妖可畏"是相当有远见的，回顾我国上个世纪五十年代末和七十年代末发生的两次"大跃进"（俗称"土跃进"和"洋跃进"），干出"人有多大胆，地有多大产"和"几年就能赶美超英"的荒唐怪事，造成三年苦日子和国民经济几乎走上崩溃的边缘的可悲局面，这不正是"人妖"的可怕么?! 用荀子的"人妖"理论审视当今全球性的生态环境问题，我们不也可以说，所谓的"生态危机"不正是全球"人妖"太多、人为破坏严重而使得整个世界积重难返的结果么?! 让全人类都记住荀子"人妖可畏"的警告，不要再对地球资源进行肆意破坏了!

荀子倡导采取"圣人之制"的措施保护自然资源，反对人为地破坏，一方面是出于其儒家仁爱的立场，另一方面是看到了实施可持续发展、保持资源不枯竭的极端重要性。他说:"节用御欲，收敛蓄藏以继之也，是于己长虑顾后，几不甚善矣哉?!"（《荀子·荣辱》）意即节约用度、抑制奢望，注意收藏、蓄积物资，以便保持供给不中断，这对于自己从长远利益考虑，顾及日后，难道不是很好的事情么?! 他批评那些苟且偷生、鼠目寸光之辈说:"今夫偷生浅知之属，曾此而不知也，粮食大侈，不顾其后，俄则屈安穷矣，是其所以不免于冻饿，操瓢囊为沟壑中瘠者也。"（引文同上）这些苟且偷生、鼠目寸光之辈，连基本的道理都不知道，大量地浪费粮食，不顾日后，结果要不了多久就陷入困境。这样一来，发生受冻挨饿、死于沟壑之事也就难以避免了。他称赞"先王之道，仁义之统"，因为他们"彼固天下之大虑也，将为天下生民之属，长虑顾后而保万世也"（引文同上），这些古代圣王行仁义之道统，能为天下人从大处考虑，从长远出发，顾及以后，永葆世世代代长治久安，因而能自觉保护自然资源，建功立业，让天下人敬仰。言下之意，后人不也应当积极效仿古代圣贤，保护好自然资源，为子孙后代造福么?!

为了鼓励大家效仿圣人，成人成圣，荀子提出了"成人"和"圣人"的标准。他说："为其人以处之，除其害者以持养之"，"德操然后能定，能定然后能应，能定能应，夫是之谓成人。"（《荀子·劝学》）"成人"是通过"持养"，讲究"德操"而成的，这类人既意志坚定又适应能力强，是"圣人之制"措施的有力支持者和执行者。而"上察于天，下错于地，塞备天地之间，加施万物之上；微而明，短而长，狭而广，神明博大以至约，故曰：一与一是为人者，谓之圣人。"（《荀子·王制》）原来"圣人"是善于体察天地万物，考虑问题细致而英明，既有短期计划又有长远规划，既要为本国本民族的利益考虑又要为全世界广大人民的共同利益考虑，始终保持头脑清醒，心胸开阔而行动简约，一心一意为天下人着想的人。荀子在战国末期已预见到了国家将从分裂走上统一的历史潮流，所以在统一大帝国即将出现的前夕，他大声呼唤"一与一是为人者"的圣人，号召人人成为圣贤之人，"修仁义"、"美风俗"、"全道德"（引文同上）。他认为有了这种圣人，才能化性起伪，制礼乐、明法度，安排好生产和生活，使整个社会有序地发展下去，亦即才能使"圣人之制"的措施得以实行，保护好自然资源，实现社会的可持续性发展。为此，荀子用富于诗意的语言展望了实施"圣人之制"必将出现的自然美景——"天地以合，日月以明，四时以序，星辰以行，江河以流，万物以昌。"（《荀子·论礼》）一幅动人的生态平衡、天地万物和谐的美好图景。

荀子号召"天下"百姓都行动起来，保护自然资源、维护生态平衡。他说："高者不旱，下者不水，寒暑和节，而五谷以时孰，是天下之事也！"（《荀子·富国》）意即使高地不遭旱灾，低洼的田地不遭水害，寒来暑往合乎节气，五谷按时成熟，这是全体天下老百姓的事情！因此，保护自然资源、维护生态平衡是一项"天下"全民的系统工程，人人有责。

当今世界生态严重失衡，荀子"圣人之制"的生态资源爱护观不啻是一剂难得的济世良药！

第八讲

兵亦有道：《孙子兵法》中的战略思维

　　《孙子兵法》不仅是中国最早最优秀的古代兵书，而且从世界范围看，也是最早最系统的军事著作。美国当代战略理论家约翰·柯林斯评价说："孙子是古代第一个形成战略思想的伟大人物。他于公元前 400 ~ 前 320 年间写成了最早的名著《兵法》。孙子十三篇可与历代名著包括 2200 年后克劳塞维茨的著作媲美。"[①] 这一评价对于《孙子兵法》来说，可谓是恰如其分的。美国著名学者波拉克曾经说，孙子是军事史上最负威名的思想家之一。他的思想不但在中国，而且对中国之外的许多国家，都有很大的影响。英国军事理论家利德尔·哈特也说，在导致人类自相残杀的、灭绝人性的核武器研制成功之后，更需要重新

---

　　① 转引自杨善群：《孙子评传》，南京大学出版社 1992 年版，第 8 ~ 9 页。

和更加完整地读《孙子兵法》。从他们的论述中我们可以看到，在现代战争条件下，《孙子兵法》重要的战略价值仍然被人们所普遍重视。不仅如此，《孙子兵法》中的战略思想已经走出国门，对全世界范围内的政治、经济、军事等各个领域产生了重要影响。对《孙子兵法》中的战略思维进行梳理总结，对现代战略学研究的理论与实践运用都有重要的意义。

纵观《孙子兵法》的逻辑思路和内容构成，不难发现《孙子兵法》在战略思维方面，已经有了极高的造诣。作为一个影响深远的战略家，孙子已经有了十分明确的战略思维意识，字里行间都闪烁着智慧的光芒，带领我们游走于国家战略、军事战略、战争战略、战役战术的分析转换中。《孙子兵法》不仅从战略目的与手段、全局与局部、现在与未来等方面让我们深刻了解了战略思维的方法，更为我们提供了一个可资借鉴的战略分析框架。下面仅从《孙子兵法》中的战争战略、军事战略、国家战略等几个维度，对《孙子兵法》中的战略思维做一简单介绍。首先，我们谈谈《孙子兵法》中的战争战略思想。

一、《孙子兵法》中的战争战略

《孙子兵法》是一个非常全面完整的体系，它从哲学理念的层面来观察战争现象，揭示和探讨战争的一般规律，提出了一系列指导战争的具体而科学的方法。有学者认为，在理论结构上，孙子十三篇大体可以分为两部分：一是先胜理论，包括《计篇》、《作战篇》、《谋攻篇》和《形篇》四篇，重点阐述了战前准备的问题，提出了重战慎战、未战先算、伐谋伐交、有备无患、五事七计、修道保法等一系列理论观点，其中心思想是"计利任势"，努力造成军事实力及布势运兵上的绝对优势，最佳理想境界是"不战而屈人之兵"。二是战胜理论，包括《势篇》以下的九篇，主要论述了战争实施方面的原则和方法，比如"奇正"、"虚实"、掌握主动权、"因敌制胜"、利用地形地势、火攻和用间等。这种划分是有一定道理的。为了揭示军事事物内部的矛盾和对待关系，《孙子兵法》中提出了一整套反映军事理论认识对象的范畴，如"天"、"地"、"将"、"法"、"治乱"、"勇怯"、"赏罚"、"虚实"、"奇正"、"专分"、"久速"、"迂直"等。《孙子兵法》精辟地阐述了诸范畴之间的相互联系，以及对偶性范畴间相克相生的关系和主要范畴与次要范畴之间的相互制约的关系。这些思想、原则和范畴，都对后世的军事理论和实践产生了重要的影响。

《孙子兵法》中，用了大量的篇幅论述战争观念和战略原则。所谓战略，就是指导战争全局的计划和策略。《孙子》中的战略思想，主要包括慎战的基本战争态度、"不战而屈人之兵"的战略原则、重视战前的"庙算"以及提倡速战速决等几个方面。

孙子所生活的春秋时代，战争频繁，给人们造成了深重的灾难，反战、"非攻"是和孙子大约同时代的思想家老子、孔子、墨子等人的共识。作为一个军事家，孙武的基本思想是重战的，但是，他的重战并不是提倡频开战端，四处征伐，穷兵黩武，而是主张慎重地对待战争，也就是说，孙子的重战思想是和"慎战"思想结合在一起的。"慎战"，是他基本的战争观。

与儒家和墨家的思想家们不同，孙子的"慎战"思想并不是从战争的"正义"和"非正义"的规定和区分来论述的，他提出"慎战"思想的基本依据，是战争自身的残暴性以及战争对国家和民众的重要影响。整个《孙子兵法》的思想体系，都是在肯定其开篇所提出的"兵者，国之大事，死生之地，存亡之道，不可不察"的基本认识前提的条件下展开的。在《孙子·火攻篇》中有一段话，说"夫战胜攻取，而不修其功者凶，命曰费留。故曰：明主虑之，良将修之。非利不动，非得不用，非危不战。主不可以怒而兴师，将不可以愠而致战。合于利而动，不合于利而止。怒可复喜，愠可复悦，亡国不可以复存，死者不可以复生。"这段话基本概括了孙子"慎战"思想的基本内容。首先，"夫战胜攻取，而不修其功者凶。"在孙子看来，发动一场战争之前不仅要考虑战争能否胜利，而且还要考虑到战争胜利后可能出现的情况以及是否有恰当的处置方法。一国的统治者在进行战争决策时，决不能仅仅看到战争能够取胜就盲目兴师，而不顾一场战争结束后可能引起的各种力量的对比变化以及战略格局演变对自己的长远利益所造成的影响。其次，"主不可以怒而兴师，将不可以愠而致战。"孙子强烈反对因"怒"、"愠"等情绪化的因素而轻启战端、挑起兵衅，国君不可因一时愤怒而发动战争，将帅也不可因一时气忿而出阵求战，否则，可能会造成严重的后果和难以挽回的损失。最后，"非利不动，非得不用，非危不战。合于利而动，不合于利而止"，这是采取战略行动的基本原则。在孙子看来，战争是否应当并不能仅凭一时的意气，也不是看它是否正义，而是应当"合于利而动"，即要以是否符合国家利益为根本标准。当然，孙子这里所说的"利"并不是对利益的狭义的理解，即眼前的根本利益，他所说的"利"是从长远、全局考虑的。及时发动一场战争能够获得一些物质利益，得到暂时的满足，如果因此而影响了国家的全局和长远，也是不值得的，所以从这个意义上说，战争也必须慎重，要经过仔细的"利益计算"和科学的决策。孙子认为，军事斗争既有利益，当然也存在一定的危险，"军争为利，军争为危"，如果能够用政治谋略、外交智慧解决问题，就不要轻易诉诸武力；同时，国际之间的关系是复杂多变的，总有一些难以预料和把握的因素在里面，在决定是否发动一场战争之前，一定要防止出现"钝兵挫锐"，"屈力殚货"，让第三国"乘其弊而起"，导致"虽有智者，不能善其后"的严重后果。

《孙子》的这种战争观，与当时复杂的战略环境息息相关。春秋时代，周室衰微，诸侯混战，互相兼并。在一定的时期内，有的国家崛起，有的国家衰落，总能保持暂时的相互制约下的平衡。这种战略环境下，各诸侯国之间相互都是现实的或潜在的竞争对手。对于任何一个诸侯国来说，对手都不止一个，构成了复杂交错的多边关系，牵一发而动全身。每一个国家都是潜在的敌人，是敌是友常常会因时、因地而变化，从而更增加了局势的复杂性和不确定性。竞争中任何一方战略竞争行为的成败，都可能导致整个战略格局的失衡。在如此复杂的形势下，斗争艺术显得极为重要，有的人可能会出力招损，而有的人却能借力获益。因此，孙子选择"慎战"作为战争的基本指导思想，是具有高超的判断能力和过人的战略眼光的，反映出孙子深刻的战略哲学思想。

孙子认为，即使通过判断不得不采取对立的态度，进行尖锐的斗争，也首先应当考虑采取"不战而屈人之兵"的"全胜"策略，即追求以最小代价取得最大的胜利。《孙子兵法》中说："凡用兵之法，全国为上，破国次之；全军为上，破军次之；全旅为上，破旅次之；全卒为上，破卒次之；全伍为上，破伍次之。是故百战百胜，非善之善者也；不战而屈人之兵，善之善者也。故上兵伐谋，其次伐交，其次伐兵，其下攻城……必以全争于天下，故兵不顿，而利可全。"（《孙子·谋攻》）意思是说，战争的原则是：使敌人举国投降是上策，击破敌国就次一等；使敌人全军投降是上策，击破敌军就次一等；使敌人全旅投降是上策，击破敌旅就次一等；使敌人全卒投降是上策，击破敌卒就次一等；使敌人全伍投降是上策，击破敌伍就次一等。所以百战百胜，不是好中之好；不通过武力就使敌军投降，才是好中之好。孙武认为，消灭敌人并不是上策，能不动一兵一卒，就使敌人降服才是上策。在孙子看来，只要各方面准备就绪，有压倒对方的力量，并造就了"若决积水于千仞之溪者"的形势，就可不经过交战而使对方屈服，不经过强攻而占领对方的城堡。这才是损失最小而利益最大的胜利，即所谓"必以全争于天下"使"兵不顿而利可全"，这才是用兵的最高境界。

孙子非常重视战前的准备，在战争之前，要清楚掌握敌我双方的基本情况和战争的基本规律。他说，战争必须要"经之以五事，校之以计，而索其情：一曰道，二曰天，三曰地，四曰将，五曰法。"意思是说，要通过五个方面的横向比较，得到详情，哪五个方面呢？一是道，二是天，三是地，四是将，五是法。而所谓"校之以计，而索其情"，就是要弄明白"主孰有道？将孰有能？天地孰得？法令孰行？兵众孰强？士卒孰练？赏罚孰明？"等七个问题。只要这七个问题都考虑清楚，战争的胜负也就基本可以做出判断。

孙子重视战前的准备，另一个基本的表现就是他对"庙算"的强调。《孙子兵法》特别强调要"未战而庙算"，即在庙堂上举行会议，筹划战争的进程和胜负。《计篇》中说："夫未战而庙算胜者，得算多也；未战而庙算不胜者，得算少也。多算胜，少算不胜，而况于无算乎！"

可见，在孙子看来，"未战而庙算"对战争胜负起着决定性的作用，"庙算"好，就能胜敌；"庙算"不好或根本没有"庙算"，则注定要失败。孙子在《九地篇》又说，"厉于廊庙之上，以诛其事"，强调作战计划一定要反复计议，确保谋划周密后才能进行战争。可见"未战而庙算"是十分重要的，这样才可以通过分析客观和主观的条件，定出作战的周密计划，尽量避免不必要的损失，从而为胜利奠定坚实的基础。

孙子强调，在"庙算"的基础上，还要做好各个方面的准备工作。《形篇》中说："昔之善战者，先为不可胜，以待敌之可胜。不可胜在己，可胜在敌。故善战者，能为不可胜，不能使敌之必可胜。"又说："故善战者，立于不败之地，而不失敌之败也。是故胜兵先胜而后求战，败兵先战而后求胜。"这两段话的大体意思是：善于打仗的人，先使自己不可被战胜，以等待战胜敌人的机会，不能被战胜，在于自己；能否战胜敌人，在于敌人那一方；善于打仗的人能够使自己立于不败之地，而不能使敌人一定会被我军战胜；善于打仗的人，自己处于不被战胜的境地，而不会放过任何击败敌人的机会，所以打胜仗的部队是在掌握了胜利条件之后才投入战斗，打败仗的部队先投入战斗，才寻求胜利的条件。后人对这两段话的注解是："夫善用兵者，守则深垒，多具军食，善其教练；攻其城则尚撞棚云梯，土山地道；陈则左川泽，右丘陵，……为不可胜也。"（李筌注）"审吾法令，明吾赏罚，便吾器用，养吾武勇，是立于不败之地也。"（张预注）可见，孙子在这里所强调的，就是要做好战前的充分准备。

孙子战略思想的另一个非常突出的特点，就是主张掌握战争的主动权，提倡先发制人，认为打仗不能被动而打，必须自己主动进攻，即"致人而不致于人"。孙子说："善战者，致人而不致于人"（《孙子兵法·虚实篇》）。意思是说，在战争中要调动别人，不要被别人所调动，就是要把主动权掌握在自己手上，这是一切战争制胜的最关键的原则。为了达到"致人而不致于人"的目的，孙子认为，首先，要察明敌人的情况和行动规律，即所谓"形人而我无形"。其次，要善于掌握时机，以逸待劳。《虚实篇》中说："凡先处战地而待敌者佚，后处战地而趋战者劳。"先到达战地等待敌军的部队，精力充沛，后到达战地马上投入战斗的部队，精力疲惫。而此时，正是抓住主动权消灭敌人的大好时机。第三，要事先做好准备，有备无患。"故用兵之法，无恃其不来，恃吾有以待之。"（《孙子兵法·九变篇》）这里提出的用兵原则是：不抱敌人不会来的侥幸心理，而依靠我方的准备充分，等待敌人来；不抱敌人不会攻击的侥幸心理，而依靠我方稳固的防御，能够不被攻破。最后，要雷厉风行，行动迅速。"兵之情主速，乘人之不及，由不虞之道，攻其所不戒也。"（《孙子兵法·九地篇》）在这里，孙子主张的是，作战主张速度，趁敌人来不及防备，从没有意料的地方，在没有防备的时间，攻击敌人。总之，在打击敌人时，只有在整体的战略战术上抢占先机，掌握主动权，才能使敌人陷于被动，取得战争的胜利。

在战略安排上，孙子提倡使用速决战，强调"兵贵胜，不贵久"，认为战争应该速战速决，以最短的时间取得最大的战果，实现战争的目标，断言"兵久而国利者，未之有也"。孙子之所以主张速决而反对持久，这是因为，春秋时期，各诸侯国的物产和人口都非常有限，而且诸侯林立，战争频繁。"其用战也，胜久则钝兵挫锐，攻城则力屈，久暴师则国用不足。夫钝兵挫锐、屈力殚货，则诸侯乘其弊而起，虽有智者，不能善其后矣。故兵闻拙速，未睹巧之久也。"（《作战篇》）如果战争拖的时间太久，必然耗费巨大，就会兵源不继，粮草匮乏，其他诸侯国也会乘机袭击，造成不堪设想的不利后果。只有速战速决，才能获得最大的利益。在孙子看来，即使笨拙的"速"，也是对战局有利的；如果巧取敌人而时间却要"久"，也不会取得什么效果。为了取得速战速决的效果，孙子主张，首先，在战前要做好充分的准备，"先胜而后求战"，要"并气积力"（《九地篇》），"并力、料敌、取人"（《行军篇》）。其次，进攻行动要具有突然性，要"攻其无备，出其不意"。第三，要"避实击虚"，"避其锐气，击其惰归"，打击敌人的薄弱环节，认为"进而不可御者，冲其虚也"（《虚实篇》）。最后，军队的军事行动必须迅速，要"其疾如风"，说："激水之疾，至于漂石者，势也……善战者，其势险，其节短。"（《势篇》）湍急的流水能漂动大石，是来势宏大；迅猛的猛禽能捕杀雀鸟，是节奏迅猛。善于打仗者，来势大，节奏快。在军事行动中要象拉开弓弩那样蓄势，象扣动扳机那样突然射出。下面，我们接着谈谈《孙子兵法》中的军事战略思想。

二、《孙子兵法》中的军事战略

作为一部兵书，军事思想是《孙子》整个思想体系的核心和主干，其成书的直接目的，就是为了总结和阐述军事思想。《孙子》中的军事思想，博大精深，揭示了战争的基本规律，其中既有对商周以来军事知识的继承，又有春秋时期频繁战争经验的总结，是孙子对战争和军事斗争理性思维的结晶。总体说来，《孙子》中的军事思想涵盖了战略、战争和治军等方面的内容。

首先，孙子从天时不如地利，地利不如人和的分析中，得出结论：决定战争胜负最根本的因素，还是人。除了人心的向背之外，军队中指战员的素质、官兵的士气情况，以及不同层次、不同任务的人员之间的协调是否一致，也是决定战争胜负的关键。对于这些因素以及如何提高军队的战斗力，《孙子兵法》中都进行了分析。

孙子认为，军队的强弱、战争的胜败，组织者、指挥者、统领者的能力和品质至关重要。孙子提出，一个合格的将帅必须具备五种基本的素质，即"智、信、仁、勇、严"（《计篇》）。所谓"智"，就是要有谋略、有智慧，对于生死存亡的军事斗争来说，智慧和谋略对于一个指挥着千军万马的统帅来说是非常重要的素质。对于战争的指挥来说，一个指挥者的"智"就是能够"通于九变之利"（《九变篇》），即要有精通机变的灵活性和能力；能够"动而不迷，举而不穷"（《地形篇》），即行动起来要不会迷失混乱，手段措施要变化无穷；能够"因敌变化而取胜"（《虚实篇》），即要能够根据敌情的变化而取得胜利。总之，一个优秀的将领必须要有清晰的判断能力、理智的决策能力和灵活的应变能力。在孙子所论述的战略思想和战术思想中，其实大多体现和要求的，就是指挥员的"智"。所谓"信"，就是要做到言必信，行必果。孔子说："人而无信，不知其可也。"信不但是立身之本，也是军队立于不败之地的重要要求。孙子认为，一个将领只有赏罚有信，做到"令素行"（《行军篇》），才能在士卒中树立起威望，带领全军齐心协力取得胜利。所谓"仁"，就是关心别人，"仁者爱人"说的就是这个意思。对于军事统帅来说，"仁"的要求主要是仁爱部下。孙子说："视卒如婴儿，故可以与之赴深溪；视卒如爱子，故可与之俱死。"（《地形篇》）把士兵象婴儿一样爱护，他们就可以与将领一起去危险的峡谷；把士兵象自己的爱子一样对待，他们就可以与将领同生共死。但是，孙子又强调，爱护士卒并不是溺爱放纵，"厚而不能使，爱而不能令，乱而不能治，譬若骄子，不可用也。"（《地形篇》）士兵虽然受到爱护却不听从命令，虽然受到优待却不听从使唤，混乱放纵而不听从治理，这就象被溺爱坏了娇纵的儿子一样，是没有任何用处的。所谓"勇"，就是要有勇气，要骁勇善战，敢打敢拼。将领是军队的核心和灵魂，如果将领贪生怕死，普通士兵当然也不会舍生忘死，勇往直前。所谓"严"，就是上对下要威严，要号令严明，军队必须要有严格的纪律。否则，如果象上面所说的一样，"厚而不能使，爱而不能令，乱而不能治，譬若骄子，不可用也"。这样的士兵是不能打胜仗的。孙子认为，以上五种品质是所有将领都应该具备的，相辅相成，不可或缺。

《孙子兵法》中的这种认识对后世产生了重要的影响，后代的一些著作，如《通典》、《长短经》、《太白阴经》、《太平御览》等，在谈到为将者的品质时，都是引用孙子的这五项品质。后代的许多学者，还对孙子的这五项要求做了发挥和进一步的阐述，例如，东汉王符在《潜夫论·劝将》中说："孙子曰：'将者，智也，仁也，敬也，信也，勇也，严也。'是故，智以折敌，仁以附众，敬以招贤，信以必赏，勇以益气，严以一令。故折敌则能合变，众附则思力战，贤智集则英谋得，赏罚必则士尽力，勇气益则兵势自倍，威令一则惟将所使。必有此六者，乃可折冲擒敌，辅主安民。"《刘子·兵术》中也说："故将者，必明天时、辨地势、练人谋。明天时者，察七纬之情，洞五行之趣，听八风之动，鉴五云之候。辨地势者，识七舍之形，列九地之势；练人谋者，抱五德之美，握二柄之要。五德者，智、信、仁、勇、严也；二柄者，赏罚也。

智以能谋，信以约束，仁以爱人，勇以陵敌，严以镇众；赏以劝功，罚以惩过。故智者，变通之源，运奇之府也。兵者，诡道而行，以奇制胜也。"

孙子在提出了为将者五种优良品质的同时，又提出了"五危"，即将领必须竭力避免的五种可能招致危险的缺点。他说："故将有五危，必死可杀，必生可虏，忿速可侮，廉洁可辱，爱民可烦。凡此五者，将之过也，用兵之灾也。"（《九变篇》）将领的这五种危险的缺点是：有莽撞死战的心理，就容易被杀死；有苟且偷生的心理，就可能被俘虏；性情暴躁的人，就会被辱骂激怒，从而失去理智，招致损失和失败；过于爱好廉洁的名声的人，就会被羞辱，从而引发怒气而上当；过于考虑民众利益的人，就会被过多的杂事所困扰。孙子认为，以上这五种情况，都是将领的错误，用兵的灾难。军队覆没，将领阵亡，必定是这五种危害之一在作祟，为将者一定要仔细慎重。这就是他所说的，"覆军杀将，必以五危，不可不察也。"（《九变篇》）

虽然孙子提出将领对下属要有仁爱之心，并认为"上下同欲者胜"（《谋攻篇》）。然而，这一切都是从国君和将领的利益出发的，为了取得战争的胜利，他还主张要"愚兵"，在今天看来，这不能不说是孙子军事思想中的一个缺陷。《孙子兵法》中说："将军……能愚士卒之耳目，使之无知；易其事，革其谋，使人无识；易其居，迂其途，使民不得虑。帅与之期，如登高而去其梯；帅与之深入诸侯之地，而发其机。若驱群羊，驱而往，驱而来，莫知所之。"（《九地篇》）孙子认为，将领不要使下属了解太多的情况，要能够愚弄士兵的耳目，使他们不知底细。要善于伪装和迷惑别人，改变部署和谋划，使别人摸不透自己的意图；改变宿营地和道路，使人猜不到真相。要能够使士兵任意被自己驱使，不能有任何折扣。将领与士兵们预定好时间，就象让人登到高处而把梯子去掉，使他们没有退路；率领士兵深入敌人的阵地，要使他们象离弦之箭一样，勇往直前。就象驱赶羊群，你想往这边就往这边，你想往那边就往那边，不要使他们有往哪里去的意识，只凭将领的指挥行动。这就是他所说的"投之亡地然后存，陷之死地然后生。"（《九地篇》）

在治军中，法令和赏罚历来被认为是有效的手段，孙子所提出的将领素质的"信"和"严"，都与此有关。孙子认为，"法"是兵事的"五事"之一。"法者，曲制、官道、主用也。"（《计篇》）"曲制"，就是军队的编制和组织的结构和制度；"官道"，就是将官的职责划分，统辖管理关系的确定；"主用"，就是军需物资、器械和费用的调配、管理和分配的制度和规程。所有这些，如果想做到有条不紊，就必须有严明的法纪，并通过赏罚等手段，使这些法纪得到贯彻和执行。孙子说："卒未亲而罚之，则不服，不服则难用。卒已亲附而罚不行，则不可用。故令之以文，齐之以武，是谓必取。令素行以教其民，则民服；令素不行以教其民，则民不服。令素行者，与众相得也。"(《行军篇》）赏罚首先必须有理有据，并且要有章法。士兵没有亲近依附就被惩罚，就不会服气，难以听从命令。士兵已经亲近依附却当罚不罚，则不会听从命令。这两种情况都是不能用来作战的。所以，必须用恩惠的手法教育、指挥士兵，使他们依附自己；用强硬的手法对待不听指挥、无视军纪的士兵，使军容整齐，服从指挥。这样，军队就能够无往不胜。平素从来不严格贯彻命令，管教士卒，士卒就会养成不服从的习惯。平时命令能贯彻执行的，表明将帅同士卒之间相处融洽，以诚相待。孙子认为，要提高军队的士气和战斗力，就要用赏的办法。"故杀敌者，怒也；取敌之利者，货也。车战得车十乘以上，赏其先得者，……是谓胜敌而益强。"(《作战篇》）要使军队英勇杀敌，就应激发士兵的士气；要想夺取敌人的军需物资，就必须借助物质奖励。所以，在车战中，凡是缴获战车十辆以上的，就奖赏最先夺得战车的人，这就是战胜了敌人而自己越发强大的方法之一。

要使军队具有强大的战斗力，平时的训练也很重要，历代对此都很重视。春秋五霸之首的齐桓公之所以称霸，就与管仲所实行的军事训练和编制方法有关，《国语》对此有所记载。"五家为轨，轨为之长；十轨为里，里有司；四里为连，连为之长；十连为乡，乡有良人焉。以为军令：五家为轨，故五人为伍，轨长帅之；十轨为里，故五十人为小戎，里有司帅之；四里为连，故二百人为卒，连长帅之；是连为乡，故二千人为旅，乡良人帅之；五乡一帅,故万人为一军,五乡之帅帅之。三军,故有中军之鼓,有国子之鼓,有高子之鼓。春以蒐振旅,秋以狝治兵。是故卒伍整于里,军旅整于郊。"(《国语·齐语》)孙子认为,"士卒孰练"、"兵众孰强"是决定战争胜负的两个基本因素。他强调指出:"《军政》曰:'言不相闻,故为之金鼓;视不相见,故为之旌旗。'夫金鼓旌旗者,所以一人之耳目也。人既专一,则勇者不得独进,怯者不得独退,此用众之法也。"(《军争篇》)孙子根据古代兵书《军政》里的话说:"战场上远距离讲话听不见,所以设置了锣鼓;相互看不见,所以设置了旗帜。"锣鼓和旗帜都是用来统一部队的行动的。行动既然统一了,勇敢的人就不能独自前进,胆怯的人也不能独自退却,这就是指挥人马众多的军队的方法。而使士卒适应和熟练根据这些行事,就必须通过平时的军事训练。孙子还认为:"凡治众如治寡,分数是也;斗众如斗寡,形名是也。"(《势篇》)所谓"分",就是偏裨卒伍之分;所谓"数",就是十百千万之数;所谓"形",就是旌旗、阵形;所谓"名",就是金鼓、名号。(见刘寅、曹操、杜牧、王晰等人的注解)这句话的意思是说,如果要想使治理和指挥大部队达到象治理和指挥小队伍一样的效果,就要借助军队的编制、组织、旌旗、金鼓、阵形等因素,而这些,就是平时军事训练的内容。

军需物资是军队的生命线,"军无辎重则亡,无粮食则亡,无委积则亡"(《军争篇》)。军队如果缺乏武器、粮草等最基本的物质供应，轻则军心不稳，重则就会使军队丧失战斗力，甚至哗变。因此，在孙子的治军思想中，如何保障后勤供应是一个重要的方面。孙子认为，军队的行动，是一件耗资非常巨大的事情，"凡用兵之法，驰车千驷，革车千乘，带甲十万，千里馈粮。则内外之费，宾客之用，胶漆之材，车甲之奉，日费千金，然后十万之师举矣。"（《作战篇》）军队一旦行动，就需要轻车千辆，重车千辆，武装的士兵十万名，上千里地长途运送粮食。因此，前后方的军事开支，招待使节宾客的用度，胶漆一类的军用物资，战车、甲胄之类器械的供应等，每天的消耗都不下千金，这样，十万的军队才能正常行动。孙子看到，如此巨大的耗费会给人民的生产生活和国家财政的收支平衡造成巨大的影响。"久暴师则国用不足"；"国之贫于师者远输，远输则百姓贫；近师者贵卖，贵卖则百姓财竭，财竭则急于丘役。力屈财殚，中原内虚于家，百姓之费，十去其七；公家之费，破军罢马，甲胄矢弓，戟盾矛橹，丘牛大车，十去其六。"（《作战篇》）如果长久地劳师征战就必然造成国库的空虚和百姓的贫困。国家之所以因用兵而导致贫困，就是由于军队远征，远道运输。军队远征，远道运输，就会使百姓陷于贫困。临近驻军的地区物价必定飞涨，物价飞涨就会使国家财政枯竭。国家财政枯竭就急于加重赋役。战场上军力耗尽，国内便家家空虚，百姓的财产将会耗去十分之七。国家的财产，也会由于车辆的损坏，马匹的疲惫，盔甲、箭弩、戟盾、矛橹的制作补充以及丘牛大车的征调，而消耗掉十分之六。因此，孙子提出了"因粮于敌"、"取用于国"的思想，这样就可以减少国内物资的耗费，从而减轻对国内的经济和人民生活造成太大的不利影响。他说："重地吾将继其食。"（《九地篇》）"善用兵者，役不再籍，粮不三载，取用于国，因粮于敌，故军食可足也。""智将务食于敌，食敌一钟，当吾二十钟；忌杆一石，当吾二十石。"（《作战篇》）深入敌人的境内作战，就要保障军粮供应。但是，善于用兵的人，不用第二次征兵，不用多次运粮，而是从别国取得物资，从敌人那而夺取粮食，所以军队的粮草充足。所以，明智的将帅总是务求在敌国解决粮草供给问题。消耗敌国的一钟粮草，等同于从本国运送二十钟；耗费敌国的一石草料，相当于从本国运送二十石。不但粮食等物资供应可以在敌国解决，武器也可以从敌人手里夺取。"车战得车十乘以上，……更其旌旗。车杂而乘之，卒善而养之，是谓胜敌而益强。"将抢得的敌人战车更换上自己的旗帜，与自己的车混编起来，就成为自己的车辆；对待俘虏要友善，也可以使俘虏成为自己的战士。这就是战胜了敌人而自己越发强大的方法。决定战争胜负的，除了物的因素之外，更重要的还是人的因素，因此人员的配备和补充也应受到充分的重视。战争就会造成人口的损失和士兵的伤亡，而士兵伤亡后又要及时补充，但一国的人口毕竟是有限的，征发兵役过多就会影响正常的生产和国家生活的正常秩序，而不征发或少征发又满足不了战争的需要。为了解决这一问题，孙子提出了"卒善而养之"、"役不再籍"等思想。也就是说，兵役不能二次征调，同粮草辎重一样，人员同样可以从敌国补充，可以通过教育、安抚、诱导等方法，让俘虏归降自己，或者使用"攻心"的办法，让敌方的人员归顺，以补充人员上的损失和不足。孙子的这种思想，也是他的"取利于敌"原则的一个表现。

总之，作为我国古代一部优秀的军事著作，《孙子兵法》中的军事思想是丰富而精辟的，这就是它数千年以来一直备受历代军事家和战略家青睐的根本原因之所在。下面我们谈谈《孙子兵法》中的国家战略思想。主要包括修道保法思想、慎战全胜思想和保国安民思想三个方面。

三、《孙子兵法》中的国家战略思想

（一）《孙子兵法》中的修道保法思想

修道保法是孙子根据当时列国兼并、相互劫夺的情况下对各诸侯国的统治者提出的一条基本的政治原则。在《孙子兵法》的第一篇《计篇》中，孙子提出了"五事"、"七计"作为指导军事行动乃至整个国家的决策的原则基础，而"五事"、"七计"中，孙子都把"道"列在了首位，说："经之以五事，校之以计，而索其情：一曰道，二曰天，三曰地，四曰将，五曰法。"；"校之以计，而索

其情,曰:主孰有道?将孰有能?天地孰得?法令孰行?兵众孰强?士卒孰练?赏罚孰明?"可见,孙子是非常注重"道"在国家生活中的作用和意义的。

那么,孙子所说的"道"是什么意思呢?他解释说:"道者,令民于上同意,可与之死,可与之生,而不畏危也。"所谓"道",就是要让人民和君主的心志相通,使他们能够与君主同生共死,而不敢违抗和有所畏惧。对于这一点,历代的注家都根据自己的理解进行了解释。李筌注曰:"以道理众,人自化之,得其同用,何亡之有!"显然,他的这一理解与孙子的本义是相通的,即都强调"道"这一基本政治原则的功利性价值。曹操和杜牧则给出了另一种理解,曹操将其解释为"道之以教令",杜牧则说,"道者,仁义也",都认为"道"含有教化和爱民的意思。"谓道之以政令,齐之以礼教,故能化服士民,上下同心也。"(以上见《十一家注孙子》)戚继光则对此解释说:"'道者令民与上同意',此'道'字即率性之道,'令'字即修道之谓教,'意'字指好恶而言,好恶同即因民之所好而好之,因民之所恶而恶之之意,苟在上者能同民之好恶矣,而我之所好恶,民岂有不同!⋯⋯孰谓孙子尽用权谋术数,观此谓非知道之言,可乎?""'可与之死,可与之生,而不畏危也',此乃效验,即孟子所谓'执梃以挞秦楚之坚甲利兵'者,是也。"(《止止堂集·愚愚稿上》)综合可见,孙子所谓"修道"的意思,就是通过统治者一些仁政和关爱民众的措施,赢得人心,以达到上下同心合力，使人民信任国君和政府，以使各项政令得以推行，行动取得胜利。孙子在《谋攻篇》里所说的"上下同欲者胜"，表达的也是同一个意思。

孙子这种"修道"以赢取民心的思想，是先秦时期许多开明的思想家的共识。商鞅说："若民服而听上，则国富而兵胜，行是，必久王。"（《商君书·战法》）荀子也说："兵要在乎善附民而已。""下可用则强，下不可用则弱。""爱民者强，不爱民者弱；政令信者强，政令不信者弱；民齐者强，民不齐者弱。"（《荀子·议兵》）对此，《淮南子》中则有更为详细的解释和例证，现引证如下：

> 兵之胜败，本在于政。政胜其民，下附其上，则兵强矣；民胜其政，下畔其上，则兵弱矣。故德义足以怀天下之民，事业足以当天下之急，选举足以得贤士之心，谋虑足以知强弱之势，此必胜之本也。地广人众，不足以为强；坚甲利兵，不足以为胜；高城深池，不足以为固；严令繁刑，不足以为威。为存政者，虽小必存；为亡政者，虽大必亡。昔者楚人地，南卷沅、湘，北绕颍、泗，西包巴、蜀，东裹郯、淮，颍、汝以为洫，江、汉以为池，垣之以邓林，绵之以方城，山高寻云，溪肆无景，地利形便，卒民勇敢。蛟革犀兕，以为甲胄，修铩短鏦，齐为前行，积弩陪后，错车卫旁，疾如锥矢，合如雷

电,解如风雨。然而兵殆于垂沙,众破于栢举。楚国之强,大地计众,中分天下,然怀王北畏孟尝君,背社稷之守,而委身强秦,兵挫地削,身死不还。二世皇帝,势为天子,富有天下。人迹所至,舟楫所通,莫不为郡县,然纵耳目之欲,穷侈靡之变,不顾百姓之饥寒穷匮也。兴万乘之驾,而作阿房之宫,发闾左之戍,收太半之赋,百姓之随逮肆刑,挽辂首路死者,一旦不知千万之数。天下敖然若焦热,倾然若苦烈,上下不相宁,吏民不相僇。戍卒陈胜,兴于大泽,攘臂袒右,称为大楚,而天下响应。当此之时,非有牢甲利兵,劲弩强冲也,伐棘枣而为矜,周锥凿而为刃,剡摲筿,奋儋钁,以当修戟强弩,攻城略地,莫不降下,天下为之麋沸蚁动,云彻席卷,方数千里。势位至贱,而器械甚不利,然一人唱而天下应之者,积怨在于民也。武王伐纣,东面而迎岁,至汜而水,至共头而坠,彗星出而授殷人其柄。当战之时,十日乱于上,风雨击于中,然而前无蹈难之赏,而后无遁北之刑,白刃不毕拔而天下得矣。

是故善守者无与御,而善战者无与斗,明于禁舍开塞之道,乘时势,因民欲,而取天下。故善为政者积其德,善用兵者畜其怒;德积而民可用,怒畜而威可立也。故文之所以加者浅,则势之所胜者小；德之所施者博，而威之所制者广；威之所制者广，则我强而敌弱矣。故善用兵者，先弱敌而后战者也，故费不半而功自倍也。汤之地方七十里而王者，修德也；智伯有千里之地而亡者，穷武也。故千乘之国，行文德者王；万乘之国，好用兵者亡。故全兵先胜而后战，败兵先战而后求胜。德均则众者胜寡，力敌则智者胜愚，智侔则有数者禽无数。凡用兵者，必先自庙战。主孰贤？将孰能？民孰附？国孰治？蓄积孰多？士卒孰精？甲兵孰利？器备孰便？故运筹于庙堂之上，而决胜乎千里之外矣。（《淮南子·兵略训》）

这段话如果翻译成白话文，意思是说：决定战争胜败的，从根本上说，还在于政治。政治能够驾驭人民，人民亲附君主，那么军队就强大；人民左右政局，百姓背叛君主，那么军队就弱小。所以说，德政和道义足以感化天下民众，功业成就足以应付天下出现的紧急事情，选用人才足以得到贤士的拥护，谋略智慧足以掌握敌我力量强弱的形势，这些才是必胜的根本因素。土地广阔，人口众多，不足以称强；铠甲坚固，兵刃锋利，不足以取胜；高大的城墙，深深的壕沟，不足以固守；严厉的命令，苛杂的刑罚，不足以显威。实行仁政，即使是小国也能生存；实行暴政，即使是大国也必然灭亡。以前的时候，楚国的地盘，南临沅水、湘水，北到颖水、泗水，西边包含巴蜀，东边占据郯、邳；颖水、汝水是它的壕沟，长江、汉水是它的护城河；邓林是它的城垣，方城是它的屏障；高山耸入云端，深溪不见日影。地理形势非常有利，士卒百姓都很勇敢。蛟革犀兕制成甲胄，长矛短戟排置于前，强弓硬弩陈列于后，错金战车护卫两旁。冲锋时疾如离弦之箭，交战时有如电闪雷鸣，散开时恰似疾风暴雨。然而，楚军却兵困于垂沙，兵败于栢举。楚国如此强大，仍然想扩大土地，增加人口，与别人平分天下。可是楚怀王北面畏惧齐国的孟尝君，背离社稷委身强秦，结果兵败地削，死在了秦国而不能返回。秦二世皇帝贵为天子，富有天下。人迹能够到达的地方，船只能够通行的地方，没有不在他的统治之下的。然而，由于他纵情于耳目的贪欲，穷极于侈靡的花样，完全不顾百姓的饥寒穷困，调动万乘车辆而修建阿房宫，征发贫苦的百姓去戍守边疆，收取收成的大半作为赋税，百姓随时都有遭受极刑的危险，拉车奔走死于路上的每天都不止千万之数。天下的人民都饱受荼毒，难以生存，上上下下都不得安宁，官员百姓都无法安生。结果，戍卒陈胜在大泽乡揭竿而起，振臂一呼而天下响应。在这个时候，他们并没有坚固的铠甲、锋利的兵器、强劲的弓弩、有力的冲车，只是砍下荆条树枝作为茅柄，锥子凿子作为茅刃，举起削尖的竹竿，挥着扁担锄头。他们就是用这些东西来抵挡秦兵的长戟强弩，攻城略地，无有不克，天下为之沸腾起来，风起云涌，方圆千里。起义军的地位是极其低贱的，器械也是极其简陋原始的，然而他们能够一人首倡而天下响应，是因为老百姓心中早已积满了对秦朝的怨恨啊。武王伐纣的时候，率领军队迎着太阳向东前进到达汜水时，河水暴涨；到达共头山的时候又遇到山体滑坡，夜晚天空出现彗星，彗柄指向殷都来提醒殷人。当两军交战之时，太阳失去光芒，风雨不断袭击，然而就在这样的情况下，周武王前无勇猛冲杀者有赏的许诺，后无擅自逃脱者重罚的军令，将士们有的还没有拔出兵刃的时候，武王就已经得到天下了。

因此说，善于防守的人不用设置防御，善于战斗的人不用与人拼杀，只要懂得禁绝奸邪扶持正气的治国方法，充分利用有利的时势，顺应老百姓的心愿和欲求，就自然能够取得天下。所以，善于为政的人积累他们的德行，善于用兵的人蓄积人们的士气；德行积累起来人民就可使用，士气蓄积起来威严就能树立。所以恩德加在人民身上少，那么威严能产生的慑服力量就小；恩德布施的范围大，那么威严能够慑服的面也大。威严能够慑服的面大，那么我方就强而敌方相对就弱了。所以善于用兵的人，先使敌人衰弱而后才与敌人交战，这样就能够达到事半功倍的效果。商汤之所以能够凭着七十里的地方而成王，就在于他善于修德；智伯之所以拥有千里的地方却败亡，就在于他穷兵黩武。所以有着千乘兵车的国家，施行恩德就能成王；有着万乘兵车的国家，穷兵黩武也要灭亡。所以能够取得全胜的国家总是先使自己具备不可战胜的条件再作战，而必然败亡的国家都是主动挑起战端再妄图侥幸获胜。双方德行相当时，人多的一方战胜人少的一方；双方力量相当时，聪明的一方战胜愚蠢的一方；双方智力相当时，懂得权变的一方战胜不懂权变的一方。大凡用兵作战，都要先在朝堂上进行悉心的谋划。哪一方的君主贤明？哪一方的将领出众？哪一方的人民亲附？哪一方的国家安定？哪一方的积蓄充足？哪一方的士卒精锐？哪一方的兵器锐利？哪一方的装备便利？这些都在庙堂之上谋划好了，那么决胜千里之外就不成问题了。

既然"修道"如此重要，那么，如何才能"修道"以赢取人心呢？孙子认为，必须"令素行"，"与众相得"，"视卒如婴儿"，"视卒如爱子"。他说："令素行以教其民，则民服；令素不行以教其民，则民不服。令素行者，与众相得也。"（《行军篇》）"视卒如婴儿，故可以与之赴深溪；视卒如爱子，故可与之俱死。"（《地形篇》）从这里，我们也可以看到孙子军事思想和政治思想的统一。同时，孙子还认为，"修道"不仅表现在对国内的民众上，对于攻占国，也应当贯彻这一要求。在《火攻篇》中孙子说："夫战胜攻取，而不修其功者，凶，命曰费留。"这里的"修其功"，也有"修道"的意思，打了胜仗，攻取了土地城邑，必须及时论功行赏，修明政治。否则，则会遭殃。

与"修道"对应，孙子还提出了"保法"的政治主张。在《形篇》中，孙子指出："善用兵者，修道而保法"，把"保法"与"修道"作为相对应的两种主张和原则。关于"法"，孙子也将其列为"五事"和"七计"的内容，并解释说："法者，曲制、官道、主用也。"所谓"法"，就是指军队的组织编制、将吏的管理、军需的掌管。"保法"，就是健全和严格军令法制，使国家的各项事业和军队建设有硬性的制度保障。"修道"和"保法"都是国家的政治生活中不可或缺的，正如后人所说："道者，仁义也；法者，法制也。善用兵者，先修理仁义，保守法制，自为不可胜之政，伺敌有可败之隙，则攻能胜之。"（杜牧注）"无形之军政，即道与法是也。而道与法皆内政之主体。故曰此篇为军政与内政之关系也。"（刘邦骥：《孙子浅说·形篇》）

孙子的"保法"主张体现在健全制度、严明赏罚、明确权限分工等各个方面。第一，制度要完备。《孙子·计篇》中说："法者，曲制、官道、主用也。"所谓"曲制"，就是军队中的各项编制和军事制度；所谓"官道"，就是官员的任免和职责等官吏制度；所谓"主用"，就是军费、粮秣、车马、器械等管理和开支的财务制度。在这里，孙子主张在政府和军队中的各个部门都要建立起健全的制度，主张把编制、官吏和财物开支等都纳入到法的轨道，并用赏罚等手段保证这些制度得到贯彻落实，这些措施对于军队的治理、政治和军事的关系处理等，都具有积极的意义。

第二，赏罚要严明。孙子在《作战篇》指出："取敌之利者，货也。车战得车十乘以上，赏其先得者。"在《九地篇》中，他又说："施无法之赏，悬无政之令，犯三军之众，若使一人。"由此可见，赏罚分明，是孙子"保法"主张的重要内容。孙子认为，军队内部必须保证协调一致，而这要用"分数形名"来达到。"凡治众如治寡，分数是也；斗众如斗寡，形名是也。"（《孙子·势篇》）分数即军队的组织编制；形名指军队的指挥方法（原意是军队中使用的旌旗、金鼓等指挥工具）。军队为什么要有"分数形名"呢？孙子说："……所以一人之耳目也。人既专一，则勇者不得独进，怯者不能独退，此用众之法也。"（《孙子·军争篇》）只有这样，才能"犯三军之众，若使一人"（《九地》），使用三军的人马象指挥一个人一样顺手。军队有了"分数形名"，并不能保证井然有序、整齐畅通，还必须使用赏罚的手段使这些方法和制度贯彻下去。孙子认为，赏罚必须严明有信。赏罚有信，军纪严格是军事统帅的基本素质要求之一，"将者，智信仁勇严也"（《孙子·计篇》）。因为"将弱不严，教道不明……曰乱。凡此六者，败之道也"（《孙子·地形》）。但是，赏罚也不能滥施，在制度颁布之后，必须先晓谕大家知道，再有违反者，才能施以赏罚，否则，不教先诛，则不能起到赏罚的作用。孙子在吴宫试兵时，就体现出了他的这一思想，"约束既布，乃设斧钺；即三令五申之……孙子曰：'约束不明，申令不熟，将之罪也'；'既已明而不如法者，吏士之罪也。'"（《史记·孙子吴起列传》）。同时，孙子认为，决不能滥赏滥罚。"数赏者，窘也；数罚者，困也；先暴而后畏其众者，不精之至也。"《孙子·行军篇》多次对士兵行赏，是窘迫而无计可施；多次惩罚士兵，是处于困境；先对士兵粗暴，而后又畏惧士兵，是最不明智的表现。因此在正常情况下，赏罚都要有一定的规则和限度。

第三，统帅要自主。孙子主张，将权要相对独立，必要时要不受君命的限制。他说："凡用兵之法，将受命于君，合军聚众……，君命有所不受"（《孙子·九变篇》）。孙子之所以这样认为，这是因为，军事行动是具有极大的不可预料性和复杂性的，将帅必须能根据形势的变化及时对军事部署和计划做出调整。战场上敌我力量的对比变化莫测，战机稍纵即逝，如果将领没有主动权，不但可能贻误战机，而且必定处处被动。所以，"战道必胜，主曰勿战，必战可也；战道不胜，主曰必战，无战可也"（《孙子·地形篇》）。如果根据当时的情况确有打胜的把握，就算国君下令不要打，也要坚持开战；如果根据当时的情况不能取胜，就算国君下令要打，也坚持不能出战。军事行动以取胜为目的，所以统帅必须要有根据战局灵活决策的权力，不能事事唯命是从。

此外，废除贵族的法外特权，也是孙子"保法"思想的主要内容。在银雀山汉墓竹简《见吴王》中，记载了孙子"赏善始贱，罚恶始贵"的主张："孙于乃召其司马与舆司空而告之曰：兵法曰：弗令弗闻，君将之罪也；己令已申，卒长之罪也。兵法曰：赏善始贱，罚……"罚什么人,简文缺脱。按上下文推测,"罚恶始贵"可能是是孙子所要表达的意思。孙子"小试勒兵"中斩吴王爱姬的事实,也正是他这一思想主张的印证。

(二)《孙子兵法》中的慎战全胜思想

"慎战"是孙子的战略原则,同时也是他基本的政治主张。在春秋时期,老子、孔子对待战争的态度基本上是反对的。老子说:"夫唯兵者,不祥之器,物或恶之,故有道者不处。"《老子·三十一章》)"以道佐人主者,不以兵强天下。"(《老子·三十章》)"用兵有言,吾不敢为主而为客,不敢进寸而退尺。"(《老子·六十九章》)孔子对待战争同样极为谨慎,"子之所慎:齐、战、疾。"(《论语·述而》)面对春秋时期诸侯之间相互征伐的局面,他无奈地说:"天下有道,则礼乐征伐自天子出;天下无道,则礼乐征伐自诸侯出。"(《论语·季氏》)可见,"慎战"是当时许多思想家的共识。

应当说,作为一个军事家,孙子是不反对战争的,他甚至认为:"夫霸王之兵,伐大国,则其众不得聚;威加于敌,则其交不得合。是故不争天下之交,不养天下之权,信己之私,威加于敌,则其城可拔,其国可隳。"(《九地篇》)霸王的军队,讨伐大国,大国的民众不能团结起来抵抗;施加威力于敌人,敌人的外交手段不能施展。所以不用争着和别国结交,也不用在别国培养势力,要贯彻自己的战略意图,施加威力于敌国,可以攻陷他们的城池，摧毁他们的国家。从这里可以看出，为了实现霸王之业，孙子是赞成攻人之城、毁人之国的。但是，孙子又强调，由于战争的胜败关乎国与民的生死，发动战争必须谨慎。在《孙子兵法》的开篇《计篇》中他就指出："兵者，国之大事，死生之地，存亡之道，不可不察也。"他告诫统治者，战端决不可轻易开启，必须经过深思熟虑。孙子深刻地说："主不可以怒而兴师，将不可以愠而攻战。合于利而动，不合于利而止。怒可以复喜，愠可以复说，亡国不可以复存，死者不可以复生。故明主慎之，良将警之。"（《火攻篇》）国君不能因为一时的怒气而兴兵开战，将领业不可以因为一时的气愤而挑起战端。愤怒可以设法变得欢喜，怨恨可以设法变得高兴，国家如果灭亡了就不可能再重新建立了，人如果死了也不可能重新复活了。所以英明的国君和聪明睿智的将领一定要在这方面谨慎考虑。他一再强调"明主虑之，良将慎之"，"明主慎之，良将警之"，可见对这个问题的重视。如果不得已一定要打，孙子认为，那也要遵循一定的原则，这个原则就是："非利不动，非得不用，非危不战。"没有好处就不要行动，没有取胜的把握就不要用兵，不是面对危险就不要动用武力来解决。

孙子之所以提出"慎战"主张，是因为他看到了战争的巨大危害。"凡用兵之法，驰车千驷，革车千乘，带甲十万，千里馈粮。则内外之费，宾客之用，胶漆之材，车甲之奉，日费千金，然后十万之师举矣。"（《作战篇》）

"凡兴师十万，出征千里，百姓之费，公家之奉，日费千金，内外骚动，怠于道路，不得操事者，七十万家。"战端一开，就会极大地影响生产，耗费钱财，给国家的正常运转和人民的生活都造成巨大的灾难。所以不到危急关头，不要贸然发动战争。

与"慎战"相联系，孙子还提出了"全胜"的思想，即以最小的军事代价换取最大的利益。在《谋攻篇》中，他指出："上兵伐谋，其次伐交，其次伐兵，其下攻城。攻城之法，为不得已。""故善用兵者，屈人之兵而非战也，拔人之城而非攻也，毁人之国而非久也，必以全争于天下，故兵不顿而利可全，此谋攻之法也。"意思是说，最好的解决问题的方法是用谋略战胜敌人，次一等是通过外交手段战胜敌人，再次一等是用武力击败敌人，最次的方法是努力攻打敌人的城池。攻城，是没有办法的办法。所以善于用兵者，不通过打仗就能使敌人屈服，不通过攻城就能使敌人的城池归己，不用耗费很多的时日就能摧毁敌人的国家。一定要用全胜的方法夺取天下，这样不用损耗兵力利益就可以保全。因此，孙子主张："夫用兵之法，全国为上，破国次之；全军为上，破军次之；全旅为上，破旅次之；全卒为上，破卒次之；全伍为上，破伍次之。是故百战百胜，非善之善也；不战而屈人之兵，善之善者也。"这里提出的原则是：使敌人举国投降是上策，击破敌国就次一等；使敌人全军投降是上策，击破敌军就次一等；使敌人全旅投降是上策，击破敌旅就次一等；使敌人全卒投降是上策，击破敌卒就次一等；使敌人全伍投降是上策，击破敌伍就次一等。所以在战场上百战百胜，并不是解决问题的最佳方法；不通过武力就使敌军屈服，才是好中之好。

为了达到"全胜"的目的，孙子认为，一个国家不要使战争拖得太久，要速战速决。他说："其用战也胜，久则钝兵挫锐"、"兵闻拙速，未睹巧之久也"、"故兵贵胜，不贵久。"（《作战篇》）这是因为，战争拖得太久会带来太多的弊端，"胜久则钝兵挫锐，攻城则力屈，久暴师则国用不足。夫钝兵挫锐，屈力殚货，则诸侯乘其弊而起，虽有智者不能善其后矣。"（《作战篇》）如果战事久拖不决的话，就会耗费大量的钱财，会引起士气的低落，还会导致敌我力量的此消彼长，甚至还可能引起国家经济枯竭、民众厌战、军事实力耗尽以及其他诸侯国趁机而入等后方的危险。因此孙子提出了"兵之情主速，乘人之不及，由不虞之道，攻其所不戒也"，"并敌一向，千里杀将"，"始如处女，敌人开户；后如脱兔，敌不及拒"（《孙子·九地篇》）等速决战的方法。

（三）《孙子》中的保国安民思想

《孙子兵法》中虽然没有对战争的正义与不正义作出区分，但在他看来，一个国家在作主要的决策时，与保国安民的目的有没有冲突。

孙子保国安民思想的形成与他生活的社会历史背景有

关，是春秋末年社会政治历史文化的产物。春秋时期，周王室的权力衰落，对诸侯失去控制的能力，诸侯甚至各诸侯国中有势力的卿大夫乘机崛起，相互争权夺利，出现了"礼崩乐坏"、诸侯林立、社会动荡不安的局面。在这种社会条件下，进步的思想家们的政治抱负与理想蓝图，就是追求稳定而有秩序的社会。与孙子大约同时代的孔子和老子都持这样的基本立场，孔子极力主张"天下归仁"即社会应有伦理秩序，老子则期望着道法自然的"小国寡民"出现。作为军事思想家，孙子思考问题的出发点虽然与孔子、老子不同。但他的军事思想的背后，也是安国保民的政治价值取向。

对"人"的重视，其实从西周初年就已经开始了。《尚书·泰誓上》中说："惟人，万物之灵。"以神为中心的神权政治思想开始向以人为中心世俗政治思想转变，这是历史的巨大进步。随着春秋时期诸侯攻伐兼并的日益加剧，人心向背对于国家的霸业甚至生存的重要意义日益凸显，从切身的体会中，许多开明的政治家和思想家对人的重要性也有了更为充分和深刻的认识。人的地位逐步上升，受到了思想家与统治者更大的重视。这一思想表现在政治上，就是"保民"、"富民"思想的提出和"仁政"、"德治"、"王道"思想的形成。西周时期，统治者就已经深刻地认识到："唯命不于常，唯德是授。"德被视为了政治思想的核心内容，从商朝统治者失德导致的灭亡的命运中，周初明确提出了"修德配命"、"敬德保民"等进步思想。在诸侯纷争的春秋时期，随着社会的发展，"得民者昌，失民者亡"的道理逐渐被更多的人所认识。"无民而能逞其志者，未之有也"（《左传》昭公二十五年），"求宠于诸侯以和其民"（《左传》隐公四年）等观念在《春秋》等记载那段历史的典籍中比比皆是。但是，那个时候，"富民"、"保民"的出发点，并不是把普通民众视为政治主体，而仅仅是考虑到民心向背对政治的巨大影响。作为一个伟大的战略思想家，孙子当然也认识到了这一点。

在《孙子兵法》中，孙子将"道"置于"五事""七计"之首，而"道"最基本的要求，就是"令民与上同意"（《孙子·计篇》）。如果想要在战争中取得胜利，必须首先取得"民心"，获得普通老百姓的支持和认同。在孙子所认为的取得军事胜利最基本的因素中，还包括"令素信著"、"与众相得"等等。所以这些，都是强调"民心"的作用。同时，孙子还认为，战争可否的决定条件，只能是国家与人民的利益，"合于利则动，不合于利而止"（《孙子·火攻篇》）。正由于军事行动关乎到人民与国家利益，从而才与国家和人民生死攸关。因此，军事行动要"非利不动，非得不用，非危不战"（《孙子·火攻篇》），军事将领要"进不求名，退不避罪，惟民是保"（《孙子·地形篇》），而一国的国君则更"不可以怒而兴师"

（《孙子·火攻篇》）。"战争是政治的特殊手段的继续"，从根本上说，战争从属于政治，其目的不是为战而战，而是为实现保国安民的最终目的。《孙子兵法》中提出的"慎战"、"不战而屈人之兵"等思想，都是孙子的国家战略的反映与必然结果。

第九讲
讲读《易传》

　　《易传》共七篇，即《彖传》、《象传》、《文言传》、《系辞传》、《说卦传》、《序卦传》、《杂卦传》。《系辞》较长，分上、下篇。后人为凑数，又将本不太长的《彖传》、《象传》拆分为上、下篇，合成十篇，谓之"十翼"，托言孔子所作。翼者辅也，以明十篇是《易经》的辅翼。从实际效果看，《易传》远远超出了它的辅翼作用，使《易经》大大升华，将一部零零碎碎地反映某些哲理而主要供卜筮之用的《周易》扩展成一部无所不包而又光芒四射的理论巨著，儒家的思想体系也在这里得到了充分的展示。

一、立意高远的《彖传》

　　《彖传》为"十翼"之首，每卦一条，共六十四条，文字长短不一。彖者断也，有断定一卦之义，也就是总括一卦的意思。因为是总括，不受卦、爻辞的限制，故能立意高远，发挥尽致。如《乾》卦象辞，仅根据卦辞"元亨利贞"四字，就从宇宙生成到万物消长，从眼前景物到未来理想，从自然景物到人类社会作了十分大胆的发挥，展开了极其丰富的想象，从而展示了儒家深厚的思想底蕴。

《乾》卦《彖》辞说："大哉乾元，万物资始，乃统天。云行雨施，品物流形。大明终始，六位时成，时乘六龙以御天。乾道变化，各正性命，保合太和，乃利贞。首出庶物，万国咸宁。"全文五十七字，极力歌颂"乾元"之德，歌颂大自然的起始，歌颂万物的生成，歌颂一切事物的原本，也歌颂了人类社会的根基。

"乾元"是什么？是宇宙万物的本原，是"乾元"创造了一切（万物资始），也是"乾元"支撑着一切（乃统天）。云行雨施靠它，发展变化靠它，天地运转也靠它。因为有它的巨大作用，日月才能相推，寒暑才能交替，宇宙才能协调，万物才能"保合太和、各正性命"。以此类推，人类社会也有自己的根本，也有自己的推动者和生存者，这个推动人类社会运转的根本就是"庶物"，就是庶民百姓。只有还本返原，"首出庶物"，把普通百姓提高到首位，才能社会安定，才能"万国咸宁"。这是儒家民本思想的表述，在某种程度上也可看作是革命思想的一种暗示。由于《彖》辞是从宇宙万物的原本立论的，所以凡托言于龙的，无论是"潜龙勿用"、"见龙在田"、"或跃在渊"，或是"飞龙在天"、"亢龙有悔"、"见群龙无"，有关龙的成长和活动的全过程无不在它的总括之中，而《乾》卦卦爻辞反映的思想也就因之更加深刻，更加系统，更具有社会意义。

和《乾》卦《象》辞相类比，下经第一卦的《咸》卦《象》辞也有这种寻根问源性质。《咸》卦辞共六字："亨利贞，取女吉。"是个主吉利而尤其宜于娶女的好卦，六个爻位的爻辞全从"取女"的角度极有层次地说明了男女由初次接触到达感情的高峰的全过程："咸其拇"、"咸其腓"、"咸其股"、"咸其脢"、"咸其辅、颊、舌"。爻辞展现的是一对青年男女在初次接触中由互相用脚的大指头试探，到腓（小腿），到股，到脢（心之上口之下），到辅颊（脸颊），到舌头，以致紧紧拥抱，长吻不止的生动图画。这幅春宫似的图画说明了什么呢？《咸》卦《象》辞概括、提高并加以发挥说："咸，感也。柔上而刚下，二气感应以相与。止而说（悦），男下女，是以亨利贞，取女吉也。天地感而万物化生，圣人感人心而天下和平。观其所感，而天地万物之情可见矣。"

这条《象》辞有着多层意思。首先是解释卦名："咸，感也。"什么叫感？《广韵》："感，动也。"交相感应之意。什么东西交相感应呢？以大自然而言，是刚、柔二气，也就是阴、阳二气；以人而言，是男、女二性。根据是《咸》卦的卦象。《咸》卦《艮》下《兑》上，《艮》阳而《兑》阴。按照《说卦》的说法，《艮》为少男，《兑》为少女。一对刚成年的少男少女在一起，而且情投意合，自然系"感"了。"感"到什么程度呢？"止而说（悦）"，一直到他们性的冲动的终止，才是高潮，才能达到兴奋、欢愉、和协、交融的顶点。这种男女两性交感的现象虽然近于鄙俗，但人类却赖以延续，社会赖以发展，人的一切聪明才智都从这里发源。推而广之，天地交感而万物化生，"圣人"之心与百姓之心交感而天下太平。反之，男女不"感"，人类灭绝；天地不"感"，物种全无；上下不"感"，天下大乱。不仅如此，《象》辞还将这个"感"的普遍原则推到了更加深广的领域："观其所感，而天地万物之情可见矣。"这个从"感"引发开去的万物之情是什么呢？简而言之就是"男女一小天地，天地一大男女"，男女交感包括了宇宙和社会的一切现象和原则。这种交感是天然的，高度协调的，永恒不变而又生生不息的。容不得干扰和阻遏，于是"仁"的思想从这里发端了，"衣食男女，人之大欲"，不仅不能因一己之欲以夺他人之欲，而且应该合己之欲以护他人之欲，于是"义"的思想又见端倪了。而"仁"与"义"正是儒家思想的根本。这里值得特别提出的是"圣人感人心而天下和平"一句。这里的"圣人"也就是"大人"，指的是社会的最高统治者。表面看来似是歌颂之词，因为"圣人"能和普通百姓之心相感应，以此天下和平。实际上这是个条件句。"圣人"既为"圣人"，就必须感人心，知民意，关心百姓，体恤百姓的疾苦，如此才能天下和平，否则就不和不平；"圣人"不圣而作了"圣人"，就会既逆了天理而又拂了民意，百姓就有理由"鸣鼓攻之"，直至废黜。这个思想在《革》卦《彖》辞中表现得最为明显。

《革》卦《彖》辞："革，水火相息，二女同居，其志不相得，曰革。已日乃孚，革而信之。文明以悦，大亨以正。革而当，其悔乃亡。天地革而四时成，汤武革命，顺乎天而应乎人，革之时大矣哉。""革"就是皮革。"水火相息"即水火并用，指皮革水浸火燎的制革过程。同时也隐含《离》火《兑》泽的卦象。"二女同居"，纯粹就《离》下《兑》上的卦象而言，《离》为中女，《兑》为少女，二女同居，纯阴无阳，得不到应有的天性调剂，以致"其志不相得"，不得不作改变，所以叫"革"。说到这里，作为卦义，也就清楚明白了，但《彖》辞紧接革字大加发挥："天地革而四时成，汤武革命，顺乎天而应乎人。"汤、武为何要革命？因为夏桀、商纣无道。凡无道就得革命，尽管夏桀是大禹的后代，而商纣是革命的首倡者成汤的后代。凡无道就得"革"，只有"革"才顺乎天理，应乎人情。真可谓革命的大旗高扬着，怪不得后世儒家要托古改制了。

但儒家并非革命党，《彖传》更不是革命宣言书，虽然有它倡导变革乃至鼓吹革命的一面，同时又有保守的一面。《家人》卦的《彖》辞就是一个典型的例子。《彖》曰："《家人》，女正位乎内，男正位乎外。男女正，天地之大义也。家人有严君焉，父母之谓也。父父、子子、兄兄、弟弟、夫夫、妇妇，而家道正，正家而天下定矣。"

《家人》的卦体是《离》下《巽》上，按照解卦的常规，二、四爻是阴位，三、五爻是阳位，《家人》的二、四爻正好是阴爻，三、五爻是阳爻，所以说，"女正位乎内，男正位乎外"。女管内男管外，正好是个理想的家庭。《彖》辞接着发挥说："男女正，天地之大义也。"这样就不单是个内外的分工，而带有某种地位性质了。接着又说："家人有严君焉，父母之谓也。"于是由家扩大到国，由父类推至君，君父并提，不单是个家庭尊卑问题，已经是社会名位问题了。这还不算，继而又有"父父、子子、兄兄、弟弟、夫夫、妇妇，而家道正，家道正而天下定矣"的推演，至此，封建纲常的轮廓也就基本确定了。

《彖传》有不少是揭示事物规律的，深刻周密，富有辩证思想，充分体现了儒家的处世原则。如《丰》卦《彖》辞："日中则昃，月盈则食，天地盈虚，与时消息，而况于人乎？况于鬼神乎？"丰是满的意思，大的意思。无论是满，是大，都有一定的限度，上升的东西不能老是上升，太阳到了中午便开始西斜，而月亮圆到了十足也就是月缺的开始。"天地盈虚，与时消息"，这是自然规律，人能抗拒得了吗？即便求助于鬼神，鬼神能起作用吗？有说于此，居高思危，存而虑亡，也就成了自然之理了。

儒者们从"天地盈虚"的自然法则中发现事物往往向自己的反面转化，盈到了一定程度必亏，亏到一定程度必盈，进而总结出盈亏互变的辩证关系，因而借《谦》卦发挥说："天道亏盈而益谦，地道变盈而流谦，鬼神害盈而福谦，人道恶盈而好谦。"盈在这里几乎成了过街老鼠，为天地人神所共弃。这样，儒家持谦防满的修养原则也就牢固地树立起来了。

二、别成一义的《象传》

《象传》分《大象》、《小象》，《大象》解卦，《小象》解爻，无论解卦解爻，大多着眼人事。特别是解卦的《大象》，更是儒家借以发挥自己思想的主要依托，最见儒家的思想本色。明人王夫之以为《大象》是"纯乎学《易》之理"，肯定是孔子学《易》的心得体会。从内容看，《大象》确乎只讲修身、齐家、治国、平天下的大道理，并不言及其他，而且满口"君子"，行文用句，全是儒家风范。

比如《泰》卦《象辞》。《周易·泰》卦本来是个讲阴衰阳盛的卦，三阳在内，有上长之势；三阴在外，有离去之象，《泰》卦卦辞说："小往大来，吉，亨。"《周易正义》据卦辞解释说："阴去故小往，阳长故大来，以此吉而亨通。"这个思想通过《大象》的解释，意境完全变了。《大象》解释说："天地交，泰。后以财成天地之道，辅相天地之宜，以左右民。"后便是君，"财成"即裁成。《大象》以天地交感谓之泰。这在卦象上倒也有些依据，因为三阳为《乾》，乾便是天。三阴为《坤》，坤是地。《乾》在主位而《坤》处次位，各得其所，所以说"天地交"，天地交说明了什么呢？接下来就完全因卦象而推及人事了："后以财成天地之道，相辅天地之宜，以左右民。"君上裁定治理之道，臣下相辅助以致治理之宜，教化百姓，养护庶民，于是天下大治。在这里，天地交感成了君臣合作。合作默契，处事得宜，天下大治，这就叫做"泰"。

儒家讲治国平天下多是站在"辅相"的地位说的，讨论的是如何辅助贤明君主治理天下。这里的前提必须是贤明君主，是可治之世，如果遇上昏暴君主，遇上乱世，怎么办呢？《否》卦《大象》回答了这个问题："天地不交，否。君子以俭德辟难，不可荣以禄。"《否》卦的卦象恰好与《泰》卦相反，三阴在内，三阳在外，阴占了主位，有阳衰阴长之象。《否》卦卦辞说："否之匪人，不利君子贞，大往少来。"大往少来，失多得少，当然是不吉利了。但《大象》不是直接从往来的多少讲利与不利，而是从人事的角度讲何以叫《否》，何以不利。"天地不交"，故曰否。天地不交，大则天下大乱，小则在位非人，遇上这种情况，君子就只有"俭德辟难"，收敛起自己的德才，不可以荣禄为意，就像后世的"卧龙"一样，"苟全性命于乱世，不求闻达于诸侯"。这确乎是经验之谈。因为在一人治的社会，天下是一人的天下，国家是一人的国家，国君要败国毁家，谁也拿他没法，最多出几位"忠臣孝子"，作些毫无意义而又极端愚蠢的"尸谏"之类的举动，也就算千古美谈了。其实这并非儒家思想，至少不是正宗儒家的思想。儒家的原则乃是孔子曾经说过的："危邦不入，乱邦不居，天下有道则见，无道则隐。""君子以俭德辟难，不可荣以禄"就是孔子思想的再现。

《大象》讲治国，更讲修身，而修身必从立志始。《乾》卦《大象》："天行健，君子以自强不息。"天德是刚健的，唯其刚健，才能运行不止，寒暑不易。作为"君子"，也应该像天的刚健一样，坚强挺拔，奋发有为，自强不息。而"自强不息"一语也就成了激励人们奋发前进的千古训条。

与《乾》的刚健相对应，《坤》的特点在于笃厚。故《坤》卦《大象》说："地势坤，君子以厚德载物。"《大象》的作者从大地的宽厚特点出发，提出"君子"必须有大地一样开阔的胸怀，深厚的修养，能容纳众物，吞吐众物。"自强不息、厚德载物"，这八个字后来演变为中华民族人文精神的核心内容，也成了清华大学的校训。其影响是十分深远的。

又如《屯》卦《大象》："云雷屯，君子以经纶。"经纶有筹划治理之义。作者从雷电的声威和迅猛想到了"君子"行事应有的作风，于是"雷厉风行"一语也就相应产生了。

《大象》解卦，并不拘于卦辞的整体意思，往往只从某一角度、某一部分、甚至某一小点出发，引伸拓展，借以树立自己的观点。《蒙》卦《大象》就是典型的一例。《蒙》卦本是讲童子求师以及师教童子二者之间的关系。

《大象》的作者却只抓住《蒙》卦《坎》下《艮》上的卦象，并不理会卦辞的意思。因《坎》属水而《艮》属山，《坎》下《艮》上表明山下有水，于是《大象》据以发挥说："山下出泉，蒙。君子以果行育德。"这里强调的是"君子"重在培养自己果敢坚毅、一往无前的精神。这个立论与卦的关联仅在于"山下出泉"这一自然现象。山下一股泉水，要流入江河，流入大海，不知要遇到多少艰难险阻，然而泉水却百折不挠，一往无前地向前流着，直至达到最后的归宿。以此言之，"君子"要想成就自己的事业，必须用心培育这种"果行"的精神，不能半途而废，更不能浅尝辄止。

再如《讼》卦《大象》："天与水违行，讼。君子以作事谋始。"《讼》卦卦体是《坎》下《乾》上，《坎》为水而《乾》为天。天上的太阳由东向西，地下的流水由西向东，完全相反，所以说"天与水违行"。天与水违叫做"讼"，人与人违也叫讼，于是就有了打官司的诉讼。孔子曰："听讼，吾犹人也，必也，使无讼乎！"怎样才能无讼？就是说不和人发生争执，不打官司的惟一的办法是在处理每一件事前充分考虑到它可能产生的后果，这就叫"谋始"。因为不是每个人都能做到，所以说"君子以作事谋始"。"君子"一词，对做到了的人有颂扬之意，对未能做到的有号召鼓舞之意。儒家的宗旨是希望成圣成贤，而孔子的"无讼"的着力点也正在这里。

再如《颐》卦《大象》。颐本指口中有物，《颐》卦卦辞："观颐，自求口实。"意思是说，别人口中有物，看人家吃东西没有任何实际意义，必须自己去寻找吃的，鼓励人勿仰给于人，贵在自养。《象传》也全在养字上作文章，由观人养而反身自养，由人自养而到天地养万物，圣人养万民。《大象》却别立一义，从口的饮食、言语两大功能出发，提出"君子以慎言语，节饮食"的修身训条，而慎言语的修养和节饮食的崇俭原则，是儒家一贯提倡的。

《大畜》的《大象》更是如此，《大畜》卦象与卦辞本无联系。卦辞简单含混，基本上没有什么实在的意义。卦辞说："利贞，不家食，吉。利涉大川。"《大象》完全甩开卦辞，从《大畜》的畜字立论说："天在山中，大畜。君子以多识前言往行，以畜其德。"这段《象》辞虽然与卦辞风马牛不相及，但却大大深化了《大畜》的主题思想，而且又能与卦象相一致，实际上是对经文的一种匡正。《大畜》卦体是《乾》下《艮》上，《乾》为天而《艮》为山，有天在山中之象。山要装下一个天，自然是比天更大的储藏库了，所以叫"大畜"。推之人事，这个天大的储藏库该藏些什么呢？《大象》认为，不是金钱，也不是谷米，更不是娇妻美妾，而应该是思想品德。因为思想品德不是一夜之间突有的，必须从对先贤言论的学习和往事经验教训的总结中逐步积累起来，这就叫"畜德"。畜德自然是愈多愈好，所以叫"大畜"。"畜德"与做事是密不可分的，自己的"德"畜得越大，成为"大德之人"，事业就会做得越大。所以高明的管理者重视以德服人，一个团队只有重视"畜德"，做到同心同德，才能立于不败之地。这是儒家管理的精华思想。

三、依文言理的《文言传》

《文言传》是围绕《乾》、《坤》两卦卦、爻辞展开的哲理性议论，因为是依文言理，故叫《文言》。《文言》虽只限于《乾》、《坤》两卦，但铺陈广大、而又处处不离儒家宗旨，有些言论本身就是儒家的格言。

《文言》分《乾》卦《文言》和《坤》卦《文言》，因为贵阳贱阴的缘故，重点在《乾》卦。

《乾》卦《文言》在文字组织上分三大部分，一是以设问方式用孔子口气发挥各爻爻辞（其中解释卦辞的部分未用设问）。从"初九"到"上九"，无"用九，见群龙无首吉"条。第二部分是用韵文形式解释各爻爻辞。每爻一句，每句或两字或四字，最多五字，整齐划一。第三部分是以散文形式解释卦、爻辞的。三大部分各有特点，似乎出自三人之手，乃至是更多人的言论辑录。但无论哪一部分，都以"龙"比君子，以龙所处的各个阶段分别比喻"君子"所处的各种不同的境地，向处于不同境地的"君子"提出不同的修养目标和注意事项，设喻贴切，开掘深远，富有警策性。如"初九"条："初九曰：潜龙勿用，何谓也？子曰：龙德而隐者也，不易乎世，不成乎名，遁世无闷，不见是而无闷，乐则行之，忧则违之，确乎其不可拔，潜龙也。"作者借孔子的口勾勒出了作为"潜龙"的轮廓。何谓潜龙？"龙德而隐者也"。经验告诉人们，有德行的人不一定都能成名，但儒家的主张绝不许因为不能成名而不注意德行。能出人头地而注意自己的德行是比较容易的，因为他的德行得到了社会的回报，而且又因为社会的制约不注意德行便不可能出人头地，德行成了他出人头地的条件。

"龙德而隐者"的潜龙，不是"潜"一阵子，而是"潜"一辈子。这样的"潜龙"需要具备一些什么样的条件呢？一不因世俗的污浊影响自己，二不以成名为意，三不能因为冷漠而感到孤独，四不因不能被人理解而苦闷。放手去做自己愿意做的事，而决不干自己不想干的事。对自己的理想和信念坚定不移，毫不动摇。这就叫"潜龙"。在从来都是竞争激烈的人类社会，"潜"是容易的，难得的是潜而能有"龙德"，而儒家提倡的正是这种有龙德而不计较名利的君子风格，这就是"人人皆可为尧舜"的主旨所在。

与"潜龙"不同的是初露头角的"见龙"。作为"见龙"又该怎样呢？《文言》的作者再作设问说："九二曰：见龙在田，利见大人，何谓也？子曰，龙德而正中者也。庸言之信，庸行之谨，闲邪存其诚，善世而不伐，德博而化。易曰，见龙在田，利见大人，君德也。"见龙即现龙，已经露面了的龙。比之人事，就是有了一定地位和声望的

"君子"。人处在这个阶段，已经有了一个很好的基础，所以说"龙德而中正者也"。中正指九二爻居下卦之中的有利位置，下卦的第二爻是和上卦第五爻相呼应的，标志着前途远大，所以说"君德也"。但基础仅是发展的条件，能否发展还在本人。人处在这样一个大有发展前途的阶段应注意哪些呢？作者提出了信、谨、闲、存，以及不伐、博化等信条。信是对言语而言。言必信，这是儒家做人的基本信条。孔子说："言必信，行必果。"（《论语·子路》）又说："与朋友交，言而有信。"（《论语·学而》）所以把信放在第一位。和言语有信的重要一样，就行为而言，谨慎是第一位的，最体现儒家思想的《礼记·中庸》说："博学之，审问之，慎思之，明辨之，笃行之。"《中庸》把博学、审问、慎思、明辨、笃行五者看成是采取某种举措的前提，所以接着又说："有弗学，学之弗能，弗措也；有弗问，问之弗知，弗措也；有弗思，思之弗得，弗措也；有弗辨，辨之弗明，弗措也；有弗行，行之弗笃，弗措也。"五者集中起来，只是一个"谨"字，说的是采取行动之前必须十分谨慎，学而未博，问而未审，思而未得，辨而未明，以及决心不大，都不宜采取行动。唐儒韩愈说："行成于思毁于随"，更加深刻地说明了这个思想。（或以"措"字作措置之措，意即停止，那是别作一义。此处不取。）要把握自己，发展自己，只注意言之信、行之谨还是不够的，因为这些毕竟是外表的，而尤其重要的是内在的修养。在思想上必须"闲邪存其诚"，闲者限也，控制自己的邪念，任何时候都要保持心地的坦诚和正直，在成绩面前不满足，努力扩大成果，尤其不能居功骄傲。"善世而不伐，德博而化"，如此才能符合《周易》说的"见龙在田，利见大人"。否则就见不到大人，也就再无发展，甚至保不住"在田"的现有地位。

《文言》对九三爻辞的解释似无特别的针对性，是对所有人而言的。《文言》说："九三曰，君子终日乾乾，夕惕若厉，无咎，何谓也？子曰：君子进德修业，忠信，所以进德也；修辞立其诚，所以居业也；知至至之，可与几也；知终终之，可与存义也。是故居上位而不骄，在下位而不忧，故乾乾因其时而惕，虽危无咎矣。"行而不息之谓乾。然则终日行之不息忙些什么呢？《文言》作了非常明确的补充规定：进德修业。人生要忙的事甚多，但最紧要的是两件，一是进德，二是修业。进德是内向的，努力提高自己的思想品德。修业既有内向也有外化，讲学习也讲事业。进德以忠信为主，修业以学习和增强敬业思想为主。学习、修养都是无止境的，知道事物的必至而使之至，可以参与事物发展变化的探讨了；知道所处事件之终而能与之终，可谓守义了。既进德又修业，既知至又知终，如此就能居上不骄、在下不忧了。在此基础上因时警惕，也就危而无咎了。值得一提的是作者并没有就"夕惕若厉"作"如履薄冰"之类的发挥，而是从"终日乾乾"方面作积极的引导，更加切中九三爻辞的主题。

《乾》卦《文言》的韵文部分也是颇见思想的。如九三条："终日乾乾，与时偕行。"九六条："亢龙有悔，与时偕极。"九三处在前进的加油阶段，贵在及时，所以说："与时偕行"。九六发展到了顶点，悔在失时，所以说"与时偕极"。这里最值得注意的是一个"时"字。时间是单向性的，是一去不复返的，又是最能考验人、检验事的。今日之是可能是来日之非，而今日之长更可能是来日之短，任何人为的掩饰，自然的妆点，以及人间的权力，世上的尊荣，在时间面前毫无作用。时间是永恒的见证者，更是无私的配给者，每人一份，不因权大而多给，不因卑微而少与。所谓生命也就是拥有的时间，时间就是一切，所以要"终日乾乾"，所以要"与时偕行"。待到"与时偕极"的尽头，也就成了"亢龙"，徒有自悔了。"与时偕行"也就是"与时俱进"，这也是中华民族创新进取精神的光辉写照。

《乾》卦《文言》的散文部分最见思想的是对九五爻辞的赞辞和对上六爻辞的分析，《文言》说："夫大人者，与天地合其德，与日月合其明，与四时合其序，与鬼神合其吉凶，先天而天弗违，后天而奉天时，天且弗违，而况于人乎？况于鬼神乎？""九五"是最尊之位，也就是人极之位。人极有人极的品德，有人极的修养。这种修养与天同高，与地同厚，与日月共明，与四时同条其贯，与鬼神一样福善祸淫，有求必应。行事在天之前天不违"大人"，行事在天之后"大人"不违天。天就是大人，大人就是天。这里向人们指出了一个完整无缺的天人合一的至高至大的形象，也为一切想做"大人"的人们提出了一个最为完美的典范。这就是儒家眼里的圣人，也是中华民族崇尚的人品。这里提出的"四合"思想，突出天人合德，强调要象日月一样光明正大，遵循四时变化规律，正确对待大自然神奇的天文地理演变现象，体现了儒家尊重自然规律，积极进取的"天人合一"思想。

高位厚利，对常人来说是终生追求的目标，但清醒的儒者认为，位高不一定全是好事，更不一定能长期占有，于是借上九爻辞"亢龙有悔"的"亢"字发挥说："亢之为言也，知进而不知退，知存而不知亡，知得而不知丧。其唯圣人乎！知进退存亡而不失其正者，其唯圣人乎？"有进必有退，有存必有亡，有得必有失，进退、存亡、得失，像三个打不开、拆不散的连环，在人生道路上循环往复。但就是这么一个十分平常的道理，许多人，甚至许多"超人"却看不清楚，想不透彻，往往知进而不知退，知存而不知亡。不是不知存亡进退，而是在存的时候不想知亡，在进的时候不敢知退，或者只能在理论上知存亡进退而不能在实践中知存亡进退，而更多的人只在口头上言存亡进退，于是"亢龙有悔"。亢者高也。从高空中掉将下来，大至一国之君，小至一家之主，再小至一口一身，翻车翻船，彼彼皆是。最有趣的是前面已经翻车了，后车正在笑前车因何会翻，不想笑犹未止，笑人的后车又恰好在被笑的前车翻倒的地方自己翻倒了。更有趣的是后面又继续有人在笑，又继续有车在翻。鉴于这样一种层出不穷的现象，所以《文言》的作者深深地感叹说："其唯圣人乎！知进退存亡而不失其正者，其唯圣人乎！"

比之《乾》卦《文言》，《坤》卦《文言》简单多了，也逊色多了，但也不乏闪光的思想。如讲《坤》德"坤至柔而动也刚，至静而德方"，并不以为坤永远是柔弱的，是被动的。讲人的修养："直其正也，方其义也。君子敬以直内，义以方外，敬义立而德不孤。"为人处事，要直要方。为人要直，处事要方。敬以直内，义以方外。对己能持敬，对人能存义。以敬义待人，人亦以敬义待己，所以说："敬义立而德亦不孤。"这就是孟子所说的"敬人者人恒敬之，爱人者人恒爱之"的思想。

《坤》卦《文言》有一条表面看来讲因果报应实则是讲由量变到质变、由长期积累到一朝突发的警语。《文言》说："积善之家，必有余庆；积不善之家，必有余殃。"这条警语表面看来似乎是恶有恶报、善有善报的因果报应，实际是讲事物发展的必然结果。积善之家，因为养成了善的作风、善的习惯、善的传统，日积月累，善满家门，所以有余庆。相反，积不善之家，因为养成了不善的作风、不善的习惯、不善的传统，日积月累，恶贯满盈，所以有余殃。基于这个思想，所以《文言》接着说："臣弑其君，子弑其父，非一朝一夕之故，其所由来者渐矣，由辩之不早辩也。《易》曰：履霜坚冰至，盖言顺也。"臣弑君、子弑父，不一定全是君、父之过，但臣、子发展到弑君、弑父，必定有一个从微至著的过程，决非一朝一夕之故，所以说"其所由来者渐矣"。渐是一切事物发展的必然过程，贵在识别得早，防微杜渐。若待脚踩霜露，坚冰期的严寒也就紧接而来了。这就叫做"顺"，顺者因势发展之谓。

由于儒家的等第观念无所不至，反映在《文言》里的等第观念也是突出的。《坤》卦《文言》说："阴虽有美，含之以从王事，弗敢成也。地道也，妻道也，臣道也。地道无成，而代有终也。"《文言》认为，阴始终是阳的辅佐，是阳的附属物，即使有美德，有嘉谋，也只能"含之"，通过适当的方式为王献计献策，而弗敢自傲。其所以然者，地道如此。以此类推，妻道如此，臣道更是如此。正如伪《尚书·君陈》说的："尔有嘉谋嘉猷，则入告尔后于内，尔乃顺之于外，曰：斯谋斯猷，惟我后之德。"后者君也，做臣下的有什么好主意，偷偷地在内室告诉自己的国君，然后做出一副顺从的样子，向外宣布说：这些主意，这些思想，都是我们国君的，国君才是天才！弄虚作假，欺天欺人更欺心，一副十足的奴才相。也不怪儒家保守，只因为任何国君都不希望自己的臣下高出自己，儒者既然要向国君讨饭吃，就不能不维护国君的威信，乃至拍他马屁了。风气所开，不仅国君如此，一切权位压过他人的人无不如此，于是武大郎的烧饼店不仅阳谷有，天下各地无处不有了。

四、博大精深的《系辞传》

在《易传》诸篇中，篇幅最长，内容最多，体现儒家思想最为充分的，自然要算《系辞传》了。《系辞传》又叫《系辞》，分上下两篇。为什么叫《系辞》？唐人孔颖达《周易正义》解释说："谓之系辞者凡有二义"，即文字"取系属之义"和"纲系之义"。就《周易》卦、爻关系而言，它是系属性的；就自身内容而言，它是提纲性的。但无论是属系性或者纲系性，都离不开"系"，所以叫《系辞》。至于分上下两篇，也各有说法，汉人何休以为上篇论"无"，下篇论"有"。也有人以为上篇论大理，下篇论小理。其实都不确切，上下篇都论及了"有"，也谈及"无"，上下篇都涉及了大理小理。为了叙述方便，我们在这里不分上下篇，而按内容组织。

（一）《系辞》反映的儒家天道观

儒家本不太讲天道而特别注意人道，所谓"六合之外，圣人存而不论"，但《易传》特殊，而《系辞传》更特殊，讲天道甚多，而且很细，不仅对天人关系进行了诸多探讨，而且对天的生成，物种的起源作了探究，它是儒家言论中讲天道最早、最突出的著作。

天地是怎么生成的？《系辞上》解释说："是故易有太极，是生两仪，两仪生四象，四象生八卦，八卦定吉凶，吉凶生大业。"《系辞》在这里不但讲了天的生成，而且也讲了天人的关系。《系辞》的作者把"易"看成是与天地相与俱来的，它是与天地的原始物同时存在的。天地的原始物是什么？《系辞》的作者认为是"太极"。然则太极又是什么呢？说法不一。晋人韩康伯以为是"无"，他为《系辞》作注说"夫有必始于无，故太极生两仪也。太极者，无称之称，不可得而名，取有之所极，况之太极者也。"况者比也，他认为：太极仅是一种比喻，指的是天地万物最原始的起点，"有之所极"，故名太极。孔颖达作《正义》，反对韩说，认为太极是天地未分之前的元气，并引老子的观点说："故老子云'道生一'，即此太极是也。"韩、孔两家的解释各有其是，但又各有其非。就天地生成序列而言，韩康伯的解释是对的，此点已为现代科学所证明，但《系辞》所指"生两仪"的太极却不是"无"，即不是无形无体的气前物。气前的"无"不经过气的阶段是无法"生两仪"的。但就《系辞》所指的太极而言，孔颖达的解释是对的，这里的太极确乎是天地未分之前的元气。但元气并不是天地的原始物，而且引老子的观点也欠明确。"老子云'道生一'，即此太极是也。"老子在这里说了两样东西，一是"道"，一是道所生的"一"，所谓"即此太极是也"，是指的生"一"的"道"呢？还是指的道生的"一"？如果指的是"道"，则与韩康伯全同，不存在争议了。

《系辞》的作者认为，天地（即两仪）是由太极生成的，天地又生"四象"。什么是"四象"说法不一，有说金、木、水、火四物的，有说春、夏、秋、冬四时的。按照《系辞》的体系，似以四时为是。其天地生成的序列是：太极生成天地，天地生成四时，四时生成八卦代表的木、火、金、水、山、泽诸物，在形式上由一而二，由二而四，由四而八，整齐划一，最后以八卦的功能作结，天人合而为一。而"易有太极，是生两仪"就成了儒家关于宇宙生成的定论，数千年未能移易。

天地既如上说，那么万物又是怎样生成的呢？《系辞》也有解说。《系辞上》说："是故刚柔相摩，八卦相荡，鼓之以雷霆，润之以风雨，日月运行，一寒一暑。乾道成男，坤道成女。"刚柔即阴阳，八卦即木、火、水、金、土原始诸物质。《系辞》的作者认为，宇宙间万物的生成，是因为阴阳二气的交感，诸原始物质通过风雷雨雪等自然作用，随着时间的推移逐渐形成的。生物的形成还曾经过性的分工（"男女"在这里泛指雌、雄两性，而并非特指男人和女人）。《系辞》对两性分工后才有生物，言之甚详，《系辞下》说："天地絪缊，万物化醇；男女构精，万物化生。"天地间有阴阳二气，故能化生万物；而万物中有雌雄二性，故能产生各种物种，而且繁衍进化，延续不断。这样，宇宙不仅有了天地，而且有了万物，还有了生物，以至于人类。儒家关于宇宙万物生成的天道观也就大致形成了。尽管解释比较粗糙，但朴实可信，都是人的感官所能直接感觉到的。

值得特别提出的是，《系辞》所说的天都是自然天、物质天、无意志的天，而并非天神。如《系辞上》开篇的"天尊地卑"，说的是天在地之上，地在天之下的自然现象。"在天成象，在地成形"，说的是天上的日月星辰等有象物体，地下的山川草木等有形物质。"有天道焉，有地道焉"指的是天地运转的自然规律。"乐天知命"也不是天命，而是顺乎自然。《正义》解释说："顺天施化，是欢乐于天，识物始终，是自知性命，顺天道之常数，知性命之始终，任自然之理，故不忧也。"不仅如此，连字面上看来全是讲天神的而实际还是讲自然。如《系辞上》说："《易》曰：自天祐之，吉无不利。"这里的祐自然是保佑了，既能保佑，自然是有意志的天神了。但《系辞》接着用孔子的口气解释说："子曰：祐者助也。天之所助者顺也，人之所助者信也，履信思乎顺，又以尚贤也，是以自天祐之，吉无不利也。"原来天之所祐仅仅是顺乎自然的规律。

《系辞》不仅言"天"是讲自然现象，言"神"也是讲自然现象。《系辞上》："阴阳不测之谓神。"从字面上看，似乎指鬼神的神，实则不然，说的是神秘莫测。韩康伯注释说："神也者，变化之极妙万物而为言，不可以形诘者也，故曰阴阳不测……不知所以然而况之神。"原来神也是一种比喻。阴阳二气变化莫测，既"不可以形诘"，也不可以理喻，实在说不清楚，所以才比之曰"神"。

《系辞》不仅说"神"时不是讲的鬼神，即使"鬼神"二字连用，也不全是讲鬼神。《系辞上》："精气为物，游魂为变，是故知鬼神之情状。"这里不仅有"鬼神"，而且还有"游魂"，但实际上并非讲神鬼魂魄，而是讲气的聚散和物的消长。韩康伯解释说："精气絪缊，聚而成物，聚极则散，而游魂为变也。游魂，言其游散也。……尽聚散之理，则能知变化之道，无幽而不通也。"根据韩康伯的解释，游魂即是游散，而鬼神则是幽深晦暗的代名词。韩康伯的解释是合理的，因为鬼神无所谓情状。所谓情状，也只是对幽深聚散认识、把握的一种比较具体的形容。当然也有讲神灵鬼神的，但主要是讲幽晦。这与《论语》记载"子不语怪力乱神"的思想原则是一致的。

（二）《系辞》反映的儒家人道观

儒家是天人合一论者，天道便是人道。《系辞上》说："易与天地准，故能弥纶天地之道；仰以观于天文，俯以察于地理，是故知幽明之故；原始反终，故知死生之说。精气为物，游魂为变，是故知鬼神之情状。与天地相似，故不违；知周乎万物而道济天下，故不过；旁行而不流；乐天知命故不忧；安土敦乎仁，故能爱。范围天地之化而不过，曲成万物而不遗，通乎昼夜之道而知，故神无方而易无体。"这个"与天地准"的易道实际上就是人道，不过它不是一般人之道，而是圣人之道。一般人即使做到了也不过是做了罢了。"百姓日用而不知"。唯圣人才能"与天地相似，故不违；知周乎万物而道济天下，故不过。"但有一点是圣人与常人共同的，这就是善的品性，因为它是与生俱来的，是从宇宙间带来的。"一阴一阳之谓道，继之者善也，成之者性也。"由阴阳二气形成的人继承了宇宙间善的品质，所以人性是善的，这是除荀子以外所有儒家关于人道的基本点，但因为有养成的不同，才有了具体的区别，"仁者见之谓之仁，知者见之谓之知"，于是有了类别，有了偏颇，有了等次，只有圣人才能完整地继承"道"，理解"道"，运用"道"，所以说"君子之道鲜矣"。圣人是天道的继承者，所以人道只有在圣人身上才能得到完整的体现。因为是圣人在代行着天道，所以"天生神物，圣人则之；天地变化，圣人效之"。人道的一切都效法天道，这就是《系辞》体现的儒家人道观的根本所在。

天地给人的第一个印象是天在上、地在下，于是"圣人"为人们定的第一条原则便从这里开始："天尊地卑，乾坤定矣；卑高以陈，贵贱位矣。"《系辞》用天尊地卑的自然现象类比贵贵贱贱的社会现象，是儒家等第观念最为有力的佐证。天在上、地在下是永远不变的，所以尊者为贵、卑者为贱也是永远不能改变的，因为这是依天道确定的人道。

据实而言，"天尊地卑"这个所谓依天道确定的人道，实则是据人道附会的天道。自然现象虽然是天在上而地在下，但并无贵贱之分，自从"圣人"依尊卑而区分贵贱，于是一切事物无不分贵贱。天地二物天贵地贱，阴阳二气阳贵阴贱，男女二性男贵女贱，父子二人父贵子贱，左右两边右贵左贱，奇偶两数奇贵偶贱，上下四肢手贵脚贱，五脏六腑肝贵脾贱。本无贵贱的东西一概要人为地分出贵贱，目的只有一个，维护统治者的地位，并通过维护统治者的统治来安定社会，这就是"位"的实质。

圣人既居尊位替天行道，因而圣人也有了圣人的责任，《系辞下》说："天地之大德曰生。圣人之大宝曰位。何以守位曰仁，何以聚人曰财。理财正辞，禁民为非曰义。"天地以生为大德，圣人以仁为大德。仁者爱人，以造福百姓为务。但施仁是以有"位"为前提的，也是以权力为前提，所以说"圣人之大宝曰位"。有位则可施仁，施仁则可巩固权位，所以说"何以守位曰仁"。人是以物质生活为存在前提的，所以说"何以聚人曰财"。圣人在位施政，不仅要有天地大德"生"的一面，同时还要有像大自然调控万物一样"止"的一面，生其所当生，止其所当止，所以要"理财正辞，禁民为非"。"理财"是对具体事务的管理，"正辞"是有关的规定条文，"理财正辞"的目的在"禁民为非"，而这些统称之曰"义"。一个助生的仁，一个禁止的义，作为人道纲领的仁与义也就明确地产生了。

《系辞》讲人道效法天道，也不全是机械的模仿，更重要的在于融会贯通，推行扩大，落到事业的实处。《系辞上》说："是故形而上者谓之道，形而下者谓之器，化而裁之谓之变，推而行之谓之通，举而错之天下之民谓之事业。"道和器虽然有形上、形下之分，但两者却是浑然不可割裂。有器必有道，有道必有器，无无器之道，也无无道之器。一种事物出现，便有了该事物的道，无此事物便无此事物之道。但人之所以为人，在于有人的主观能动性，不能只就此器见此道，也不能只就此道见此器，而应该举一反三，由此器推及彼道，由此道推及彼器，"化而裁之"，这就叫做"变"，光变还不行，还得"推而行之"，使之畅通。所谓畅通，就是要向全社会推广，使人人受益，这才叫"事业"。变通推广，具体是什么内容，《系辞》没有说，但它肯定这是圣人治天下的职责，也是人道固有的内容。

变通是必要的，但举措却必须慎重。《系辞上》说："拟之而后言，议之而后动，拟议以成其变化。"作为圣人（就是大人），要提出什么，不能不事先考虑，故必须"拟"。拟者度也，有衡量揣度之意。事先全面衡量，以防思虑不到。采取某种行动，须听取下属意见，以补自己不足。如此才能"成其变化"。《系辞》的作者看到了历史和现实中为人君、为人上者的独断专行，以致每每偾事，才提出了这样一条带有某种民主色彩的原则，不能不说是儒家思想的一种进步。可惜古来知此言者不少，而能行此言者不多，以致大动大坏，小动小坏，祸国殃民之事时有发生。

作为社会的人，尽管有地位高低、事业大小的诸多不同，但有一点是绝对相同的，这就是生命只是一个过程，有生必有死，死是任何人都无法逃避的事实。人应该怎样来对待死呢？《系辞上》说："仰以观于天文，俯以察于地理，是故知幽明之故。原始反终，故知死生之说。"无论是天文，或者是地理，尽管有明有暗，有微有著，都是一种现象，都是一个过程，都在不断变化。人也不例外，从无到有，从小到大，从大到老，从老到死，任何人也不例外，这就是生命的规律。表述这个规律的言辞谓之"死生之说"。但知道此说是一回事，承认此说、接受此说又是一回事。其实理解它也不难，只要原其始而返其终，认真加以考察，也就理在其中了。

此外《系辞》上、下篇还有不少言及个人修养的，尤以对"君子"，要求居多，如《系辞上》说："言行，君子之枢机，枢机之发，荣辱之主也。言行，君子之所以动天地也，可不慎乎？"枢指门户，机指弩机的弩牙。人的言语行动，就是人的心扉，一旦出口，心扉也就敞开，内心世界随即暴露。又像弩机的弩牙，一旦扣动，利箭离弦，再也无法收回。或荣或辱、或败或成，在此一举。《系辞下》甚至还说："吉凶悔吝者，生乎动者也。"人的吉凶祸福，全是自己的行动造成的，不可不慎。因此之故，慎动成了儒家的重要信条。

那么，怎样才能掌握住自己的言行，使之荣而不辱、吉而不凶呢？《系辞》提出了至精、至变、至神和深极研几的修养目标。《系辞上》说："是以君子将有为也，将有行也，问焉而以言；其受命也如响，无有远近幽深，遂知来物，非天下之至精，其孰能与于此？"对自己的言行能解释得透彻，对人家提出的问题能迅速加以解答，而且无论远近幽深。要做到这一点，对自己，对他人，对客观诸事物没有一个精审的了解是不可能的，所以说"至精"。

《系辞上》又说："参伍以变，错综其数。通其变，遂成天下之文；极其数，遂定天下之象，非天下之至变，其孰能与于此？"至变即变化之极。天下事物是无比复杂的，时刻变化的。要了解这些变化，掌握这些变化，适应这些变化，就必须了解这些变化终极的规律，故曰之"至变"。

《系辞上》还说："无思也，无为也，寂然不动，感而遂通天下之故，非天下之至神，其孰能与于此？"至神即神妙之至，神速之至。修养到家的人平时"心若死灰"，什么也不想，这就叫"寂然不动"。唯其平时寂然不动，保持着充沛的精力和清醒的头脑，故一旦接触客观事物，就能迅速准确地做出反应，这就叫"至神"。

于己于人于事的了解能"至精"，于事物变化的掌握能"至变"，对外来的反映能"至神"，是否就可以动而能吉、事而有成呢？这还未必，关键在于主事者念头萌动之"几"。《系辞上》说："圣人之所以极深而研几也，唯深也，故能通天下之志；唯几也，故能成天下之务。"这里的极深和研几是两个概念，极深指对客观事物的深刻了解，研几是对心念萌动的把握。几者动之微，在离无入有之间。人的思想行为的善恶得失，往往取决于思想萌动的"几"，它是善恶的区分点，成功与失败的分界线。人要使自己的思想行为都能正确，合乎规范，就得"研几"，即在"几"上狠下一番功夫。"唯几也，故能成天下之务"，这个心念最初的萌芽对行事的好坏起着决定性的作用，故儒家论修养，最讲究几上的功夫。

《系辞》论修养，也有君子、小人之分，不过《系辞》说的君子、小人不是按名位划分，而是按德行高低和见识深浅划分的。《系辞下》说："小人不耻不仁，不畏不义，不见利不劝，不威不惩。"这简直是对小人的一幅画像。什么叫小人？不以不仁为耻，也不怕别人说他不义，对自己没有好处的事绝对不干。只是最后一条说得不准："不威不惩"。惩有恐惧终止之意。真正的小人，不仅不威不惩，甚至威而不惩，直至丧身丧家而后罢。

《系辞》也和《文言》一样，鼓励人为善而警告其作恶，而且论理更加深刻，警策性更强。《系辞下》说："善不积，不足以成名；恶不积，不足以灭身。小人以小善为无益而弗为也，以小恶为无伤而弗去也。故恶积而不可掩，罪大而不可解。"成名之善是日积月累而成的，灭身之恶也是日积月累而成的。小善积多了就成了大善，小恶积多了也就成了大恶。小人之所以成为小人就是因为不正视善恶之行由量变到质变这样一个客观的事实，以小善为无益而不为，于是终身无一善；以小恶为无害而不改，于是恶贯满盈，罪不可解。

《系辞》论人道，还言及到不少处理人际关系的原则。《系辞下》说："君子安其身而后动，易其心而后语，定其交而后求，君子修此三者，故全也。危以动，则民不与也；惧以语，则民不应也；无交而求，则民不与也。莫之与，则伤之者至矣。"《系辞》的作者在这里论及了动、语、求的前提。人在社会交往中难免要开展一些需要他人参与的活动，因为需要他人参与，所以必须有一个根本性的前提：你自己必须站得住，这就叫"安其身"。如果你自己还未站稳脚跟，甚至还给人有几分坍台的倾危感觉，谁还敢参与？所以说"危以动，则民不与"。

不仅动如此，言也如此。孔子说："不可与言而与之言失言。"说的是对说话的对象要有一定的了解。《系辞》的作者把孔子的思想推到了更高的程度："易其心而后语"，要了解到可以互相换心的程度。当然，易字也可以作另一种解释，就是更换位置，站在听者的立场想想，是否可以接受。如果不去换位置想，只图自己痛快，冲口而出，听者就会"惧而不应"，这是另一种解释。

在与人的交往中最该慎重的莫过于向人提出要求了。求人是一件不容易的事，所以要"定其交而后求"。交情尚未确定，或者虽然确定而没有一定的深度，随随便便提出，"则民不与也"。民，人也，他人之意。动、语、求三者都是有条件、有前提的，都必须慎重，否则，轻则于事不成，重则要摔大跟头，所以说"伤之者至矣"。

（三）《系辞》反映的儒家历史观

儒家是崇圣论者，他们的历史观自然是英雄史观，这点在《系辞传》中有着明确而系统的反映，但《系辞》表现的历史观又是和它的天道观、人道观紧密联系的，在作者的笔下，人类不断进步的历史就是人对客观事物不断加深认识的历史，是人类不断认识自然、适应自然、改造自然的历史。因为《系辞》是解释《易》的，故《系辞》又将人类的历史和《易》的产生与运用紧密结合了起来，《易》的形成就是人类文明史的写照。这些自然也是当时儒家的观点。

人类的文明史是从什么时候开始的呢？《系辞》的作者认为是从八卦的制作开始的。《系辞下》说："古者包牺氏之王天下也，仰则观象于天，俯则观法于地，观鸟兽之文与地之宜，近取诸身，远取诸物，于是始作八卦，以通神明之德，以类万物之情。"古代先民仰观俯察倒不一定是为了作八卦，但人对自然的认识确实是从"仰观俯察"开始的，其中提到的"观鸟兽之文与地之宜"，实际上是人从鸟兽的生活习性中琢磨出自己适应环境以生存的方法，后来的仿生学便出于此。

人类改造自然的第一大举措是火的利用。由于有了火，人类改变了自己的生活习性，同时也改变了对大自然的利用。《系辞下》说："作结绳而为罔罟，以佃以渔，盖取诸《离》。"离者火也，人类因为学会了捕鱼打猎，由以植物为食进而到以动物为食，继而由生食进到熟食，改进了食物结构和饮食方法，从而大大加速了人类自身的发展。《离》卦的形成，记录了人类进入到了渔猎时代，而且懂得了对火的利用。

继渔猎之后，农耕时代开始了，于是《系辞下》接着说："包牺氏没，神农氏作，斫木为耜，揉木为耒，耒耨之利，以教天下，盖取诸《益》。"《益》卦《震》下《巽》上。《震》是东方之卦，是太阳升起的地方。《说卦》指出："万物出乎《震》，《震》，东方也。齐乎《巽》，《巽》东南也。齐也者言万物之絜齐也。"万物何以出乎《震》？齐乎《巽》？因为其时斗柄指向东方，正是春天，是万物生长的时节。待斗柄指向东南方时，万物已经"絜齐"了。而东南方正是《巽》卦的方位。絜齐即整齐之意。这样一个象征春天到来、万物蓬勃生长的《益》卦的形成说明了什么呢？说明了春天对生活在中国这块土地上的人们有了特别的意义：一年的耕作开始了，其时社会进入了以神农氏炎帝开端的农耕时代。

农耕既兴，物资丰富，而人们生活也有了更多方面的要求，于是产品交换的行为出现，相传又是神农氏炎帝规定"日中为市"。《系辞下》接着写道："日中为市，致天下之民，聚天下之货，交易而退，各得其所，盖取诸《噬嗑》。"《易传·系辞》为了夸大《易》的作用，总是将历史颠倒着写，因为火的利用，有了渔猎、熟食而有《离》，《系辞》却说成先有了《离》然后才有渔猎熟食。因为有耒耜农耕才有《益》，《系辞》却说成因为有了《益》人们才知道农耕。《噬嗑》也一样。《噬嗑》是人类社会有了商品交换的历史记录，而不是人们从《噬嗑》中学会了商品交换。什么叫《噬嗑》？王弼注《周易》解释说："噬，啮也；嗑，合也。凡物之不亲，由有间也；物之不齐，由有过也。有间有过，啮而合之，所以通也。"《象辞》："颐中有物，曰《噬嗑》。"王注和《象辞》都是立足于口中有物这一形象解释的。口中有物，嘴巴必须闭着，所以说："嗑者合也"。反过来说，嘴巴闭着，而且鼓鼓囊囊地突出两颐，口里必定含着东西，所以说"颐中有物"。市场的作用在于"聚天下之货"，这就叫合，也叫嗑。再说墟市是吃喝所在，口福所生，人们从货物的聚散和"颐中有物"的吃喝创造了《噬嗑》。反过来说，《噬嗑》的形成，记录了商品交换的历史事实。

神农氏发明耒耜，人类进入农耕时代，完全改变了人的生活习性，是人类社会发展的一大转机。因为有了这个基础，所以继神农之后的黄帝、尧、舜才能大有作为。《系辞下》继续写道："神农氏没，黄帝、尧、舜氏作，通其变，使民不倦。神而化之，使民宜之。"黄帝、尧、舜"使民不倦"的结果，有了诸多发明创造。《系辞下》接连举了大量事实："黄帝、尧、舜垂衣裳而天下治，盖取诸《乾》、《坤》。刳木为舟，剡木为楫，舟楫之利，以济不通，致远以利天下，盖取诸《涣》。服牛乘马，引重致远，以利天下，盖取诸《随》。重门击柝以待暴客，盖取诸《豫》。断木为杵，掘地为臼，臼杵之利，万民以济，盖取诸《小过》。弦木为弧，剡木为矢，弧矢之利，以威天下，盖取诸《睽》。"所谓"垂衣裳"简单说就是穿着衣服。上衣为衣，下衣曰裳。衣服有了衣与裳的区别，是物质文明的一大发展。衣分上下体，于是反映到八卦上就有了《乾》、《坤》上体与下体的区别。乾、坤的上下体实际上也就是男女的上下体，这是"近取诸身"的实际运用。

乾、坤的另一概念是天高地卑，参之人事，于是产生了等级。也就是说由于社会出现了等级，才有了《乾》、《坤》二卦。乾、坤既定，人类社会有了尊卑等级，物质文明也有了极大的发展，人类对自然的认识逐步加深，诸多重大发明相继出现。"刳木为舟，剡木为楫"，于是济河致远的舟楫出现。舟是行在水上的，风催水促，速度甚快，于是人们据以创作了《涣》卦。《涣》卦《坎》下《巽》上，《坎》为水而《巽》为风，象风在水上。《象传》据以解释说："风行水上，《涣》。"所以，《涣》卦是有了舟楫之后的产物。

舟楫虽然便利，但它需要有江河湖港等水面作为前提。比起舟楫来，使牛驾马更加方便，随时可用，随地可用，于是人们有了"随"的概念，因而就构想了《随》卦。随者随也，随时之所宜也。

争夺本是人类获得生存条件的一种手段，社会虽然进步了，但强凌弱、众暴寡的现象仍然存在，于是人们琢磨出种种对付的办法。首先是防备："重门击柝，以待暴客，盖取诸《豫》。"一层门户不足以抵御，于是设置多层，谓之"重门"。门户还不保险，又派出人员于夜间巡防。巡防的目的在于及时给人们发出讯号，因而巡防者手击木柝，报人平安，于是就有了后来的巡夜更鼓。因为这些措施都是敌人到来之前采取的积极防御，人们从此就有了事先豫备的概念，《豫》卦也就因之产生了。

防备仅是在应敌过程中使自己不致于全然不知，有所准备，并不能使敌人不至，更不等于能够制敌，制敌还需要有更为积极、更加有效的措施，于是"弦木为弧，剡木为矢。弧矢之利以威天下，盖取诸《睽》。"为了对付敌人，发明了弓矢。弓矢可御寇，也可为寇；可以抵御别人的侵略，也可以侵略别人，但"圣人"发明的目的在于震慑强暴、安定社会，所以说"以威天下"。弓矢出现了，而且被广泛使用了，于是就有了《睽》卦记载的夜行者张弓搭箭，接连几场虚惊的生动故事。

神农以后，不仅物质文明有了重大发展，精神文明也有了长足的进步。"上古结绳而治，后世圣人易之以书契，百官以治，万民以察，盖取诸《夬》。"社会的进一步发展，文字出现了，改变了上古结绳记事的局面。由于有了文字，于是书契出现了，政律产生了，百官治理有了章程，百姓行为有了规范，万事有了决断。因而也就有了《夬》卦。

此外，《系辞下》还隐隐约约地提到了"礼"的产生。"古之葬者，厚衣之以薪，葬之中野，不封不树，丧期无数。后世圣人易之以棺椁，盖取诸《大过》。"以《大过》比丧礼虽然勉强，但后世"圣人"改上古之：不封不树为有封有树，标志着丧礼产生，于是人们开始有了具体的礼仪。

《系辞》述史，集中在下篇开头，从"古者包牺氏"至"盖取诸《夬》"，按朱熹章句，为下篇第二章，提到包牺氏、神农氏、黄帝、尧、舜等五人，乾、坤、舟楫等九事，叙事清楚，观点鲜明，有条不紊，保留了不少很有价值的上古史资料，为某些史学问题的聚讼提供了分辨真伪的依据。如神农与黄帝的关系问题，自《国语·晋语》提出"昔少典娶于有蟜氏，生黄帝、炎帝"以后，不少人视为定论，《系辞》却说"神农氏没，黄帝、尧、舜氏作"，明确提出神农和黄帝之间也和神农与包牺之间一样，是两个相去甚远的历史时代。《系辞》的成书虽然在《国语》之后，但却反映了孔子之后的儒家观点，应该是有一定依据的。

《系辞》述史，虽然条贯清楚，因为附会于卦，故不为史家重视，但只要透过表面的卦的迷雾，就其内容观点而言，确是一篇不可多得的史论。同时也从反面说明，《易》并非成于一时，更非出自一人之手。

（四）《系辞》反映的儒家方法论

《系辞传》因为有"形而上者谓之道，形而下者谓之器"之说，曾经受到人们的误解，以为它是反辩证法的"形而上学"。实际上它们完全是两类不同的事物，除了"形而上"三字相同而外，其他并无共同之处。"形而上者谓之道，形而下者谓之器"，表述的是三个不同的概念，即道、形、器，也就是物质形成的三个序列。道即"一阴一阳之谓道"的道，指的是气前无声无形但却已判分为阴阳的原始物体。"形"指初具形体的气，也就是儒家最爱引用的"太极"。"器"则指有形有质的物，而并不单指用器，故韩康伯解释说"成形曰器"。"形而上者谓之道，形而下者谓之器"实际上是承"是故易有太极，是生两仪"而来的，是对上文的总结。道就是所谓的"易"，形就是"太极"，器指天地万物，讲的是万物的变化，所以紧接着又说"化而裁之谓之变"。"化"是阴阳之道对宇宙万物的变化，"裁"指圣人对社会举措的裁决，无论是化是裁，都在变，所以"变"是《系辞传》思想的核心。这种思想方法虽然与以孔孟为代表的儒家有些距离，但与荀子的思想是非常接近的。

《系辞》发展变化的观点是相当彻底的。天地之所以为天地是发展变化的结果："在天成象，在地成形，变化见矣。"万物之所以为万物更是发展变化的结果："刚柔相摩，八卦相荡，鼓之以雷霆，润之以风雨，日月运行，一寒一暑，乾道成男，坤道成女，乾知大始，坤作成物。"不仅有形有质的物是发展变化的，无形无质的物也是发展变化的："精气为物，游魂为变，是以知鬼神之情状。"天地既是发展变化所成之物，更是促成他物发展变化之物："夫乾，其静也专，其动也直，是以大生焉；夫坤，其静也翕，其动也辟，是以广生焉。"天地"生"万物是生生不息、往来无穷的："阖户谓之坤，辟户谓之乾，一阖一辟谓之变，往来不穷谓之通，见乃谓之象，形乃谓之器。"天地间发展变化之物不仅是天上可见的"象"，地下成形的"器"，所有已成形的，未成形的，可见的，不可见的，无不在发展变化之中："天地絪缊，万物化醇；男女构精，万物化生。"

不仅一切自然现象是发展变化的，一切社会现象也是发展变化的，首先表现在历代"圣人"。圣人无不由无位到有位，又由有位到无位。

"包牺氏没神农氏作，神农氏没黄帝、尧、舜氏作"，一代交过一代，一代接过一代，任何人都不可能停止不动。不仅在位的人变，各代的"功业"也在变：包牺氏作，结绳以为网罟；神农氏作，为耒耜以教耕种；黄帝、尧、舜垂衣裳而治天下。概括历史的经验："穷则变，变则通，通则久。"人类的历史就是发展变化的历史。

"圣人"和他的事业是发展变化的，人的生命本身也是发展变化的，表现为生与死的交替："原始反终，故知死生之说。"生命表现为生与死的交替，而生命的过程又表现为祸与福的交替："吉凶悔吝者，生乎动者也"，没有永恒的吉，也没有永恒的凶。"危者安其位者也，亡者保其存者也，乱者有其治者也"，一切都在向其反面转化。

自然与社会都在变化，故概括自然与社会的《易》更是变化的总汇。《系辞下》说："《易》之为书也，广大悉备，有天道焉。有人道焉，有地道焉。兼三材而两之，故六。六者，非它也，三材之道也。道有变动，故曰爻；爻有等，故曰物；物相杂，故曰文；文不当，故吉凶生焉。"

或以为《系辞传》体现的发展变化观点"基本上是循环的"，没有什么真正的新事物出现，理由是《系辞下》说："日往则月来，月往则日来，日月相推而明生焉；寒往则暑来，暑往则寒来，寒暑相推而岁成焉。"其实这是误解，甚至是有意的曲解。一则《系辞》言发展变化并不限于日月交替、寒暑相推，如说万物之生："天地絪缊，万物化醇，男女构精，万物化生。"说万物之变："化而裁之谓之变。""穷则变，变则通，通则久。"说除旧布新："富有之谓大业，日新之谓盛德。"二则日月、寒暑也只是现象上的重复，因为日月、寒暑本身无时无刻不在变化，未来的寒暑绝不是已去寒暑的重复。

　　和发展变化的观点相联系，反映在《系辞传》中对应统一的观点更是非常突出。在作者的笔下，天地万物无一不是对应的统一。生成宇宙万物的原始物质本身就是对应统一的："一阴一阳之谓道。"宇宙化生之后是对应统一的："易有太极，是生两仪。"天地所处的位置是对应统一的："天尊地卑，乾坤定矣。"天地的性质是对应统一的："动静有常，刚柔断矣。"天地之间所有各物是对应统一的："方以类聚，物以群分，吉凶生矣。"万物的存在是对应统一的，万物的变化发展也是对应统一的："刚柔相摩，八卦相荡；鼓之以雷霆，润之以风雨。"没有刚柔不能相摩，没有八卦不能相荡，没有雷霆不能鼓动，没有风雨不能滋润，而没有相摩相荡，没有鼓动滋润就不可能变化发展。《系辞》的作者进而认为，没有对应统一就没有事物，而《易》的原理也全在这对应与统一之中，《系辞上》说："乾坤其《易》之缊邪？乾坤成列而《易》立乎其中矣，乾坤毁则无以见《易》；《易》不可见，则乾坤或几乎息矣。"缊者渊薮根本之谓，《易》理以乾坤为标志的对应统一为根本，对应统一没有了，因对应统一而形成的乾坤也就毁灭了；乾坤毁灭了，《易》理也就不存在了。反过来说，《易》理不存在了，乾坤也就没有了。

《系辞》讲对应统一还有一个特点，既从对应讲统一，又从统一讲对应。如"一阴一阳之谓道"，"一阖一辟谓之变"，"日月相推而明生焉……寒暑相推而岁成焉"，"天尊地卑，乾坤定矣；卑高以陈，贵贱位矣"，"是故爱恶相攻而吉凶生，远近相取而悔吝生"，都是从对应说统一。"是故易有太极，是生两仪，两仪生四象，四象生八卦，八卦定吉凶，吉凶生大业"是从统一讲对应。从对应讲统一时有"合二而一"之意，说的是任何事物都是由矛盾的对应物组成的。从统一讲对应时有"一分为二"之意，说的是任何事物都可以区分为两个对应面。但无论从对应讲统一，或者从统一讲对应，都是讲的同一事物的两个不同方面，其内在性质并无区别。

《系辞》讲对应的统一是有它规定的条件的，失去了条件，对应的双方就会发生转化，就会改变统一的性质。这个规定的条件就是"度"，就是"中"。《系辞下》说："其出入以度，外内使知惧。""度"是规定事物性质的，过"度"就会有危险，固而必须"知惧"。又说："二与四同功而异位，其善不同。二多誉，四多惧，近也。柔之为道，不利远者，其要无咎，其用柔中也。"二、四指一卦中的二爻和四爻，二、四都是阴位。虽然同是阴位，但"二"多美誉而"四"多恐惧，其原因是"四"距"五"太近，有些过度，而"二"正好居中。性柔而位中，所以"多誉"。这就警告人们无论处理什么事，都应注意度，哪怕是站立的位置，也要注意应该有的距离，否则就会产生"恐惧"，而这些在人们生活中，特别是政治生活中，又尤其在高级政治生活中是经常发生的。

阴不居中不好，阳不居中是否就好呢？也不好。《系辞上》说："亢龙有悔，子曰：贵而无位，高而无民，贤人在下位而无辅，是以动而有悔也。""亢龙有悔"是《乾》卦第六爻"上九"爻辞。《乾》卦第五爻是君位，如今到了第六爻，已经过度，所以说"贵而无位"，"是以动而有悔也"。可见阳也是不能过度的，过度同样有悔。

卦爻不能过度，人事就更不能过度了。《系辞下》说："德薄而位尊，知小而谋大，力小而任重，鲜不及矣。《易》曰：'鼎折足，覆公餗，其形渥，凶。'言不胜其任也。"德与位，智与谋，力与任，相互间都有一定的量的规定，一定的德只能居一定的位，一定的智慧只能筹划出一定的谋略，而一定的力气只能负担一定的重量，过量就要出事，所以说"鲜不及矣"。

大事如此，小事也是如此。《系辞上》说："《易》曰：负且乘，致寇至。负也者，小人之事也；乘也者，君子之器也。小人而乘君子之器，盗思夺之矣。上慢下暴，盗思伐之矣。慢藏诲盗，冶容诲淫。《易》曰：负且乘，致寇至，盗之招也。"强盗是人人必须防备的，但这个背着包袱又骑着马的人不仅未能备盗，反而招来了强盗，原因是他的行为反常，超过了应有的"度"。如果只背包袱不骑马，强盗会以为他是没有钱的"小人"，不加注意。如果只骑马不背包袱，又以为他虽然是有钱的"君子"，但不一定带着钱，也不会太注意。如今既背包袱又骑马，行为反常，是有意掩饰，肯定有钱，于是强盗就下手了。以此推之，居上位的人平易是必要的，但不能失之轻慢。在下位的人严肃一点也是可以的，但不能形成暴戾，轻慢、暴戾都是过"度"，都要出事。与之相类似，钱财看得轻一些是好的，但如果过于随便，不予收藏，就会诱发他人的偷盗心理。女人适当的梳妆是必要的，但过于讲究，无端打扮得花枝招展，无异在勾引男人。"慢藏诲盗，冶容诲淫"，是对不注意"度"与"中"而产生恶果的生动比喻，是儒者们经常引用的格言。

《系辞》的作者还认为，对应双方虽然可以互相转化，但只要控制在一定限度内，转化的结果并不影响统一物的性质。《系辞下》说："往者屈也，来者信（伸）也；屈信相感而利生焉。尺蠖之屈，以求信也；龙蛇之蛰，以存身也；精义入神，以致用也；利用安身，以崇德也。过此以往，未之或知也。"尺蠖按一定的幅度屈伸是为了前进；

龙蛇在一定的时间内潜伏不动是为了保存生命。研究精微的义理是为了致用，考虑一定的物质利益使之能够安身，是为了增进自己的道德修养。"过此以往，未之或知也"，超过了应有的限度，性质就变了，事物就会向反面转化，前进成了倒退，存生成了毁生，致用成了无用，增进道德就成了蜕化变质。《系辞》所有这些思想，与儒家的另一经典《中庸》是完全一致的。

（五）《系辞》中义理与象数的关系

《系辞》虽然着重文、字二义，但《周易》是和象数分不开的，故《系辞》不能不涉及象数。《系辞》关于象数方面的记载主要有两个方面，一是关于成卦的方法，一是关于变卦的原则。《系辞》说："大衍之数五十，其用四十有九。分而为二以象两，挂一以象三。揲之以四以象四时，归奇于扐以象闰。五岁再闰，故再扐而后挂。""是故四营而成易，十有八变而成卦。"

"五十"指占卦时所用蓍草的根数（蓍草后世改用筹策）。为什么五十而只用四十九？《系辞》本身没有解释，后世诸儒解说不一，有说得很玄的，也有说得比较实的。说得最实的要数后汉荀爽了。荀爽认为：《周易》八卦，每卦六爻，六八四十八；加《乾》、《坤》，共五十。《乾》卦第一爻"潜龙勿用"，既然勿用，所以去一，只用四十九。此说虽则简单明了，但实在勉强，因为有六爻的不是八卦，而是六十四重卦，作为《周易》基础的八卦又并无六爻。何以只用四十九，虽然解释不一，但操作是一致的，历来占卦虽然备有五十，而实际只用四十九根。

"分而为二以象两"，在理论上以"太极生两仪"为依据，实则是将四十九根筹策随手分作两份。"挂一以象三"以下一连五句都是讲的成卦的方法，但十分含混。如按《系辞》说的机械操作，无法成卦。然而实际上并不复杂。将四十九根筹策先挑出一根放在一边，即所谓挂一，既起记数作用，又起奇偶数的调节作用，然后随手分作两份。先拿过左边一份，四根四根地分数，即所谓"揲之以四以象四时"，将分数所得放在一边，最后剩下的无论多少，弃置不用。左边数完，再数右边，将所得与左边数得的放在一起，剩余照例弃置不用。左右两份数完，两次所得归于一处，第一演算便告结束。接着是第二次演算开始。将前面两次数得的筹策握在手中，从中抽出一策放在挂一的地方，再随手分作两份，按上面的方法分数，直至数完。第三次演算时将第二次演算所得合在一起，从中抽出一策放在一开始"挂一"的地方，再随手分开，直至分数完毕。

三演算结束，其结果必然是以下各数之一：或三十六，或三十二，或二十八，或二十四。然后以四去除，其商或九，或八，或七，或六。如果是九、是七，便记作阳爻"—"，如果是八、是六，便记作阴爻"——"。于是一爻出来了。一个重卦是六爻，每爻得演算三次，三六一十八，所以说"十八变而成卦"。这种演算法便是著名的"《周易》大衍筮法"。

《系辞》在提出"大衍之数五十，其用四十有九"的同时又提出了天数、地数之说："天数二十有五，地数三十，凡天地之数五十有五，此所以成变化而行鬼神也。"所谓"天地之数"指的是十以内各数。从一到十，单数（奇数）为阳，即天数；双数（偶数）为阴，即地数。一、三、五、七、九为天数，其和为二十五，所以说"天数二十有五"。二、四、六、八、十为地数，其和为三十，所以说"地数三十"。两个数字加起来，其和为五十五，所以说"凡天地之数五十有五"。因为《系辞》有"此所以成变化而行鬼神"的话，所以一般以天地之数减六爻各商数之和以求变爻。

或以为自"大衍之数"以下一节是窜入之篇，不属《系辞》内容，实则不然。我们知道，除符号体系的伏羲易外，带卦爻辞的《周易》本是卜筮之书，尽管《易传》将它提到了系统理论的高度，但不可能完全不保留它原来的面目；如果完全改变了它的本色，也就不叫《易传》。而且历来"玩"《易》的人不仅玩味它的义理，同时也玩味它的象数，借象数的偶然性以补充自己的逻辑思维。故《系辞》的作者借孔子的话总结《易》的功用说："《易》有圣人之道四焉：以言者尚其辞，以动者尚其变，以制器者尚其象，以卜筮者尚其占。"四者指的是言辞之用、义理之用、制器之用和占卜之用。四者之中除"制器者尚其象"是历史的颠倒外，其他都是实际存在的，是题中应有之义。

五、阐述天道、地道与人道的《说卦传》

《说卦传》顾名思义就是为八卦立说之传。《周易正义》解释说："《说卦》者陈说八卦之德业变化及法象所为也。孔子以伏羲画八卦，后重为六十四卦。八卦为六十四卦之本，前《系辞》中略明八卦小成，引而伸之，触类而长之，天下之能事毕矣。"六十四卦以八卦为本，本立而后枝干立，故《说卦》要集中解说"八卦之德业变化及法象"。然则八卦的德业和法象又包括了哪些呢？《说卦》开篇就说："昔者圣人之作《易》也，幽赞于神明而生蓍，参天两地而倚数，观变于阴阳而立卦，发挥于刚柔而生爻，和顺于道德而理于义，穷理尽性，以至于命。"从具体的蓍到抽象的数，从气的阴阳到性的刚柔，从义理道德到生命始末，举凡宇宙间各种道理和现象，无不包括在内。故《说卦》接着说："昔者圣人之作《易》也，将以顺性命之理，是以立天之道，曰阴与阳；立地之道，曰柔与刚；立人之道，曰仁与义。兼三才而两之，故《易》六画而成卦；分阴分阳，迭用柔刚，故《易》六位而成章。"

"圣人"当年如何构想出八卦，我们无从知道，《易》的卦爻辞也未作任何有关的说明，但通过《说卦》作者这番精到的解说，以八卦为基本内容的《易》确乎是一个"与天地准"的无比巨大的思想体系，天道、地道、人道尽在其中，而且又显得那样自然，那样有章有序，使你不能不信。传统的说法以为《易传》是孔子所作，自然不可信，但它必定出自以孔子为代表的儒家之手，因为只有儒家才有这样立天、立地、立人的雄伟思想，才有那种"举而错之天下之民"的非凡气魄。

六合之内，事物万千，何者最贵？《说卦》的作者举出了三项：天、地、人！在上为天，在下为地，其中为人，各有分疆。无限大的天从什么角度才能说明它的特点呢？无所不有的地，什么才是它的本质呢？人之所以为人，其基本点又在哪里呢？要说明这样的问题，实非易事，而作者却仅用阴阳、柔刚、仁义六字，轻松地作了回答。现象也确实如此，天有阴晴，月有圆缺，白天黑夜，寒来暑往，无不是阴阳交替，故无阴无阳就不成天。地上事物甚多，而最多莫过山和水，山是硬的，水是柔的，山刚水柔。不仅山水，其他所有事物门类甚多，非刚柔无以概括，当今的所谓软件、硬件分类就是例子。故有刚有柔才成地。和无阴阳不成天，无刚柔不成地一样，无仁义就不叫人。"立人之道曰仁与义"，是把仁义作为人的本质特点来考虑的，故其反命题便是无仁与义非人，把无仁无义的人排除在人的范围之外。无仁无义便不叫人，自然不够全面，但这仅是提倡仁义的儒家质而言之的说法，是一个以儒家的价值观为取向的特殊命题。

要解释清楚天道、地道与人道本来不易，而要将三项解释有机地联系起来就更难了，《说卦》的作者做到了这点，阴阳、柔刚、仁义不但分别解释了天道、地道和人道，而且三者又互相贯通。天道的阴阳反映在地道就是柔刚，反映在人道就是仁义，这就是《系辞上》说的"一阴一阳之谓道，继之者善也"的具体化。人继天道之阴阳以成性，这个性的本质就是仁义。生生之谓仁，成之之谓义，天生地成，故仁又可理解为天道，义又可理解为地道，仁与义比较，仁是主要的，所以仁又为阳，义又为阴。这样由天到地，由地到人，一而贯之，八卦的原理也就全在其中了，八卦的三爻是代表天地人三才的。单卦不足以尽事，所以要"兼三才而两之，故《易》六画而成卦"。有了六画，表示物多了，不仅能分阴阳，而且能在内部以二、四为阴，三、五为阳，所以说"迭用"。这个合天地人于一、合八卦与人事于一的庞大思想体系，竟能在几十字的短文中鲜明而深刻地体现出来，难怪历来注家都要反复强调此篇是孔子为了"备说重卦之由及八卦所为之象"而作了。

上面说的全是"重卦之由"，以下才是"八卦之象"。比起解说重卦之由的份量来，八卦之象就显得浅薄多了，而且颇多牵强，但也有它自己的体系。《说卦》总论八卦之象说："雷以动之，风以散之，雨以润之，日以烜之，《艮》以止之，《兑》以说之，《乾》以君之，《坤》以藏之。"

《震》为雷，雷主动；《巽》为风，风主散；《坎》为水，水主润；《离》为火，能给人温暖，故主干；《艮》为山，山是不动之物，故主止；《兑》为泽，为口，为少女，少女是人生最欢乐的时期，故主悦（"说"同"悦"），因为是口，所以也主言说之说；《乾》为天，主宰一切；《坤》为地，收藏一切。这样，八卦的基本卦象和卦德也就具备了。

这些某卦为某物的人为配属，尽管有着相当程度的穿凿，但相互间却也能构成一个比较完整的体系。《说卦》进一步发挥说："动万物者莫疾乎雷，桡万物者莫疾乎风，燥万物者莫熯乎火，说万物者莫说乎泽，润万物者莫润乎水，终万物始万物者莫盛乎《艮》。故水火相逮，雷风不相悖，山泽通气，然后能变化，既成万物也。"说明这种配属不是随意的，而是选取了宇宙间几种对促成万物生长变化最起作用的物质，从而构成了天地运转的体系，也构成了八卦运转的体系。

《说卦》不仅以八卦类比自然，使其分别代表各种不同的物质，同时还以八卦类比家庭，使各卦分别代表家庭的不同成员，"《乾》天也，故称乎父。《坤》地也，故称乎母。《震》一索而得男，故谓之长男。《巽》一索而得女，故谓之长女。《坎》再索后得男，故谓之中男。《离》再索而得女，故谓之中女。《艮》三索而得男，故谓之少男。《兑》三索而得女，故谓之少女。"一索再索，分别指阴爻或阳爻居于第一或第二位。通过这样的类比，《乾》天

《坤》地的自然序位进入了家庭，从而更加巩固了《乾》父《坤》母的人伦关系。

六、借序卦以序人伦的《序卦传》

《序卦》是一篇企图从人伦事理角度解释六十四卦排列秩序的文字，虽不免牵强，但也在一定程度上说明了各卦彼此间的关系，而这些关系，又在相当大的程度上体现了儒家的人伦思想。如在解释《屯》、《蒙》、《需》、《讼》、《师》、《比》诸卦之间的关系说："有天地然后万物生焉。盈天地之间者唯万物，故受之以《屯》。屯者盈也；屯者物之始生也。"有天地然后生万物，在顺序上是承前面的《乾》、《坤》二卦而来的，在宇宙万物生成的序列关系上也大致合理，因为地球上的各物种都是在天地形成之后才有的。万物始生之谓屯，故《屯》卦紧承《乾》、《坤》之后。万物既生，宇宙间充满了生机，所以又说"屯者盈也"。说的是万物的起源（不含天地），而人类也自然在其中了。又说："物生必蒙……《蒙》者蒙也，物之稚也，物稚不可不养也，故受之以《需》。"暗弱幼小之谓蒙，《蒙》卦指的是人、物生长的幼小阶段，所以说"《蒙》者蒙也"。无论是人或是动物，既然在幼小阶段，就必须抚养，"故受之以《需》"。"养"与"需"之间是什么关系呢？《序卦》接着说："《需》者饮食之道也。"《需》被解作饮食之道，根据在于《需》卦《象辞》："云上于天，需，君子以饮食宴乐。"饮食是人所必须的，因为都必须，于是就产生了争夺。"饮食必有讼，故受之以《讼》"。讼者争也。不仅争吃的，而且争用的，争一切有使用价值的；不仅一人争，而且多人争，甚至结成团伙争。为了争夺的胜利，自然是参加的人越多越好，所以"讼必有众起，故受之以《师》"。师者众也，反映了争夺的规模。

参与争夺的人也不是无缘无故的，或为亲朋戚友，或因利害相关，必有一定的关系，所以《序卦》接着又说："师者众也，众必有所比，故受之以《比》。"比者亲也，人各亲其所亲，于是固定的群体出现，人类社会开始形成了，也开始复杂了。

这个由天地到万物，由物的始生到人的始生，由生命本能到生存竞争，由个体到群体的卦与卦之间的关系，使我们看到了自人类出现到人类社会形成的大体线索。这个线索告诉人们，社会形成了，纷争四起了，迫切需要调整和治理，所以紧接着就是起过渡作用的《小畜》，然后就是《履》。履者礼也，礼治是儒家的宗旨，而这个宗旨不是儒家自己主观确定的，它被解释为社会发展的必然，"天生丞民，作之君，作之师"，非如此社会就不能维持，更不能发展。

六十四卦由《乾》而《坤》，由《坤》而《屯》，由《屯》而《蒙》，由《蒙》而《需》，由《需》而《讼》，由《讼》而《师》，由《师》而《比》，由《比》而《小畜》，继而《履》的排列次序不管最初的排列者出于什么目的，但经《序卦》如此说明解释，确乎有了它内在的逻辑关系，而这种关系正是儒家所需要的，也许卦序的排列者原本就是《序卦》的作者。

明儒王夫之认为《序卦》"非圣人之书"，理由之一就是"有天地而后万物生焉"的提法不合圣人思想。王夫之在《周易外传·序卦传》中说了一大堆关于"阴阳之往来无淹待而向背无吝留"的道理之后肯定地说："天地不先，万物不后，而《序传》曰'有天地而后万物生焉'，则未有万物之前先有天地，以留而以待也，是以知《序卦》非圣人之书也。"王夫之认为天地万物都被概括在《乾》《坤》之中，《乾》、《坤》就是一切，一切就是《乾》、《坤》，所以说"天地不先，万物不后"。其实这仅是对《易》理的冥想，而决不是事实。如果不先有天地，这万物又生在何处？我们认为，《序卦》当然不是"圣人"自己所作，但确实是为圣人而作的，因而是"圣人之书"。

《序卦》也按《易经》分上下经而分前后两部分，前一部分主要讲社会构成，后一部分主要讲社会伦理。后一部分开篇便说："有天地然后有万物，有万物然后有男女，有男女然后有夫妇，有夫妇然后有父子，有父子然后有君臣，有君臣然后有上下，有上下然后礼义有所错（措）。"这里尽管"万物"和"男女"之间的序列关系有些混淆，但自

"有男女"以下各顺序的排列是非常有道理的。"有男女然后有夫妇",尽管人类从"有男女"到"有夫妇"经过了无法知道的漫长年代,但夫妇毕竟产生在有"男女"之后,而且它又是构成封建伦理的第一块基石。"有夫妇然后有父子"的父子表面看来似乎十分平常,但作为封建根基的宗法正出自父子关系的嫡、庶,它是夫妇关系的发展,更是君臣关系的缘由。有了君臣便有了上下,有了上下便有了等级差别,既有等差而又要使社会安定,于是"礼义"就派上了用场。

这个以夫妇做为基点的解说,实质上是对《咸》卦的解说。韩康伯于此作注说:"言《咸》卦之义也。凡《序卦》所明,非《易》之缊也。盖因卦之次托以明义。《咸》柔上而刚下,感应以相与,夫妇之象,莫美乎斯。人伦之道,莫大乎夫妇,故夫子殷勤深述其义,以崇人伦之始,而不系之于《离》也。先儒以《乾》至《离》为上经,天道也;《咸》至《未济》为下经,人事也。夫《易》六画成卦,三材必备,错综天、人以效变化,岂有天道、人事偏于上下哉?斯盖守文而不求义,失之远矣。"

韩康伯关于"人伦之道莫大于夫妇"的议论是很有见地的。因为《序卦》原文未分章节,紧接上文"《离》者丽也"而来,而自"有天地"起直至"然后礼义有所错(措)",全文又未提及《咸》卦,人们容易误会为仍在解释《离》卦,所以有"而不系之于《离》也"的话。原文是这样的"坎者陷也，陷必有所丽，故受之以《离》。离者丽也。有天地然后有万物，有万物然后有男女……"

《序卦》解释《咸》卦而不指明《咸》卦，是为了要在体例上与《乾》、《坤》保持一致。因为上篇是从《乾》、《坤》之解《屯》、《蒙》起端的，所以下篇从《咸》后的《恒》卦开始，而不直接提出《咸》卦。《序卦》接着说："夫妇之道，不可以不久也，故受之以《恒》。恒者久也，物不可以久居其所，故受之以《遁》。遁者退也，物不可以终遁，故受之以《大壮》。物不可以终壮，故受之以《晋》。晋者进也，进必有所伤，故受之以《明夷》。夷者伤也，伤于外者必反于家，故受之以《家人》。家道穷必乖，故受之以《睽》。睽者乖也，乖必有难，故受之以《蹇》。蹇者难也，物不可以终难，故受之以《解》。解者缓也，缓必有所失，故受之以《损》。损而不已必益，故受之以《益》。"这段文字从写夫妇之道的《咸》卦出发，至《恒》，至《遁》，至《大壮》，至《晋》，至《明夷》，至《家人》，至《睽》，至《蹇》，至《解》，至《损》，至《益》，以及后面的《夬》《姤》接连十三卦，都在围绕着夫妇关系这个"人伦之始"作文章。夫妇关系是不可不长久的，所以"受之以《恒》"。夫妻因朝夕相处，不可能没有矛盾，关系也不可能始终停留在起始的热点上，所谓"物不可以久居其所"。出现这种情况，首先做丈夫的应该高姿态，作某些退让。"故受之以《遁》"但退让也有限度，丈夫的尊严不能全丢了,"故受之以《大壮》"。大丈夫能屈能伸,该迁就的还得迁就,"故受之以《晋》"。《晋》卦是扶阴抑阳的卦,"晋"得过度,就会造成伤害,"故受之以《明夷》"。但家毕竟是家。在外面受到伤害还得靠家庭的温暖来安慰,"故受之以《家人》"。家有家的原则,失去了原则就会发生问题,乃至产生婚变,不能不引起警惕,"故受之以《睽》"。婚变不一定发生,但矛盾总是难免,"故受之以《蹇》"。有矛盾必须解决,至少要使矛盾缓和,"故受之以《解》"。缓和矛盾必须有一方作出让步,对让步的一方来说可能有些损失,"故受之以《损》"。一方有损失,另一方就得利,"故受之以《益》"。受益的一方必须适可而止,如果争强没完,就会造成关系破裂,"故受之以《夬》"。万一破裂也没关系,还可以遇到更适合的,"故受之以《姤》"。通过这样十几个连环结的解说,夫妻间可能出现的种种情况和问题,无一不在其中。一个家庭能事先注意这些,自然就"齐"了,"家齐而后国治,国治而后天下平",儒家的目的也就达到了。从排列卦序的解说智慧,反映了易学对儒学建构与发展的理论贡献。

七、坚持对应统一的《杂卦传》

什么叫《杂卦》?韩康伯解释说:"杂卦者杂揉众卦,错综其义,或以同相类,或以异相明也。"它的特点在于提供了一套不同于《序卦》卦序的排列次序，按卦义的相同相反来阐明《易》理。因为相同的背面是相反，而相反的背面又是相同，故《杂卦》揭示的全是反映在《周易》诸卦之间对应统一的关系。明儒王夫之在《周易内传·杂卦传》中说："《周易》六十四卦，为三十二对耦之旨也，而《传》为言，其性情功效之别焉。"王氏此说既得《周易》之旨，更得《杂卦》之要。

《杂卦》的"杂"，是《系辞》"六爻相杂"之义。《杂卦》就是讲杂爻成卦的一首卦义歌。它的卦序据研究与原卦爻辞有一致性，恐是更为原始的易卦序（见拙作《杂卦卦序论》，载《易学心知》，华夏出版社 1995 年 5 月第 1 版）。

《杂卦》开篇说："《乾》刚《坤》柔，《比》乐《师》忧。《临》、《观》之义，或与或求。"《杂卦》在这里一连揭露了三种对应关系：刚和柔的对应，乐和忧的对应，与和求的对应。《乾》天《坤》地，两者的地位是对应的。一刚一柔，性质是对应统一的。而《乾》、《坤》在次序排列上又是相邻的卦。《比》乐《师》忧说的是《比》卦和《师》卦的对应。《比》卦和《师》卦构成了一对。比者亲也，师者众也，一亲一众又如何成了一乐一忧呢？这是从卦义的相互制约的关系提出的问题。比者亲也，指有人亲近或亲近别人。无论是有人亲近或者亲近别人，都是好事，能给生活带来乐趣，给事业带来帮助。但"比"也得有节制，不能发展到"师"的程度。"师"者众也，众动曰师，如若因"比"而成"师"，小则聚众斗殴，大则联军伐国，于是《比》的快乐没有了，带来的是《师》的忧患。"师"为什么一定会"忧"呢？《师》卦六五爻辞说："长子帅师，弟子舆尸，贞凶！"

"与"与"求"是社会生活中常见的现象，也是人们不可避免的社会行为。人不可能不要别人的帮助，故不可无求。也不应当不帮助别人，故不能无与。"与"是奉献，是付出；"求"是索取，是回报，二者是对应的。要索取就必须奉献，有了奉献才有可能索取，所以二者又是统一的。儒家提倡"仁"，仁者爱人，爱就是奉献，虽然奉献的反面是回报，但儒家并不提倡索取，却用"义"来对自己进行约束，因为儒家追求的理想人格是"圣"。当然，热心奉献的人会得到社会的回报，所以孔子说"德不孤，必有邻"。

《乾》、《坤》、《比》、《师》、《临》、《观》不仅是卦义相对，而且卦体也是相对的。《乾》卦上下都是《乾》（☰），《坤》卦上下都是《坤》（☷）全体相对。《比》卦《坤》下《坎》上（䷇），《师》卦《坎》下《坤》上（䷆）半体相对。《临》卦《兑》下《坤》上（䷒），《观》卦《坤》下《巽》上（䷓），半体相对。故王夫之论《杂卦》多从卦体的异同出发。

人们认识事物，贵在发现事物的苗头，以把握事物向有利的方面发展。故《杂卦》抓住《震》、《艮》、《损》、

《益》的卦象和卦义解释说："《震》起也，《艮》止也；《损》《益》盛衰之始也。"

《震》卦的卦体是《震》下《震》上（☳），《震》是两阴一阳，阳在两阴之下。论地位，阳比阴低；论力量，阳比阴小，然而它是阳，是新兴发展中的力量，最后必定起而代之，所以说"起也"。《艮》卦卦体《艮》下《艮》上（☶）一阳在上，两阴在下。阴的势力正旺，但已经遇到了阳的阻遏，虽然只是单阳，然而他是新兴的势力，是发展中的势力，最后必能阻止阴的前进，所以说"止也"。

与《震》、《艮》属于同类现象，《损》与《益》则是盛衰的开始，所不同的是《震》、《艮》是借卦象来表示，而《损》、《益》则是通过卦义来说明的。损者减也，益者增也。一个庞大的物体一天减去一点半点算不了什么，然而却标志着衰败的开始，与之相反，一个很小的物体一天增加一点半点也算不了什么，然而却标志着强盛的开始。一盛一衰，起于微末，促人警醒。以修身而论，莫以善小而不为，莫以恶小而勿去。以事业而论，立志须早，行事及时，"莫等闲白了少年头"，都是儒者的箴言。

《杂卦》揭示的不仅有上述小组式的矛盾对应，而且还有集群性的大组合，如："《咸》，速也；《恒》，久也。《涣》，离也；《节》，止也。《解》，缓也；《蹇》，难也。《睽》，外也；《家人》，内也。《否》、《泰》，反其类也。《大壮》则止；《遁》则退也。《大有》，众也；《同人》，亲也。《革》，去故也；《鼎》，取新也。《小过》，过也；《中孚》，信也。《丰》，多故也；亲寡，《旅》也。《离》上而《坎》下也。"这里一连举出了十对相关的矛盾，很能说明《易》的底蕴，更能说明儒家用《易》的奥妙。《咸》者感也。世间事物，无论物理或者人情，以感应为最速，所以说"《咸》速也"。但快还必须耐久，否则快也无用，所以接着就是"《恒》，恒者久也"，弥补了快的不足。《涣》有离散之义，所以说"《涣》，离也"，离散不是好事，故有《节》加以控制，所以又说"《节》止也"。《解》有延缓调和之意，所以说"《解》，缓也"；但任何缓解只能管一时，而不能管长久，问题仍将发生，而《解》的旁边便是《蹇》，所以又说"《蹇》，难也"。《睽》因二女同居，有外向之象，所以说"《睽》，外也"；有外必有内，而挨着《睽》的是《家人》，"《家人》，内也"。有《否》主凶，便有《泰》主吉，所以说"《否》、《泰》反其类也"。《大壮》者大而且壮，说明有人得势；有人得势必然有人失势，故《大壮》之后是《遁》卦，遁者逃也，说明得势前就有人失势。君子得势必是小人失势，小人得势又必是君子失势。所以说"《大壮》则止，《遁》则退也"。有《大有》必有《同人》，因为《大有》主众，《同人》主亲；无亲不可能有众。《革》与《鼎》是新旧构成的矛盾，除旧才能布新，故有《革》才有《鼎》，所以说："《革》去故也，《鼎》取新也。"《丰》与《旅》是多寡构成的矛盾。《丰》

不是好卦："丰其屋，蔀其家；窥其户，阒其无人，三岁不觌，凶。"关门闭户，三年不见人影，自然有凶无吉了。何以致此呢？可能有多种事故。所以说"《丰》，多故也。"与之相反"亲寡，《旅》也。"出门在外谓之旅，何以要离家寄居外地呢？亲少之故。这就告诉人们：片面求多不是好事，《丰》卦就是一例。那么一味求少就一定是好事吗？也不是，《旅》卦又是一例。要言之，不能一概而论，该多时求多，该少时求少，这就是具体事物具体分析。

八、仁与易——《易传》儒家思想的深层透视

仁与易是儒家借《易传》演示其儒学思想体系的两个内涵极为深广的范畴。"仁"主实际而"易"较空泛。在儒家思想中，仁是人本主义的立论根本。从政治理想说，它是通向大同世界的思想基础；从社会伦理说，它是沟通人际关系的教化手段；从个人修养说，它是成贤成圣的必备条件。而从普通生物学角度说，仁又是生长存活的一种标志。仁的概念尽管存在于《易传》之前，但在理论上却被儒者们附会于《易传》，因而它又是易学的一个重要组成部分。

（一）仁是易的派生物

要弄清楚仁与易的关系，必须先说清楚什么叫易。然

则什么叫"易",或者说"易"究竟是什么呢？对于这个问题，古来不少学人作过探讨。唐人孔颖达众采各家观点撰《周易正义》，作"八论"置于卷首，其中第一论便是《论易之三名》，举出了汉代盛行的"易含三义"之说。《易纬·易乾凿度》："易者，易也，变易也，不易也。"郑玄亦说："易一名而含三义，易简，一也；变易，二也；不易，三也。"其实这些都是来自《易传》的思想。《系辞上》："乾以易知，坤以简能。易则易知，简则易从。"《系辞下》说："夫乾确然，示人易矣；夫坤隤然，示人简矣。"天在地之上，地在天之下，天覆而地载，简单明了，故有简易之说。《系辞下》又说："易之为书也不可远，为道也屡迁，变动不居，周流六虚，上下无常，刚柔相易，不可为典要，唯变所适。"于是又有了变易之说。《系辞上》开篇便宣布："天尊地卑，乾坤定矣；卑高以陈，贵贱位矣。"据此又有了不可改变的"不易"之说。以上三说，各有分疆，简易之易主要就其辞义说的，变易之易主要是从卦义说的，而不变之易主要是从维护社会等第、秩序的教义（社会教化）说的。

孔颖达虽然列举了三义，但并不赞成其说，觉得这样讲太肤浅，他从他"新新不停、生生相续"的变化观解释说："盖易之三义，唯在于有，然有从无出，理则包无，故《乾凿度》云：夫有形者生于无形，则乾坤安从而生？故有太易，有太初，有太始，有太素。太易者未见气也，太初者气之始也，太始者形之始也，太素者质之始也。气、形、质具而未相离谓之浑沌，浑沌者言万物相浑沌而未相离也。视之不见，听之不闻，循之不得，故曰易也。"孔颖达认为，"易"是宇宙的本原，是物质世界的起始，是宇宙生成过程中"视之不见，听之不闻，循之不得"的气前阶段（浑沌阶段），是一个切切实实的哲学范畴。但这个范畴的内涵又不止于宇宙生成，故孔颖达接着又说："盖以圣人作《易》，本以垂教，教之所备，本备于有，故《系辞》云：形而上者谓之道，道即无也；形而下者谓之器，器即有也，故以无言之存乎道体，以有言之存乎器用，以变化言之存乎其神，以生成言之存乎其易，以真言之存乎其性，以邪言之存乎其情，以气言之存乎阴阳，以质言之存乎爻象，以教言之存乎精义，以人言之存乎景行，此等是也。"于是由道到器，由神到性，到气之阴阳，卦之爻象，教之精义，人之楷模，都被囊括在易的概念之中了。孔颖达甚至还说："且易者象也，物无不可象也。"无不可象，也就是无物不可入易，于是天下各物全都进入了易的范畴。

其实孔颖达引用《乾凿度》的这些思想还是来自《易传》。《系辞上》说："是故易有太极，是生两仪，两仪生四象，四象生八卦，八卦定吉凶，吉凶生大业。"《易传》认为，天地之前有太极，太极之前有易，"易"是天地万物的本原。《乾凿度》据此将宇宙生成的过程划分为未见气的太易阶段、始见气的太初阶段、有形物质开始的太始阶段。

气之始实质上也是有形之始，所以，太初、太始实际上只相当《易传》的太极，而太易也就是《易传》所说的"易"。这样，"易"就不仅是个名称，而且是个实实在在的物了；不仅是宇宙万物的物质本原，也是八卦爻象等精神本原了。这些虽然是为了提高易和卦爻地位而构想成的理论，但既把物质（气前的物质）看作宇宙万物的本原，而这个本原就名之曰"易"，八卦则是易的派生物，这样建构的理论也就有几分逻辑性了。

　　"易"既是宇宙万物的本原，八卦是易的派生物，作为思想范畴的仁，自然也是易的派生物了。《系辞上》说："一阴一阳之谓道。继之者善也；成之者性也。仁者见之谓之仁，知者见之谓之知。百姓日用而不知，故君子之道鲜矣。"根据《系辞》的这个说法，仁与知都是"道"的派生物，是"道"的善的本质的继承和发展。然则"道"又是什么呢？韩康伯解释说："道者何？无之称也，无不通也，无不由也，况之曰道。"按照韩康伯的解释，道就是无，也就是无形的、一切物质由此发展的物质，之所以称之为道，仅是一种比喻，"况之"而已。这样，"道"与被称之为"太易"的气前物质的易，也就可以划等号了。所以说仁与知是"道"的派生物，实际上也就是"易"的派生物。因为有了"一阴一阳之谓道，继之者善也，成之者性也，仁者见之谓之仁，知者见之谓之知"的系统表述，仁与知都出于"道"在理论上也就算确立了。

　　这里需要指出的是关于见仁与见知（智）的"见"字问题。见在这里不是看见的见，而是显露之意，即体现、表现之现。韩康伯曾于句下作注说："仁者资道以见其仁，知者资道以见其知，各尽其分。""见其仁"即表现其仁。只是韩康伯说得比较含浑，而且与《易传》的原义稍有出入。从"继之者善也"的语气看，《易传》的原意是：仁者因道以见其仁，知者因道以见其知。也就是说，仁者因为继承了道的仁的方面才成其仁，知者因为继承了道的知的方面才成其知，是先有了道的仁、知而后有人的仁、知，而不是相反。

　　仁之于道（也就是易），不仅是继承与被继承的关系，而且是表现与被表现的关系。继承就仁的性质而言，表现则就仁的功用而言。《系辞上》在紧承"百姓日用而不知，故君子之道鲜矣"之后说："显诸仁，藏诸用。""显"与"藏"都省去了主语，它们的主语同是上句的道。如果把句子说完全，应该是"道显诸仁而藏诸用"。也就是说，道的善的本质显露于仁而藏之于百姓之用。因为"百姓日用而不知"，所以说"藏"。"藏"是相对于"显"来说的，而藏与显都是就继道之善而言的。这继道之善通过仁来概括、来体现，通过用而存在，而归藏，而无论是藏是显，都是善，都是仁。于是仁与善划上了等号，仁就是善，善就是仁，来源于一阴一阳之道。

（二）仁对易的范畴的拓广

前面提到，仁是儒家人本主义的立论根本，儒家的许多理论都从这个核心范畴出发，因而内涵至为广大。然则什么叫仁呢？

仁是对他人的诚挚关怀和无私帮助。"樊迟问仁，子曰：爱人。"（《论语·颜渊》）"泛爱众，而亲仁。"（《论语·学而》）"夫仁者，己欲立，而立人；己欲达，而达人。"（《论语·雍也》）"己所不欲，勿施于人。"（《论语·颜渊》）"仁者以其所爱及其所不爱，不仁者以其所不爱及其所爱。"（《孟子·尽心》）"仁者无不爱也。"（《孟子·尽心》）

仁是对善恶的正确区分。"子曰：唯仁者，能好人，能恶人。"（《论语·里仁》）"子曰：人之过也，各于其党；观过，斯知仁矣。"（《论语·里仁》）"子曰：不仁者不可以久处约，不可以长处乐。"（《论语·里仁》）

仁是自我修养的过程与标的。"君子去仁，恶乎成名？君子无终食之间违仁，造次必于是，颠沛必于是。"（《论语·里仁》）"颜渊问仁，子曰：克己复礼为仁，一日克己复礼，天下归仁焉。为仁由己，而由人乎哉？颜渊曰：请问其目。子曰：非礼勿视，非礼勿听，非礼勿言，非礼勿动。"（《论语·颜渊》）"子曰：我未见好仁者，恶不仁者。好仁者，无以尚之；恶不仁者，其为仁也，不使不仁者加诸乎其身。有能一日用力于仁矣乎？我未见力不足者。"（《论语·里仁》）"子曰：仁远乎哉？我欲仁，斯仁至矣。"（《论语·述而》）"志士仁人，无求生以害仁，有杀身以成仁！"（《孟子·卫灵公》）

仁是朴实无华的本质和庄重严谨的态度。"子曰：刚毅木讷，近仁。"（《论语·子路》）"巧言令色，鲜矣仁。"（《论语·学而》）"司马牛问仁，子曰：仁者其言也讱。曰：其言也讱乎？《论语·颜渊》）仲弓问仁，子曰：出门如见大宾，使民如承大祭。"（《论语·颜渊》）"子张问仁于孔子，孔子曰：能行五者于天下，为仁矣。请问之，曰：恭、宽、信、敏、惠。恭则不侮，宽则得众，信则人任焉，敏则有功，惠则足以使人。"（《论语·阳货》）"樊迟问仁，子曰：居处恭，执事敬，与人忠，虽之夷狄，不可弃也。"（《论语·子路》）

仁是不可战胜的精神力量。"子曰：知者不惑，仁者不忧，勇者不惧。"（《论语·子罕》）"知者乐水，仁者乐山。知者动，仁者静。知者乐，仁者寿。"（《论语·雍也》"仁人无敌于天下！以至仁成至不仁，而何其血流杵也。"（《孟子·尽心》）"孟子曰：不仁而得国者有之矣，不仁而得天下者，未之有也。"（《孟子·尽心》）

在《易传》的思想体系中，仁虽然是"易"的派生物，但由于仁的内涵的深广，又极大地拓宽了易的范畴。就《易传》本身反映出来的便有以下诸方面：

第一，仁使"三道"并立，使单卦与重卦的形成有了比较合逻辑的解释。《易传·说卦》："昔者圣人之作易也，将以顺性命之理，是以立天之道，曰阴与阳；立地之道，曰柔与刚；立人之道，曰仁与义。兼三才而两之，故易六画而成卦。分阴分阳，迭用柔刚，故易六位而成章。"因为仁是继善而来的，所以在气为阳，在物为刚，在人为仁，它既是继天道阴阳、地道柔刚的承接物，又是人道仁义的独立体。没有仁便没有义，没有仁义就反映不出人道，没有人道就构不成"三才"，构不成三才八卦便不好解释，八卦作不出合理的解释重卦就缺乏理论上的依据，整个卦、爻的组合就成了一堆杂乱的偶然现象。所以，仁被拉入易的范畴，弥补了易与卦、爻在理论上的不足。

第二，仁赋予易以生生不息的功能。"易"的本义是蜥蜴。《说文》："易，蜥易，蝘蜓，守宫也。象形。《祕书》说：日月为易，象阴阳也。"并在"蝘"字条下说："在壁曰蝘蜓，在草曰晰易。"段玉裁引《尔雅》等经籍解释说："《释鱼》曰：荣源、蜥易、蜥蜴、蝘蜓，守宫也。秦、晋、西夏谓之守宫，或谓之蚗蝪，或谓之蜥蜴。其在泽中者谓之易蜥，南楚谓之蛇医，或谓之荣源。易本蜥易，语言假借而难易之义出焉。郑氏赞易曰：易之为名也，一言而函三义，简易一也，变易二也，不易三也。按易、象二字，皆古以语言假借立名，如象即像似之像也。《祕书》谓《纬书》、《参同契》曰：日月为易，刚柔相当。陆氏德明引虞翻注《参同契》云：易字从日，下月。谓上从日象阳，下从月象阴。《纬书》说字，多言形而非其义。此虽近理，要非六书之本，然下体亦非月也。"我们之所以要引《说文》并段氏这条长注，意在说明"易"本来就是指蜥易，并无他义。在《周易》经文中找不出任何关于易的解释，且整部《易经》除了《大壮》六五爻辞有"丧羊于易"和《旅》卦上九爻辞有"丧牛于易"两处出现易字外，其他不见有易字，而这两处易字明显是地名。可知有关易的种种解释均起自《易传》，而《易传》之所以赋予易有生生不息的功能，就是因为在理论上通过"一阴一阳之谓道"的一系列演绎，构成了易与道等、道与善等、善与仁等的逻辑关系，而仁本身具有生义，果核中具有生命的部分均叫仁，如桃仁、杏仁。于是"生生之谓易"的命题也就自然形成了。《系辞上》在"显诸仁、藏诸用"之下接着写道："富有之谓大业，日新之谓盛德，生生之谓易，成象之谓乾，效法之谓坤，极数知来之谓占，通变之谓事，阴阳不测之谓神。""生生之谓易"成了"成象之谓乾，效法之谓坤"等一连串按易道自身逻辑构成的特殊命题的重要组成部分。

第三，仁使易的思想更趋于人事化、政治化。如《周易》第一卦乾卦卦辞："元亨利贞"，语义本来十分含浑。而《易传·文言》将善、仁等思想引入，据人事解释说："元者善之长也，亨者嘉之会也，利者义之和也，贞者事之干也。君子体仁，足以长人，嘉会足以合礼，利物足以和义，贞固足以干事。君子行此四德者，故曰乾元亨利贞。"《文言》以"善长"解元，以"嘉会"解亨，以"义和"解利，以"干事"解贞，而"善长"等均植根于仁，故曰"君子体仁，足以长人"。仁是诸德的基础。《周易正义》解释说："凡天地运化，自然而尔。因无而生有也，无为而自为。天本无心，岂造元亨利贞之德也？天本无名，岂造元亨利贞之名也？但圣人以人事托之，谓此自然之功为天之四德，垂教于下，使后代圣人法天之所为，故立天四德以设教也。"《周易正义》以为四德都是天德，而天德是什么呢？无非"因无而生有，无为而自为"，也就是生生不息。换句话说，天德也就是仁德，天心也就是仁心。《系辞下》说："天地之大德曰生。"

仁是天心天德，更是人心人德，实际上是儒者们根据自己学说的需要赋予天以心德。这样，天与人沟通了起来，与一切代表天、象征天的事物沟通了起来，凡言天事都可附会于人，而言人事又可上升到天。而无论人事天事，都直接间接与仁有关，大凡居仁则吉，违仁则凶。如《文言·乾》解初九爻辞："子曰：龙德而隐者也。不易乎世，不成乎名，遁世无闷，不见是而无闷；乐则行之，忧则违之，确乎其不可拔，潜龙也。"这样的"潜龙"实际上就是大仁大智的隐者。解九二爻辞则说："君子学以聚之，问以辩之，宽以居之，仁以行之。《易》曰：见龙在田，利见大人，君德也。"君德最关键的条件是"仁以行之"。解上九爻辞则说："亢龙有悔，何谓也？子曰：贵而无位，高而无民，贤人在下位而无辅，是以动而有悔也。"亢龙之所以动而有悔，实际上是其违仁的结果。因为不仁，所以才无位、无民、无辅。孤家寡人，因此动而有悔。

仁在《周易》中不仅被视为一种至关重要的德行，而且也被视为王者的一种重要政治手段。《系辞下》说："天地之大德曰生，圣人之大宝曰位。何以守位曰仁，何以聚人曰财。""生"是天地之大德，"位"是圣人之大宝，《系辞》的作者把象征权力的"位"提高到了与天地大德并列的地位。其所以如此，是因为权力有着与天地等同的力量。但天地生物之德是本身具有的，而体现权力之位则是社会赋予的，所以就有一个得位和守位的问题。得位不一定要仁，大多是武力夺取，但武力夺取的权力是无法用武力守护的，所以说"何以守位曰仁"。"仁"在这里成了政治家的一种手段，一种受欢迎的手段。

在儒家的思想体系中，仁不仅是政治家的手段，更是政治家的目的，因为儒家的最终目的是要实现世界大同，而最能概括大同世界本质的，就是这个"仁"字，因为在那里充满了人与人的友爱关系，充满了社会的和谐气氛，充满了生生不息的人类与万物的生机。《易传·系辞上》说："是故形而上者谓之道，形而下者谓之器，化而裁之谓之变，推而行之谓之通，举而错（措）之天下之民谓之事业。"这里，"举而错（措）之"的自然是"形而上者"之道，作为政治手段来说也就是仁，因为只有仁才能"错（措）之天下之民"，使天下之民受利而不受害，而这正是儒者们毕生追求的"事业"。儒家最终的目的就是行仁政于天下，故"仁"既是儒家的政治手段，同时又是政治目的，而易道也因此更趋于人事化、政治化。

第十讲
"孔门心法"的易理之源

《大学》与《中庸》虽只是《礼记》中的两篇，却是儒家的重要经典，南宋朱熹将它们与《论语》、《孟子》合成《四书》之后，其地位更加突出，既是儒家诸经的普及读物，也是诸经的代表作。《大学》相传是孔门弟子曾参所作，《中庸》相传为子思所作，其实它们都是战国末期才最终成文的作品，是儒家大量吸收易学思想的产物。

一、关于《大学》

《大学》即大人之学，讲的是修身、齐家、治国、平天下的大道理，通篇引《诗》、《书》立论，终篇不见《易经》、《易传》一字，但它的思想脉络却来自《易经》与《易传》，是纳易学入儒学、用易学思想充实儒家思想并使之融为一体的典范。《大学》开篇写道："《大学》之道，在明明德，在亲民，在止于至善。知止而后有定，定而后能静，静而后能安，安而后能虑，虑而后能得。物有本末，事有终始，知所先后，则近道矣。"这是《大学》全文的提要，也是全文的纲领。也就是三项任务，或谓之三大纲领：明明德，亲（新）民，达到社会的至善。如何完成，要有先有后，而且举出了人们在思考过程中不能先后相混的几个层次。前者是目的，后者是方法，全文围绕明明德、新民、止于至善展开，层层推进，次第分明，结构严密。

"明德"一词出自《周书·康诰》。成王平管叔、蔡叔之乱，封其弟康叔于卫，作《康诰》以示警策。诰文开篇说："王若曰：孟侯，朕其弟，小子封。惟乃丕显考文王，克明德慎罚，不敢侮鳏寡。"封是康叔的名字，诰文以成王的口气称封为小子，并告诫他说："你的祖父文王，最能明德慎罚，不敢欺侮鳏寡弱民。"这里的德是王者的德性，也就是美德，也是在《尚书》中多次出现的"俊德"。"克明德"即能够彰明美德，也就是能够发扬好的德行。"明德"不是一个词，而是一个动宾式短语。在《大学》的思想范畴里，在"明明德"的特定语言环境里，"明德"的性质就完全不一样了，它已经不再是动宾式名词词组，成了动宾式的名词，不是一般性的名词，而是赋予了特殊内容的哲学范畴，指的是天生的美德，也就是后世所说的天性、良知。所谓"明明德"，就是要彰明人类这种天生的美德。如何彰明呢？《大学》紧接上文阐述说："古之欲明明德于天下者，先治其国；欲治其国者，先齐其家；欲齐其家者，先修其身；欲修其身者，先正其心；欲正其心者，先诚其意；欲诚其意者，先致其知；致知在格物。物格而后知至，知至而后意诚，意诚而后心正，心正而后身修，身修而后家齐，家齐而后国治，国治而后天下平。"《大学》的作者在这里进行了正反两个方面的论证，无论是由大至小还是由小至大，要"明明德"于天下必须经过八个层次，也就是所谓的"八条目"。由大至小，条目之间反映的是条件关系：平天下必先治国，治国必先齐家，齐家必先修身，修身必先正心，正心必先诚意，诚意必先致知，致知必先格物。由小至大，条目之间反映的是因果关系：格物而后知致，知致而后意诚，意诚而后心正，心正而后身修，身修而后家齐，家齐而后国治，国治而后天下平。条目之间脉络清楚，无论是由大至小的条件关系，或者是由小至大的因果关系，剖析深刻，逻辑严密。然而它并非儒家固有的思想而是来自于《易经》和《易传》。

我们首先来看"明德"。上面已经提到，"明德"在这里是人天生的美德，也就是天性、良知，这个概念在《尚书》中，也就是在先王的典籍中，并不存在。孔子的言论集《论语》中虽然提到"性与天道"，但"性与天道"究竟是什么，没有回答。《论语·公冶长》记子贡的话说："夫子之文章，可得而闻也；夫子之言性与天道，不可得而闻也。"这话本来就有矛盾，夫子既然谈了性与天道，以子贡之亲近，又为何"不可得而闻也"呢？想必是压根儿未曾谈过。因为孔子根本没有直接谈论过性与天道，所以他的性与天道观也就不为弟子所闻了。这也不足为怪，孔子及其所祖述的先王都只有简单的天命观，而没有深入事物本质的性与天道观。人们对性与天道的认识来源于《易经》，引伸发挥于《易传》。

《周易·乾卦》："乾，元亨利贞。"《彖传》解释说："大哉乾元，万物资始，乃统天。"又说："乾道变化，各正性命。"于是天的形成得到解释：它是元气积累所成，是乾道变化所至。《系辞》补充解释乾道的变化说："在天成象，在地成形，变化见矣。"于是不仅有了头上的天，而且有了脚下的地。然则乾道又是如何变化，造成万物的呢？《系辞》具体解释说："是故刚柔相摩，八卦相荡。鼓之以雷霆，润之以风雨。日月运行，一寒一暑。乾道成男，坤道成女。乾知大始，坤作成物。"原来作成万物的不仅是乾道，还有它的伙伴坤道，就像一男一女结合繁衍后代一样。但乾坤毕竟不是雌雄二物，而是阴阳二性。二性相形才构成道，所以《系辞》又说："一阴一阳之谓道。"这道也就是天地开辟前的元气，是孳生万物的"乾元"。它是至善至美的，也是至大至刚的。因为它本身的至善至美，所以因它形成的万物都是天造地设，至为精当的。人是万物之一，所以人的本性是善良的，故《系辞》接着又说："继之者善也，成之者性也，仁者见之谓之仁，知者见之谓之知。"于是就有了人们的"性与天道"观。《大学》的作者提出大学任务首位的"明明德"，就是要彰明这种继"道"而来的人们善良的本性。

《大学》的作者是一位出色的善于吸取他人优点长处的

高人，然而又是一位颇有门户之见的传统儒家。分明是汲取易学的思想，却要托古立论，硬说是"古之欲明明德于天下者"，似乎这"明德"的概念自古就有的。为了证明这点，作者还在章末接连举出三个例证："康诰曰：'克明德'；太甲曰：'顾諟天之明命'；帝典曰：'克明俊德'，皆自明也。"三个例证要说明什么问题呢？作者总括说："皆自明也"，说的是自我彰明，而并非在说"明德"，也就是说只解释了"明明德"的第一个作动词用的"明"字，而并未说明"明德"。既然连"明德"的内容尚未确立，彰明也就无从谈起了。而且"太甲曰：顾諟（是）天之明命"并无彰明之义，可见作者是勉为其说的。

至于"八条目"更非先王旧制。作者连勉强的例证也未能举出。其实，探究事物的原微，发始于《易》。《易传·系辞》说："夫《易》圣人之所以极深研几也。"《易》才是"极深研几"的学问。极深研几，寻本探源，是需要功夫的，要持之以恒，日夜不懈，《周易》经文作了暗示。《乾》卦九三爻辞说："君子终日乾乾，夕惕若，厉无咎。"《易传·文言》托孔子解释说："九三曰，君子终日乾乾，夕惕若，厉无咎，何谓也？子曰：君子进德修业。忠信，所以进德也；修辞立其诚，所以居业也。知至至之，可与几也；知终终之，可与存义也。是故居上位而不骄，在下位而不忧，故乾乾因其时而惕，虽危无咎也。"知至至之，知终终之，就是"极深研几"的具体化。因为有了"极深研几"的思想，于是，有了"欲平天下必先治其国，欲治其国必先齐其家，欲齐其家必先修其身，欲修其身必先正其心，欲正其心必先诚其意，欲诚其意必先致其知，致知在格物"的极深研几的论说。所以，《大学》三大纲领之首的"明明德"，不仅内容来自易学，其具体方法同样来自易学。

再谈纲领之二：在亲（新）民。何谓新民？顾名思义，新民就是要刷新民众的思想。《大学》的作者于此未作具体发挥，只引了几段《尚书》和《诗经》的话作为例证："汤之盘铭曰：苟日新，日日新，又日新。康诰曰：作新民。诗曰：周虽旧邦，其命维新。"盘铭说的是貌新，是因洗澡引出的。康诰说的是人新，指的是对殷民的处置，带有改造之意，《诗》所说的是政新，指的是文王兴起的新政。三例说的都是一个"新"字，但三例并不说明先王就有改造社会、刷新民众的思想，连最接近改造意义的康诰所谓的"作新民"，也不过是让商朝的遗民能服从周人的统治，作周的顺民，门庭改变罢了，并不带有社会和人的思想的深层次的改变。真正鼓吹社会变革的思想，还是来自《周易》。这点我们在上一讲中已经论及，这里需要补充的是关于《革》卦和《鼎》卦的内涵。《鼎》《革》两卦虽然没有任何明说除旧布新的文字，但它们的卦名和卦象却明确地标榜着图新弃旧，故《易传·杂卦》一针见血地指出："《革》去故也，《鼎》取新也。"所以，《大学》"在新民"的新，词句虽然取自《诗》、《书》，但深层的思想仍然来源于《易》。

《大学》的所谓三大纲领，实际上只有两条，第三条的"止于至善"是对"明明德"与"新民"的要求，这里不加阐述。

二、关于《中庸》

《中庸》是儒家又一重要经典，从方法论的角度看，它的价值远远超过《大学》。程颐说："此篇乃孔门传授心法，子思恐其久而差也，故笔之于书，以授孟子。其书始言一理，中散为万事，末复合为一理；放之则弥六合，卷之则退藏于密，其味无穷，皆实学也。"子思（公元前483～前402年），即孔伋孔子之孙，他是战国初人，相传《中庸》为子思所作。但就其内容考察，此书不可能成于《易传》之前，至少是同时代的作品。而且"孔门心法"的说法也不确切，因为孔子当时还没有这样深刻系统的思想。为了弥缝其中的矛盾，朱熹作《中庸章句序》时将其加以虚化，不提孔子，并将这种"心法"的由来上推至尧舜。朱熹说："《中庸》何为而作也？子思子忧道学之失其传而作也。盖自上古圣人，继天立极，而道统之传有自来矣。其见于经，则'允执厥中'者，尧之所以授舜也。'人心惟危，道心惟微，惟精惟一，允执厥中'者，舜之所以授禹也。尧之一言，至矣尽矣，而舜复益之以三言者，则所以明夫尧之一言，必如是而后可庶几也。"朱熹这段话，将程颐的"孔门心法"虚化为上古圣人之道统，而且具体寻到了这一道统的源头，源头就是"其见于经，则'允执厥中'者，尧之所以授舜也"。"允执厥中"倒也有此一语，但不在《尚书》的《尧典》，却在《论语》。《论语·尧曰》："尧曰：咨尔舜，天之历数在尔躬，允执其中，四海困穷，天禄永终。"奇怪的是这话出现在孔子及他的弟子们的言论集中，却不见孔子及其弟子对此有任何评论，可见孔子根本没有见过这段话。由此可知，关于中庸的道统、心法，与孔子无关。至于"人心惟危，道心惟微，惟精惟一，允执厥中"，虽然警策深刻，但却出自《大禹谟》，而《大禹谟》是公认的伪《尚书》，不足为据。这样，有关中庸的心法道统，就不得不另寻源头了。为了能更好地追本溯源，我们先对《中庸》的主要内容作个介绍。

《中庸》通篇的主旨是论中和，认为中和是性，中和是道，中和是宇宙的本来状态。人的可告，就在于能中和；政教的作用，就在于致中和。故《中庸》开篇便道："天命之谓性，率性之谓道，修道之谓教。"这必修之道是什么呢？《中庸》的作者写道："喜怒哀乐之未发谓之中，发而皆中节谓之和。中也者，天下之大本也；和也者，天下之达道也。"中为本，和为道，合而言之"中和"就是道，而且是达道。

"中和"又有分合之谓，合而言之指一种高度和谐的境界，一种十分完美的境界。"致中和，天地位焉，万物育焉。"分而言之，"中"指思想方法，而"和"则指在这种思想指导下的行为效果。《中庸》说："喜怒哀乐未发谓之中，发而皆中节谓之和。"可知"中"的本身并非喜怒哀乐，而是指对喜怒哀乐的持中状态，就是说对喜怒哀乐等情欲要有一个适中的度的控制，过度的喜不叫喜，过度的乐也不叫乐。朱熹注释说："喜怒哀乐，情也；其未发，则性也。无所偏倚，故谓之中。"性即本性，本来的状态，也就是本身固有的质和量。对喜怒哀乐能按应有状态掌握，无所偏倚，这就叫"中"，平时能持中，一旦表现出来，就能中节，这就叫和。因为效果的"和"决定于方法的"中"，所以程颐解释中庸一词说："不偏之谓中，不易之谓庸。"不易说的是不可更易，不是别的不可更改，而是"中"的原则的不可更易。

《中庸》既是以致"中和"为目的，但如何才能致中和呢？《中庸》提到的大致包括以下几个方面：

其一，至诚无妄的心态。《中庸》说："唯天下至诚，为能经纶天下之大经，立天下之大本，知天地之化育。"《中庸》的作者认为，想问题，看问题，处理问题，要想能"中"，首先要诚。不仅要诚，而且要"至诚"。只有至诚，才能立天下之大本，经纶天下的大事业。什么原因呢？《中庸》说："唯天下至诚，为能尽其性；能尽其性，则能尽人之性；能尽人之性，则能尽物之性；能尽物之性，则可以赞天地之化育；可以赞天地之化育，则可以与天地参矣。"与天地参就是与天地并列为三，说的是人的思想品德智能的无比高尚。这种无比高尚的境界是逐步达到的，而关键的一步，就是要"至诚"，因为只有至诚，才能充分发挥自己固有的天性，也就是天地无私之性，能尽自己之性就能尽他人之性，能尽人之性就能尽物之性，能尽物之性就能参与天地化育。当然这仅是作者的推理，不一定全是事实，作者据此立论而已。

至诚虽然可以推而至"赞天地之化育"，但主要的功夫还是诚己，故《中庸》说："诚者自成也，而道自道也。诚者物之终始，不诚无物，是故君子诚之为贵。"这里的"诚"也就是《文言》"修辞立其诚"的"诚"，不过《中庸》的作者将它提到了更高的高度。诚者实也，所有物都是一种客观存在，而凡是存在物都有它的实体，有它的实有性，这种实有的性质就叫"诚"，所以说"不诚无物"。人是一种存在物，有它的实体，有它的实有性，不诚就等于否定了自己的这个实体，所以"君子诚之为贵"。诚的反面是不实，所以朱熹解释说："故人之心一有不实，则虽有所为亦如无有，而君子必以诚为贵也。"

儒家的宗旨是修身齐家治国平天下，"诚己"虽然是诚的主要功夫，但却不是目的，所以《中庸》又说："诚者，非自成己而已也，所以成物也。成己，仁也；成物，知也。性之德也，合外内之道也，故时措之宜也。"

因为"成己"的目的是为了"成物"，而物又是无限的，所以"诚"的任务也就成了无限。《中庸》接着说："故至诚无息不息则久，久则征，征则悠远，悠远则博厚，博厚则高明。"随着"诚"的不断深化，随着"成物"的不断扩大，诚的主体的道德修养也日益增进，由博而厚，由博厚而高明。"博厚配地，高明配天"，于是"与天地参"的境界达到了。

因为诚是客观物质的属性，所以"诚"本身是一种天道，也就是一种天性，人能充分发挥之，熟练地运用它，也就成了人道。《中庸》说："诚者天之道也，诚之者人之道也。诚者不勉而中，不思而得，从容中道，圣人也。诚之者择善而固执之者也。""诚者"就修养境界而言，人修养到了至诚的程度，就能不勉而中，不思而得，从容中道，"中和"的目的也就达到了。"诚之者"就修养过程而言。那么，诚的修养主要有哪些过程呢？《中庸》说："博学之，审问之，慎思之，明辨之，笃行之。"提出了学、问、思、辨、行五字，而且分别提出学必博、问必审、思必慎、辨必明、行必笃的要求。审、慎、笃是个态度问题，只要认真、刻苦，也就不难做到。但博学和明辨不光是态度，主要是个下功夫的问题了，所以《中庸》说："人一能之己百之，人十能之己千之。果能此道矣，虽愚必明，虽柔必强。"人的资质、体力是不一样的，有强有弱，但有了这种己百己千的精神，也就无不可至了。这就肯定每一个人都可以"致中和"，只要有心。

诚的反面是伪，所以"至诚"还得与欺伪作斗争，不但不能欺人，也不能欺心。《中庸》说："忠恕，违道不远。施诸己而不愿，亦勿施于人。"尽己之心为忠，推己及人为恕。能忠能恕，也就距中庸之道不远了。然则哪些东西是忠恕呢？《中庸》举了一个最为浅显的例子："施诸己而不愿，亦勿施于人。"凡事都能设身处地为他人着想，凡不愿加在自己头上的，决不强加在他人头上。这样，人间就多了许多理解，增长了许多"中和"的气氛。

施诸己而不愿勿施于人，是至诚无伪的一个方面，要求别人做到的自己首先做到，则是至诚无伪的另一方面。《中庸》的作者借孔子的口说："君子之道四，丘未能一焉。所求乎子以事父，未能也；所求乎臣以事君，未能也；所求乎弟以事兄，未能也；所求乎朋友先施之，未能也。"要求别人是容易的，口使令指就可以了，但要把对别人的要求反求诸己，要求儿子对自己作到的首先自己对父亲做到，要求下级做到的首先对自己的上级做到，就很不容易了，连无所不能的孔子也说"丘未能一焉"。而这种推己及人，反躬自问的思想作风，正是人品的伟大和崇高所在。

这种要求人和反诸己的关系从某个角度说又是言与行的关系。《中庸》认为，行不敢不勉，而言语则不敢尽。《中庸》说："庸德之行，庸言之谨，有所不足，不敢不勉；有余，不敢尽。"言与行不仅有个如何对待的问题，更有个彼此关系的问题。《中庸》说："言顾行，行顾言，君子胡不慥慥尔。"言语的时候要顾及自己的行动，行动的时候要顾及自己的言语，要使两者一致，而不能使两者脱离。不仅不能脱离，而且要使其"慥慥"，深厚笃实，这才称得上君子。

《中庸》的主旨虽然讲"中和"，强调不偏不倚，无过无不及，但讲"至诚"却违背了自己的宗旨，一味强调

"诚"的深度，"至"的极度，甚至说："至诚之道，可以前知。国家将兴，必有祯祥；国家将亡，必有妖孽。见乎蓍龟，动乎四体。祸福将至，善，必先知之；不善，必先知之，故至诚如神。"既然"见乎蓍龟，动乎四体"，于是又回到了占卜，与《易》汇合了。

其二，从实际出发的原则。《中庸》强调的一个重要原则是从实际出发，从自己所处的境地出发，从日常生活的琐事出发。《中庸》说："君子素其位而行，不愿乎其外。"素的原本之意指的是什么呢？朱熹解释说："素，犹现在也。"

"君子"行事，必须从现实的情况出发，不能有外慕之心："素富贵行乎富贵，素贫贱行乎贫贱，素夷狄行乎夷狄，素患难行乎患难，君子无入而不自得焉。"就是说人处在富贵的地位就按富贵者的情况行事，处在贫困的境地就按贫困者的情况行事，处在不开化的夷蛮之地就按夷蛮的情况行事，处在患难的境地就按患难中的情况行事，一切从实际出发，不外求，不幻想，不眼高手低，这样才"无入而不自得"。在有阶级的社会里，人们所处的地位是不可能同等的，所以《中庸》又说："在上位不陵下，在下位不援上，正己而不求于人，则无怨。上不怨天，下不尤人。故君子居易以俟命，小人行险以侥幸。"所谓从实际出发就是从自己所处的实际环境出发，不作人为的拔高，不搞硬性的助长。在上位不凌下以立威，在下位不援上以附势，一切顺其自然，不怨天，不尤人，这样就无时不心地和平。

不能持中的小人则不是这样，不考虑自己的实际情况，冒险行事，以期侥幸取胜。即使偶尔达到目的，也是身心憔悴，离中庸甚远。

从实际出发，必须从低处着眼，从小处着手。《中庸》说："君子之道，辟如行远，必自迩；辟如登高，必自卑。"不管你要走多远，无论千里万里，都是从身边的第一步开始的；不管爬多高，都是要从最低的第一级开始的。那么，中庸的运用究竟应该从哪些地方开始呢？《中庸》引《诗》及孔子的话说："《诗》曰：妻子好合，如鼓瑟琴；兄弟既翕，和乐且耽。宜尔室家，乐尔妻帑。子曰：父母其顺矣乎！"从调整家庭关系开始。夫妻之间，如鼓瑟琴；兄弟之间，和乐且耽。再加上对父母的孝顺，一个家庭也就臻于"中和"了。

从实际出发除了空间的实际，还有时间的实际。《中庸》说："君子之中庸也，君子而时中。"所谓时中，一是随时而中，指的是时时处处无所不中。一是因时而中，指的是与时俱进，适应事物的发展变化。《中庸》借孔子的口说："子曰：愚而好自用，贱而好自专，生乎今之世，反古之道，如此者灾及其身者也。"这里说了三种实际，其中一种就是时间的实际。才能的实际、地位的实际都是要考虑的，但才力不足而自用，权力不足好自专，这样的毛病好发现，也好克服，因为它毕竟只是一种个人行为。惟有"生乎今之世，反古之道"往往是有理论体系支撑的，其行为往往是一种思潮，一股势力，所以危害必就更大，要克服也就更难，更需要警惕。

其三，行而不倦的精神。《中庸》的"致中和"表现的是一种行为规范，一种在实践中体现的原则，所以特别强调"行"。《中庸》举舜的事迹发挥说："子曰：舜其大知也与！舜好问而好察迩言，隐恶而扬善，执其两端，用其中于民，其斯以为舜乎？"《中庸》的作者认为，舜之所以为舜是因为他坚持中庸之道。他注意调查研究，倾听周围意见，而且能隐恶扬善。对听来的意见善于分析，排除左右两个极端，就其中最合实际者，取而用之。朱熹对此注释道："盖凡物皆有两端，如小大厚薄之类，于善之中，又执其两端而量度以取中，然后用之，则其择之审而行之至矣。然非在我之权度，精切不差，何以与此？此知之所以无过不及，而道之所以行也。"朱熹的注释虽然自相矛盾的，但却也是非平见。其量度的取中，无过不及，应该是对的，但联系到"凡物皆有两端，执其两端而量度以取中"，则取的似是两端的平均值，这就不对了。从《中庸》"喜怒哀乐之未发谓之中"的定义看，"中"指的是喜怒哀乐本身具有的量，也就是朱熹解释的性，并不是与"两端"相对比的中，因为既然未发，就无所谓"两端"。可知《中庸》的"中"与亚里士多德的 mesotes（指舍两极端而执其中的"中道"、"适中"美德）是不同的。

《中庸》强调实践，不仅在实践中运用"中庸"，而且要在实践中学习"中庸"。运用要像舜一样，"执其两端，用其中于民"，至于学习，《中庸》举出了另外一个典型，这就是颜回。《中庸》说："子曰：回之为人也，择乎中庸，得一善，则拳拳服膺，而弗失之矣。"所谓择乎中庸，就是善于选择，选取那些最精当的，真理性最强的，也就是反映了事物本质的"中庸"，拳拳服膺，使之成为己有。颜回一生就是这样做的。这就告诉人们，在学习、工作和生活中遇到的很多东西都是有偏激的，没有反映事物本质的，所以要善于选择。选择不是选那些哗众取宠的，显赫一时的，更不是人云亦云的，而应该是不偏不倚，无过无不及，真实反映了事物本质的。

为要把握"中庸"，一则要学；二则要行；学则能知，行则能成。但知和行都是需要付出代价的。《中庸》说："或生而知之，或学而知之，或困而知之，及其知之一也。或安而行之，或利而行之，或勉强而行之，及其成功一也。"《中庸》在这里特别强调学与行的重要，无论何种人，无论何种情况，只要坚持学习，就能"知"。无论何种人，也无论何种情况，只要坚持实践，就能成功。朱熹作注说："盖人性虽无不善，而气禀有不同者，故闻道有蚤莫（早暮），行道有难易，然能自强不息，则其至一也。吕氏曰：所入之途虽异，而所至之域则同，此所以为'中庸'。若乃企生知安行之资，为不可几及；轻困知勉行，谓不能有成，此道之所以不明不行也。"朱熹认为，人的天赋不同，所以学、行的难易有别。吕氏的论述更为深刻：如果人们只希望自己能生而知之不肯力学，希望能安而行之不能困勉，则中庸永远只能是理论意义上的中庸，而不能为人所用，所以说"此道之所以不明不行也。"

中庸的实践，无论对己对人，无论家庭社会，其原则精神都是一致的。《中庸》说："天下之达道五，所以行之者三。曰：君臣也，父子也，夫妇也，昆弟也，朋友之交也。五者，天下之达道也。知、仁、勇三者，天下之达德也，所以行之者一也。"天下之达道五，是外向的，对家庭社会而言的；天下之达德三，是内向的，对自己而言的。无论内向外向，对人对己，原则是一样的，"所以行之者一也。"

不仅普遍人如此，一国之君，天下之主，也不例外。《中庸》说："凡为天下国家有九经，曰：修身也，尊贤也，亲亲也，敬大臣也，体群臣也，子庶民也，来百工也，柔远人也，怀诸侯也……凡为天下国家有九经，所以行之者一也。"

其四，无过不及的思想方法。"中庸"是客观存在的规律，人的思想必须遵循这一规律，而不能须臾偏离。《中庸》说："道也者，不可须臾离也，可离非道也。"又说："君子中庸，小人反中庸。君子之中庸也，君子而时中；小人之反中庸也，小人而无忌惮也。"君子中庸，他的思想无时不在中庸规范之内。小人反中庸，其思想没有任何约束，以至肆无忌惮。肆无忌惮，指的是离开客观规律的胡思乱想。

如上文所述，中庸是极难掌握的，除自身的修养、认识外，还有个方法问题。《中庸》借孔子之口说："子曰：

中庸其至矣乎！民鲜能久矣。"为什么很久以来没有人能够做到呢？《中庸》引孔子的话接着说："子曰：道之不行也，我知之矣，知者过之，愚者不及也；道之不明也，我知之矣，贤者过之，不肖者不及也。"这是孔子有名的过犹不及论。过与不及，都是非中庸的表现。过者过头，超过了应有的度；不及者不足，未达到应有的度。过与不及的两种倾向有两种人最容易犯。就实践而言，聪明人容易过头，而愚蠢者往往不足。就理解而言，好人容易过头，不肖者容易不足。何以会如此？《中庸》的作者没有展开论述。其实都有个思想方法问题。善于思考的知者、贤者，举一反三，触类旁通，容易掺杂自己的主观成份。所谓的愚者、不肖者（这里的不肖者实际上还是指愚者）表面看来好像是思考能力不及，实则同样是掺杂了自己的主观成份，只是愚者、不肖者通常受知者、贤者的影响乃至愚弄罢了。

中庸既有思想修养问题，也有思想方法问题。什么样的方法才是正确的呢？《中庸》的作者概括了五个方面："为能聪明睿知，足以有临也；宽裕温柔，足以有容也；发强刚毅，足以有执也；齐庄中正，足以有敬也；文理密察，足以有别也。"这五个方面简单说来就是敏、宽、刚、庄、密。敏是观察事物的敏锐；宽就是宽容，不狭隘，不拘于一隅；刚便是刚毅，不软弱；庄即端庄严肃；密就是细密详察。不敏不能临事，不宽没有度量，不刚没有原则，不庄无人敬畏，不密无从区别。五者俱备，深藏广蓄，一旦运用，无不中的。《中庸》描述它的功用说："溥博渊泉，而时出之，溥博如天，渊泉如渊，见而民莫不敬，言而民莫不信，行而民莫不说（悦）。是以声名洋溢乎中国，施及蛮貊，舟车所至，人力所通，天之所覆，地之所载，日月所照，霜露所队（坠），凡有血气者莫不尊亲，故曰配天。"

中庸讲究的是不偏不倚，故其思想方法也应该是不偏不倚的，既不能过，也不能不及。就一般而言，在上位的人往往易过，而在下位的又往往不及，因为位置的上下是相对而言的，官员中都有自己的下属，就是最低级的官还有他治下的百姓，所以官员这个群体总的倾向是容易过头，而组织体系愈强的愈易过头。故《中庸》特别强调"君子"的思想方法要防止过头。《中庸》引《诗》立论说："衣锦尚絅，恶其文之著也。故君子之道，暗然而日章；小人之道，的然而日亡。君子之道，淡而不厌，简而文，温而理。"絅者衣无里也，也就是单衣。为什么绣有花纹的锦衣外面还要加上单衣呢？就是嫌花纹太露了。以此知君子之道贵在内蕴，而不在外表。内蕴既深，外表虽然暗淡，日久而愈加显露它的光芒；内蕴肤浅，虽然外表引人注目，但很快就会在人们的印象中消失。淡而不厌，简而有文，温而成理，这才是行中庸的正确方法。

不仅如此，《中庸》的作者认为思想方法还与仪表、言辞、仪容有关。作者引《诗》和孔子的话立论说："予怀明德，不大声以色。子曰：声色之于以化民，末也。"靠厉声厉色来教化百姓，等而下之，因为它离中庸太远。

从上述的介绍中我们知道，"中庸"决不是人们习惯所说的折衷主义，不是与放弃原则划等号的"中庸之道"，更不是于两者间取其平均值的简单算式，而是一种非常老到的思想修养和极其严格的效果要求。追求的是人与事的"中和"境界。惟其尚"中"，所以能"和"，惟其乐"和"，所以要"中"。做人要中，处世要中，思虑要中，审事要中，一切惟中是求，惟中是律。这种价值取向的中庸说来源于何处呢？我们说来源于《易》理。试看《周易》各卦，阳爻的三、五，阴爻的二、四，一般都是吉利的，至少是无害的（当然也有例外）。如《乾》卦九三："君子终日乾乾，夕惕若，厉无咎。"九五："飞龙在天，利见大人。"《坤》卦六二："直方大，不习无不利。"六四："括囊，无咎无誉。"《屯》卦六二："屯如邅如，乘马班如，匪寇，婚媾。女子贞不字，十年乃字。"六四："乘马斑如，求婚媾，往吉，无不利。"这种现象说明了什么呢？说明了卦位贵中，因二、三、四、五处六爻之中，而二、四属阴，三、五属阳，所以各爻以九三、九五、六二、六四为贵。因为《周易》早于儒家各经典，所以我们有理由说儒家伦理的中庸说来源于卦爻的中位说。

由于卦爻最早体现了上述的贵中思想，因而后世解卦纷纷发展了中位之说。《易纬·乾凿度》借孔子之口说："孔子曰：阳三阴四，位之正也。"一卦中只以第三、第四爻为正，理由是三下有一、二，四上有五、六，两爻正好居六爻之中。《易传·系辞》则和我们上面列举的现象一致，阴爻以二、四为中，阳爻以三、五为中。《系辞下》

说："二与四，同功而异位……三与五，同功而异位。"虽然异位，却是同功，都属中位。晋人王弼根据《系辞》"二多誉，四多惧"的思想另立新说，贵二、五而不尚三、四。以何者为中的说法虽然不一致，但贵中的思想则是一致的，而且排除处于两端的一、六，也是一致的。为什么要排除，就是因为它们处于两端，不能反映事物的本质。《系辞下》说："其初难知，其上易知，本末也。初辞拟之，卒成之终。"所谓本末，也就是两端，即开头和结尾。两端为什么不能反映事物的本质呢？韩康伯注《易传》解释说："夫事始于微而后至于著。初者数之始，拟议其端，故难知也。上者卦之终，事皆成著，故易知也。"《正义》就韩注进一步发挥说："其初难知者，谓卦之初始，起于微细，始拟议其端绪。事未显著，故难知也。其上易知者，其上谓卦之上爻，事已终极，成败已见，故易知也。"卦爻是用来占卜的，初爻太隐，上爻太露。太隐看不出苗头，太露又藏不住凶吉，所以占卜不取。就事理而言，太隐太露，是两个极端，隐则不及，露则过头，所以不取。

那么什么爻位才好呢？《系辞下》接着说："若夫杂物撰德，辨是与非，则非其中爻不备。噫！亦要存亡吉凶，则居可知矣。知者观其《彖》辞，则思过半矣。"《系辞》认为，卦爻反映的是庞杂的事物，要从中理出条绪，明辨是非，非中爻不可。人事的存亡吉凶，全在其中。并举出《易传·彖辞》以为佐证。

《易传·彖辞》确实多是根据中爻来概括卦意的。如

《蒙》卦《彖辞》："山下有险，险而止，蒙。蒙亨，比亨行，时中也。匪我求童蒙，童蒙求我，志应也。初筮告，以刚中也。再三渎，渎则不告，渎蒙也。蒙以养正，圣功也。"全文都是立足九二爻说的。九二之上是六三，六三是阴爻，阴是险象，而阴上又是《艮》卦，《艮》为山，所以说"山下有险"。九二居于初六之上，正在成长时期，所以说"蒙亨，以亨行，时中也。"以下"匪我求童蒙，童蒙求我"，虽然是转述卦辞原话，但其口气仍是对处在童蒙期的九二说的。至于"初筮告，以刚中也"、"蒙以养正，圣功也"，更是就九二说的。

再如《需》卦《彖辞》："《需》，须也，险在前也。刚健而不陷，其义不困穷矣。《需》有孚，光亨贞吉，位乎天位，以正中也。"全文三句，每句一层意思。第一层，解释卦名，何谓需？等待之意；何以要等待，"险在前也"。第二层，讲上下卦。上卦是《坎》，《坎》为险。下卦是《乾》，《乾》为健，所以说，"刚健而不陷。"第三层，为什么会"光亨贞吉"？"位乎天位，以正中也。"天位即天子之位，指第五爻。因居上卦之中，所以又说"以正中也"。其他如《讼卦》"中吉，刚来而得中也"，"利见大人，尚中正也"，分别指九二和九五。再如《师》卦《彖辞》："刚中而应，行险而顺，以此毒天下而民从之，吉又何咎矣"，都是指的九二爻。再如《比》卦："原筮元永贞，无咎，以刚中也"，指的九五爻。《小畜》："柔得位而上下应之"，柔指六四，上下分别指九三和九五。《履》卦"柔履刚也"，指六三在九二之上。"刚中正，履帝位而不疚，光明也"，指九五。

不仅《象传》如此，王弼解卦更是如此。如解《屯》卦，以二、五爻作为主人公，以初、上作为反衬，将各爻人格化，全卦故事化。他在六二爻辞"屯如邅如，乘马班如。匪寇，婚媾。女子贞不字，十年乃字"下作注说："志在于五，不从于初。屯难之时，正道未行，与初相近而不相得……寇谓初也，无初之难，则与五婚矣。故曰匪寇，婚媾也。志在于五，不从于初，故曰女子贞不字也。屯难之世，势不过十年者也，十年则反常，反常则本志斯获矣，故曰十年乃字。"《屯》卦的卦体是《震》下《坎》上（䷂），初、五是阳爻，其他都是阴爻。王弼将六爻假设为六人，两男四女，而把二、五作为一对理想的恋人。他们之所以相恋，之所以理想，是因为各人的资质和社会地位决定的（二是阴爻的正位，五是阳爻的正位）。但二的紧邻有一个死皮赖脸的"初"，死活缠着她，经常干扰，甚至"乘马班如"，出动很多人马，像强盗一样，上门抢亲。"二"却一心恋着"五"，死活不答应："女子贞不字"。

自己去找"五"吗？路远山遥，加上一些其他的原因，不得不"屯"，原地等待。人事通常是十年一劫，她决心再等十年，等到"初"的势力削弱了，条件允许了，然后再嫁，所以说"十年乃字"。

"六二"之上是"六三"。六三爻辞说："即鹿无虞，惟入于林中，君子几不如舍，往吝。"王弼作注，按照他的思路继续发挥说："三既近五，而无寇难。四虽比五，其志在初，不妨己路，可以进而无屯邅也。见路之易，不揆其志，五应在二，往必不纳，何异无虞以从禽乎？""三"比"二"更接近于"五"，如果她要去找"五"，比"二"方便多了，虽然中间还隔着个"四"，但"四"有她的意中人，不会妨碍她。然而"三"是个有志气、有德性的姑娘，她知道"二"在恋着"五"，而"五"又在等着二，虽然"见路之易"，她却不去。既不去找"五"，那就退而求其次，将就嫁给那个动不动就"乘马班如"，性好抢婚的"初"吧，但她又瞧他不起，于是只好决心不嫁，"惟入于林中"了。

现在轮到"四"了。六四爻辞："乘马班如，求婚媾，往吉，无不利。""四"与"初"是有着某种特殊关系的，"四"是上卦的第一爻，而"初"也是下卦的第一爻，很可能是某两个世家的长男长女，也可能曾指腹为婚，只是"初"长大后不安分，抢邻家的姑娘。因为未遂，反过来再寻旧好，于是又是"乘马班如"，来"四"家求婚了。"四"也不计较，慷慨地嫁给了他，所以说"往吉无不利"。

"九五"是卦中的最尊之爻，又是故事的中心人物。九五爻辞却有褒有贬。爻辞说："屯其膏，小贞吉，大贞凶。"也就是说小事吉，大事凶。王弼作注说："处屯难之时，居尊位之上，不能恢弘博施……而系应在二。屯难其膏，非能光其施者也。志同好，不容他间，小贞之吉，大贞之凶。"王弼批评的是九五处在至尊之位而不能恢弘博施，心中只恋着个"二"，气度甚小，所以小吉而大凶。

"上六"是个可怜的姑娘，爻辞写道："乘马班如，血泣涟如。"眼看着别人热热闹闹地出嫁，自己却闺房独守，于是就只好"血泣涟如"了。为什么会这样呢？王弼解释说："处险难之极，下无应援，进无所适。虽比于五，五屯其膏，不与相得。居不获安，行无所适，穷困阘厄，无所委仰，，故泣血涟如。"王弼把"乘马班如"解作"上六"流离失所，动感更强。

从上例王弼解《屯》卦可以看出，"初"、"上"总是受排斥的。"上"尽管是个无辜的姑娘，也要让她"泣血涟如"。至于"初"，虽说他人品不好，但在《屯》卦中毕竟有一席之地，还有个"四"不嫌弃他。

二、三、四、五各爻虽居全卦之中，但它们之间的份量并不同等，也就是"中"内还有中。《系辞下》说："二与四，同功而异位，其善不同。二多誉，四多惧，近也。柔之为道，不利远者，其要无咎，其用柔中也。三与五，同功而异位，三多凶，五多功，贵贱之等也。"二、四虽然都是阴爻的中位，但二多誉而四多惧，原因是"四"距"五"太近，而离自己应有的位置又太远，因为"柔之为道，不利远者"。那么它应该在什么位置更适合呢？"其要无咎，其用柔中也。"上刚而下柔，"柔中"也就是下卦之中，这自然是"二"所在的位置了。同样的道理，三与五虽然都是阳爻的主位，但"三多凶而五多功"，原因何在？"三"距"二"太近，地位太低，阴气过重，不如"五"

的尊贵，所以说"贵贱之等也"。

"三"不如"五"，还有一个重要原因，就是"三"居下卦之上，犯了过头之忌。同样，"四"不如"二"，因它居上卦之下，亦非中位。所以，就全卦而言，二、三、四、五是中，但真正居中的只有阳爻"五"和阴爻"二"。

"二"、"五"虽然是恰到好处的中位，但具体到一卦是否很好，这还得看卦的大环境。如六十四卦中人们认为最吉利的《泰》卦，卦体是《乾》下、《坤》上（䷊），阴位的"二"成了阳，而阳位的"五"成了阴，均不在位，似乎不好。但从大环境看是个极好的卦，所谓三阳开泰。三阳在下，三阴在上，下为内而上为外，内主外次。《象辞》说："内阳而外阴，内健而外顺，内君子而外小人，君子道长，小人道消也。"所以是个好卦。与《泰》卦相反，《否》卦《坤》下《乾》上（䷋），第二爻是阴，第五爻是阳，阴在阴位，阳在阳位，但因为整个卦的位置是颠倒的，内卦为《坤》而外卦是《乾》，阴占了主要位置，"二"的优势无补于大局，所以六二爻辞说："小人吉，大人否"。《象辞》则说："大往而小来"，也就是说付出的多而得到的少。并说"内阴而外阳，内柔而外刚，内小人而外君子，小人道长，君子道消"，所以是运多鄙气的卦。

上述情况告诉我们，卦爻是主中的。每卦之爻，二、三、四、五是中，而四爻中又有阳三太过、阴四太近等情况，于是只剩下二与五才是理想的中位，也就是中内之中。这种情况运用于儒家伦理学说，便有了不偏不倚的中庸说，以及"过犹不及"的持中说。再加上卦爻中位内部和外部诸条件的约束，如时间、地点等具体条件，于是中庸又有了许多自相约束的条件。故儒家伦理中的中庸说较之《周易》卦爻的中位说，严密多了，深刻多了，其要求也苛刻多了。

《中庸》与《易传》其思想内容本来是互相沟通，互相渗透的，从这个角度说，二者难说先后。但朱熹集注的《中庸》第二十八章清楚地写道："今天下车同轨，书同文，行同伦"，明显是秦灭亡六国之后的产物，故《易》为《中庸》之源也就理所当然了。

第十一讲

究天人之际，息君民之心

——董仲舒"天人合一"与易学

董仲舒（公元前 179～前 104 年），信都广川（今河北省景县河渠乡）人，从小研读《春秋》，汉景帝时以博士职衔在家乡授徒讲学，弟子甚众。武帝元光元年（公元前 134 年）五月，45 岁的董仲舒应召赴京城参加汉武帝主持的贤良策问。接连三策，就汉武帝提出"大道之要、至论之极"的质疑作了理论性的回答，深得汉武帝称许。策问完毕，被任命为江都国相。

江都易王刘非，是汉武帝刘彻的哥哥，自持有勇力，骄纵无度，董仲舒"以《春秋》灾异之变推阴阳所以错行"治国，深得刘非敬重。中途因言辽东高庙与长陵高园殿突异被主父偃告发，论罪当死，废为中大夫，从此不敢再言灾异，宰相公孙弘嫉妒董仲舒才学，想借刀杀人，推荐他做胆大妄为、无恶不作的胶西王刘端的国相，董仲舒再次被起用。大出公孙弘意外，董仲舒竟因祸得福，刘端对董仲舒十分敬重。董仲舒也小心谨慎，教令国中，颇有建树。但也怕时久多事，借病告假回家。《汉书·董仲舒传》记董仲舒的政绩及晚年生活说："凡相两国，辄事骄王，正身以率下，数上疏谏争，教令国中，所居而治。及去位归居，终不问家产业，以修学著书为事。仲舒在家，朝廷如有大议，使使者及廷尉张汤就其家而问之，其对皆有明法。自武帝初立，魏其、武安侯为相而隆儒矣。及仲舒对册，推明孔氏，抑黜百家，立学校之官，州郡举茂材孝廉，皆自仲舒发之。年老，以寿终于家，家徙茂陵，子及孙皆以学至大官。"

一、天人感应

在贤良对策中，董仲舒提出了天人感应之说。董仲舒说："臣谨按《春秋》之中，视前世已行之事，以观天人相与之际，甚可畏也。国家将有失道之败，而天乃先出灾害以谴告之；不知自省，又出怪异以警惧之；尚不知变，而伤败乃至。以此见天心之仁爱人君而欲止其乱也。自非大亡道之世者，天尽欲扶持而全安之，事在勉强而已矣"。

天人感应是关于人和天能互相影响的一种神秘观点，殷周时期已有"天人之际"的说法，认为天能干预人事。但董仲舒在这里说得更加系统，更加具体化，更具有政治性。董仲舒认为，上天无时不在监督人君的行为，君王行善积德，上天支持，给予吉祥嘉瑞，以资鼓励。不好不坏，也尽量给予扶持。如作坏事，立即以灾异谴告。这就是董仲舒天人感应的精彩之笔。不仅如此，董仲舒还在所著《春秋繁露·深察名号》中说"天人之际，合而为一"。于是又有了著名的"天人合一"之说。

天人何以合一？原来人是天生的，是天按照自己的模式制造出来的。董仲舒在《春秋繁露·为人者天》中说："为生不能为人，为人者天也。人之人本于天，天亦人之曾祖父也。此人之所以上类天也。"

"上类天"就是人的上半截类天。他在《春秋繁露·人副天数》中说："人之身首妿员，象天容也；发象星辰也；耳目戾戾，象日月也；鼻口呼吸，象风气也；胸中达知，象神明也；腹抱实虚，象百物也。百物者最近地，故要（腰）以下地也。天地之象以要（腰）为带。颈以上者精神尊严，明天类之状也；颈以下者，丰厚卑辱，土壤之比也。足布而方，地形之象也。"

董仲舒认为，人体象天，以腰为界，腰以上象天，腰以下象地。为了使这个界线更加明显，所以人们在腰上系带，曰之腰带。因为它同时又是象征礼仪的，所以又叫礼带。而这礼带又有讲究，董仲舒说："礼带置绅，必直其颈，以别心也，带而上者尽为阳，带而下者尽为阴，各其分。"董仲舒认为，人体不但象天，而且象地，象天的部分为阳，象地的部分为阴。天地分阴阳，人体也分阴阳，而且人体的阴阳与天地的阴阳互相感应，乃至命运相连，董仲舒说："故阴阳之动使人足病，喉痹起则地气上为云雨，而象亦应之也。天地之符，阴阳之副，常设于身，身犹天也，数与之相参，故命与之相连也。"

所谓"命与之相连"，从举出的事例看主要是指人的疾病与天地阴阳的运转有关。阳动则病足，说明天气将由寒而热，喉痛则阴起，说明天气将由热而寒。

根据董仲舒的理论，人体象天还有其他许多例证。《春秋繁露·人副天数》说："天以终岁之数成人之身，故小节三百六十六，副日数也；大节十二分，副月数也；内有五脏，副五行数也；外有四肢，副四时数也；乍视乍瞑，副昼夜也；乍刚乍柔，副冬夏也；乍哀乍乐，副阴阳也；心有计虑，副度数也；行有伦理，副天地也，此皆暗肤著身，与人俱生比而偶之弇合，于其可数也副数，不可数者副类，皆当同而副天一也。"

董仲舒的"天亦人之曾祖父"，特别是《人副天数》的种种牵强附会的类比，已是十分荒唐，然而并非董仲舒所杜撰，自有所本，它的来源就是《易》理，是《周易》关于宇宙生成朴素原始的解释。《易传·系辞》："是故易有太极，是生两仪。""在天成象，在地成形，变化见矣。是故刚柔相摩，八卦相荡，鼓之以雷霆，润之以风雨，日月运行，一寒一暑，乾道成男，坤道成女。乾知大始，坤作成物。"物即包括人在内的天地万物。乾、坤既作万物，自然也作人了。乾、坤如何作人，《系辞》作了个大体的描述，最原始的材料是太极，制作的过程是"刚柔相摩，八卦相荡"，以及雷霆鼓动，风雨滋润等等。董仲舒没有重复制作的过程，而是顺着《系辞》的思路着力描述制作的结果。人是天地制作的，或者是天地生的。既然是天地生的，就不能不留下天地的痕迹，就不能不像天地，董仲舒就在这个环节上使用了浓墨重彩，尽管他的比附是牵强的，可笑的，但他的基本思想是合理的，因为人确实是天地"生"的，是天体有了地球之后在长期的生物演化中形成的。董仲舒的"天人合一"说不仅把人的形体看成是天按自己的模式制造的，而且人的精神也是模仿天的情性制造的。董仲舒在《春秋繁露·身之为人者天》中说："人之形体化天数而成；人之血气化天志而仁；人之德行化天理而义；人之好恶化天之暖晴；人之喜怒化天之寒暑；人之受命化天之四时；人生有喜怒哀乐之答，春秋冬夏之类也。喜，春之答也；怒，秋之答也，乐，夏之答也；哀，冬之答也。天之副在乎人，人之情性有由天者矣。"

天不仅按自己的情性"生"了喜怒哀乐和德行好恶，而且指示人自生了义利。《春秋繁露·身之养重于义》篇写道："天之生人也，使之生义与利，利以养其体，义以养其心。心不得义不能乐，体不得利不能安。义者心之养也，利者体之养也。体莫贵于心，故养莫重于义。"

董仲舒别出心裁地借天地绸缪之妙写出了义利的由来，接着又借《春秋》的微言大义写义利的施用。董仲舒在《春秋繁露·仁义法》篇写道："《春秋》之所治人与我也，所以治人与我者，仁与义也。以仁安人，以义正我。故仁之为言人也，义之为言我也。言、名以别矣。仁之于人、义之于我者，不可不察也。众人不察，乃反以仁自裕，而以义设人。诡其处而逆其理，鲜不乱矣。是故人莫欲乱，而大抵常乱。凡以暗于人我之分，而不省仁义之所在也。"

义利本是一种社会现象，是人的意识发展到了一定阶段的产物，而董仲舒却把它说成是一种超人力的自然现象。本来是人们的社会生活需要区分义利，而董仲舒却将其颠倒过来，以为是人的身心本身需要义利。"心不得义不能乐"的提法虽然勉强，因为能使心乐的不仅是义，但也并非全无道理，因为人行义之后，也就是在做了有份量的好事之后，往往有一种内心的满足和欣慰感，一种他物所无法替代的快乐。至于"体不得利不能安"，乃是千古不易之理。

和天生人体一样，董仲舒的仁义说同样是有理论来源的，其源同样出自《易》理。《易传·系辞》说："日往则月来，月往则日来，日月相推而明生焉。寒往则暑来，暑往则寒来，寒暑相推而岁成焉。往者屈也，来者信（伸）也，屈信（伸）相感而利生焉。尺蠖之屈，以求信（伸）也。龙蛇之蛰，以存身也。精义入神，以致用也。利用安身，以崇德也。过此以往，未之或知也。"《系辞》认为，人类在无限的空间和时间中通过各种努力创造财富，获得利用，但"利用"仅用于"安身"，而安身是为了"崇德"。"过此以往，未之或知也"，也就是说超过安身、崇德的"利用"已是不合理，不合义的了。

《系辞》还说："小人不耻不仁，不畏不义，不见利不劝，不威不惩。小惩而大诫，此小人之福也。"是谁"不耻不仁，不畏不义"呢？如果都是人民百姓，倒也好办，无如古来众多大人最是好利不好义，可又特好"以仁自裕，以义设人"，颠倒仁义关系，以致"人莫欲乱而大抵常乱"。董仲舒接着发挥说："故王者爱及四夷，霸者爱及诸侯，安者爱及封内，危者爱及旁侧，亡者爱及独身。独身者，虽立天子、诸侯之位，一夫之人耳，无臣民之用矣，如此者莫之亡而自亡也。《春秋》不言伐梁而言梁亡，盖爱独及其身者也。故曰仁者爱人，不在爱我，此其法也。"

古今人标榜仁而不爱人独爱我者有之，标榜义而不正己专以正人者更有之。为君最怕不爱人，为人最怕无义。不爱人之君自然得不到人爱，其亡立见，梁伯就是一个例子。梁是春秋时位于今陕西韩城南二十里的嬴姓伯爵诸侯国。于鲁僖公十九年（公元前 641 年）被秦所灭。但《春秋》记载此事时却只用了两个字："梁亡"。分明是秦伯灭梁，为什么《春秋》不按惯例写出是谁灭梁而仅书"梁亡"呢？这就是《春秋》微言大义之所在，后人不能不用心琢磨。

《春秋》何以只书"梁亡"？《左传》注释说："梁亡，不书其主，自取之也。初，梁伯好土功，亟城而弗处。民罢而弗堪，则曰某寇将至。乃沟公宫，曰：秦将袭我。民惧而溃，秦遂取梁。""主"即今日所谓的主体，这里指灭梁的主体。梁为秦所灭，故秦是灭梁的主体。为何不提秦这个主体呢？因为实质上不是秦灭梁，而是梁伯自己灭梁。

梁伯何以自灭？《左传》举出了两条，一是梁伯好兴土木，急急建造新城，城建好了却不用，又到别处另造。百姓被弄得十分疲倦，无力再供驱使，梁伯于是制造紧张空气，说某国即将入侵，梁国面临绝境，迫使百姓不顾性命，加速建城进度。最后一次是开掘梁城的护城河，百姓不愿，梁伯又谎称秦军不日将至，须加紧施工，人们害怕了，当即四散，于是秦人乘机灭梁。

《公羊传》注释说："此未有伐者，其言梁亡何？自亡也。其自亡奈何？鱼烂而亡也。"什么叫鱼烂而亡呢？何休作注说："梁君隆刑峻法，一家犯罪，四家坐之，一国中无不被刑者。百姓一旦相率俱去，状若鱼烂。鱼烂从内发，故云尔。"原来鱼是从里面烂的故称梁亡为鱼烂。

《谷梁传》注曰："自亡也，湎于酒，淫于色，心昏耳目塞。上无正长之治，大臣背叛，民为寇盗。梁亡，自亡也。"

因为梁伯的灭亡具有独爱其身的典型意义，又为《春秋》所讥恶，所以董仲舒选取了这个典型。然而历史上何止一个梁伯，历来的昏君恶吏其罪恶又岂止不爱民？其灭国亡家又岂止不爱民一项所致？故董仲舒接着说："义云者，非谓正人，谓正我。虽有乱世枉上，莫不欲正人，奚谓义？"董仲舒说得对，无论怎么"乱世枉上"的人，哪怕再无道德、再无人性，他那"正人"的欲望总是有的，因为以正人为名可以行利己之实。正因为如此，所以春秋才无义战，历史上乱多而治少，人民群众总是处水深火热之中难以拯拔。

董仲舒的"天人合一"说不仅说天"生"了人的形体，"生"了人的精神，而且又按自己的运行规律制定了王者的政事。《春秋繁露·四时之副》说："天之道，春暖以生，夏暑以养，秋清以杀，冬寒以藏。暖暑清寒，异气而同功，皆天之所以成岁也。圣人副天之所行以为政，故以庆副暖而当春，以赏副暑而当夏，以罚副清而当秋，以刑副寒而当冬。庆赏罚刑异事而同功，皆王者之所以成德也。庆赏罚刑与春夏秋冬，以类相应也如合符。故曰王者配天，谓其道天有四时，王有四政，四政若四时，通类也，天人所同有也。"

二、对《易》理的发挥

天不仅按四时的模式规定了王者四政，而且规定必须像四时一样有序地运行，该有的内容不可不具，到了时间不可不发。董仲舒说："庆为春，赏为夏，罚为秋，刑为冬，庆赏罚刑之不可不具也，如春夏秋冬之不可不备也。庆赏罚刑当其处不可不发，若暖暑清寒当其时不可不出也。庆赏罚刑各有正处，如春夏秋冬各有时也。四政者不可以相干也，犹四时不可相干也。四政者不可以易处也，犹四时不可易处也。"董仲舒这个"天人所同"的思想，其源仍出自《周易》。《易传·文言》："夫大人者与天地合其德，与日月合其明，与四时合其序，与鬼神合其吉凶。"只是董仲舒将

"合"字具体化，不是抽象的合德、合明、合序，而是具体在某物某事上合德、合明、合序，这是《易》理的发挥。

董仲舒对《易》理的发挥是多侧面的，不仅使抽象的具体化，而且将理性的经验化。不仅劝说王者当行某事，而且警告王者不得行某事。他在《春秋繁露·五行逆顺》中说："木者春生之性，农之本也。劝农事，无夺民时，使民岁不过三日，行什一之税，进经术之士，挺群禁，出轻系，去稽留，除桎梏，开闭阖，通障塞。思及草木则树木华美而朱草生，恩及鳞虫则鱼大为，鳣鲸不见群龙下。如人君出入不时，走狗试马，驰骋不反宫室，好淫乐饮酒，沉湎纵恣，不顾政治。事多发役以夺民时，作谋增税以夺民财，民病疥搔，温体足胻痛，咎及于木则茂木枯槁，工匠之轮多伤败，毒水浖群漉陂如鱼，咎及鳞虫则鱼不为，群龙深藏，鲸出见。"

在这里，董仲舒借天的名义开出了一张国君该做什么，不该做什么，以及做了该做的所得的好处和干了不该干的所受的惩罚的详细清单。该做的不该做的各列了十项。特别是关于减轻农民负担的规定最具积极意义。农民是社会的支撑者，承担着社会的一切财用和使役，然而又是最无保障的无靠者。他们的负担从来没有确切的计算方式，完全取决于从国君到最低一级地方官吏的好恶和需要。随时需要随时增加，因为需要是无穷的，有国家的用度、衙门的开销、官员的私饱，故只有增加，不见减少。董仲舒以天的名义规定：使民每年不得超过三日，税收不能超过农民耕作收入的十分之一。可惜的是对违犯者惩罚过轻，而且又应在农民和其他动植物身上，与国君、官吏们并无直接的关系。这样，约束力也就甚为微小了。

对于国君的宜行宜止，董仲舒拟定了原则的条文，而且举出了实际的正反例证。《春秋繁露·王道》说："五帝三皇之治天下，不敢有君民之心，什一而税，教以爱，使以忠，敬长老，亲亲而尊尊。不夺民时，使民不过岁三日。民家给人足，无怨望忿怒之患，强弱之难，无谗贼妒嫉之人。民修德而美好，被发衔哺而游，不慕富贵，耻恶不犯。父不哭子，兄不哭弟。毒虫不螫，猛兽不搏，抵虫不触。故天为之下甘露，朱草生，醴泉出，风雨时，嘉禾兴，凤凰麒麟游于郊，囹圄空虚，画衣裳而民不犯，四夷传译而朝。"又说："桀、纣皆圣王之后，骄溢妄行，侈宫室，广苑囿，穷五采之变，极饰材之工，困野兽之足，竭山泽之利，食类恶之兽。夺民财食，高雕文刻镂之观，尽金玉骨象之工。盛羽旄之饰，穷黑白之变。深刑妄杀以陵下。听郑卫之音，充倾宫之志……诛求无已，天下空虚，群臣畏恐，莫敢尽忠，纣愈自贤。周发兵，不期会于孟津之上者八百。诸侯共诛纣，大亡天下。"三皇五帝与夏桀商纣是历史上最为典型的正反两类不同的帝王，前者能按天道行事，故能画衣裳而治，四夷传译而朝；后者逆天道行事，故遭八百诸侯共诛，大亡天下。桀纣所遭到的已经不是天谴，而是"人谴"了，不能不令人警惧。其所以如此，是过高地估计了自己的力量。有国家掌权柄者过高估计自己的力量不行，过高地估计自己的作用也不行。董仲舒在《春秋繁露·考功名》中说："天道积聚众精以为光，圣人积聚众善以为功。故日月之明，非一精之光也；圣人致太平，非一善之功也。"

一善之功指的是国君一人的功劳。董仲舒用天聚众星为光的自然现象作了类比。天还能把致光明的功劳归于众星，何况人呢？那么如何积众善以致太平呢？董仲舒在《春秋繁露·通国身》篇中说："气之清者为精，人之清者为贤。治身者以积精为宝，治国者以积贤为道。身以心为本，国以君为主。精积于其本则血气相承受，贤积于其主"则上下相制使。血气相承受则形体无所苦，上下相制使则百官各得其所。形体无所苦然后身可得而安也，百官各得其所然后国可得而守也。"

然则如何才能使"贤积于其主"呢？董仲舒于同一篇中继续说："夫欲致精者必虚静其形，欲致贤者必卑谦其身。形静志虚者精气之所趣（趋）也，谦尊自卑者仁贤之所事也。故治身者务执虚静以致精，治国者务尽卑谦以致贤。能致精则合明而寿，能致贤则德泽洽而国太平。"董仲舒认为，治国和治身是同一道理："能致精则合明而寿，能致贤则德泽洽而国太平。"

如果反推，则不致精则无以寿，不致贤则无可使国太平。然则此事是否属实呢？董仲舒借《春秋》所载的历史事实进行论证说："鲁僖公以乱即位，而知亲近季子。季子无恙之时，内无臣下之乱，外无诸侯之患，行之二十年国家安宁。季子卒之后鲁不支邻国之患直乞师楚耳，僖公之情非辄不肖，而国哀益危者何也？以无季子也。以鲁人之若是也亦知它国之皆若是也，以它国之皆若是也亦知天下之皆若是也，此之谓连而贯之。故天下虽大，古今虽久，以是定矣。"辄者忽然突发之谓也。鲁僖公是否忽然之间变得愚蠢了呢？不是，是因为贤臣季子不在了。董仲舒以鲁僖公事迹证明得贤之所以治。然则不得贤或用非其人又会怎样呢？董仲舒举《易》进行论证说："以所任贤谓之主尊国安，所任非其人谓之主卑国危，万世必然，无所疑也。其在《易》曰：'鼎折足，覆公餗，夫鼎折足者，任其非人也，而国家不倾者，自古至今未尝闻也。"

董仲舒虽然举鲁僖公用季子事以说明用贤的必要，但治国不仅要用贤，而且要用众贤，而这又是与天道相通的。董仲舒在《春秋繁露·立元神》篇中说："天积众精以自刚，圣人积众贤以自强；天序日月星辰以自光，圣人序爵禄以自明。天所以刚者非一精之力，圣人所以强者非一贤之德也。故天道务盛其精，圣人务众其贤。盛其精而一其阳，众其贤而同其心。一其阳然后可以致其神，同其心然后可以致其功，是以建治之术贵得贤而同心。"

为国必须用贤，不仅用贤，而且要用众贤，这就叫聚贤。但聚贤是有条件的，这条件就是国君之德。国君的基本道德就在于能"群"。什么叫群？董仲舒说："王者民之所往，君者不失其群者。故能使万民往之而得天下之群者无敌于天下。"（《春秋繁露·灭国上》）而"群"并非是随便说的经验，也不是人定的规矩，而是无可违抗的天道。董仲舒在给汉武帝的《策对》中说："臣闻天者群物之视也，故遍覆包函而无所殊。建日月风雨以和之，经阴阳寒暑以成之。故圣人法天而立道，亦溥爱而无私，布德施仁以厚之，设谊立礼以导之。"（《汉书·董仲舒传》）

所谓"群"，就要像天对万物一样，"遍覆包函而无所殊"，殊者分也，天之覆盖万物，一视同仁，不分彼此。所谓地无私载，天无私覆，"溥爱而无私"，这就叫"群"。博爱无私既然是天道，自然是不可违抗的了，谁要是违抗，谁就会受到上天的惩罚。董仲舒继续说："孔子作《春秋》，上揆之天道，下质诸人情。参之于古，考之于今，故《春秋》之所讥，灾害之所加也；《春秋》之所恶，怪异之所施也。书邦家之过，兼灾害之变，以此见人之所为，其美恶之极，乃与天地流通而往来相应，此亦言天之一端也。"

端者事也，一端便是一事。以灾异变化反映出人主之善恶所为，这便是天的一项经常性事务。故一旦发现灾变，人君必须采取紧急措施，改正自己的错误，否则就会出现大乱。董仲舒在《春秋繁露·五行变救》中说："五行变至，当救之以德，施之天下则咎除。不救以德，不出三年天雷雨石。"接下去董仲舒说了木火土金水五行变异的原因和救变的具体措施——

　　　木有变，春凋秋荣，秋木冰，春多雨，此繇役众、赋敛重，百姓贫穷叛去，道多饥人。救之者省繇役，薄赋敛，出仓谷，赈困穷矣。火有变，冬温夏寒，此王者不明，善者不赏，恶者不出。不肖在位，贤者伏匿，则寒暑失序而民疾疫。救之者举贤良，赏有功，封有德。土有变，大风至，五谷伤，此不信仁贤，不敬父兄，淫佚无度，宫室多营。救之者省宫室，去雕文，举孝悌，恤黎元。金有变，毕昴为回，三覆有武，多兵多盗寇，此弃义贪财，轻民命，重货赂。百姓趣（趋）利，多奸宄。救之者举廉洁，立正直，隐武行文，束甲械。水有变，冬湿多雾，春夏雨雹。此法令缓，刑罚不行，救之者忧囹圄，案奸宄，诛有罪，英五日。

很明显，这些灾异变救都是董仲舒杜撰的。尽管今人看来荒唐可笑，但他的出发点是好的，其用心是良苦的，实际是一种托天管王的手法。封建帝王集权力于一身，行事随心所欲，人是无法管的，只好托天来管了。由于当时的科学尚不发达，人们对于天文之类的常识知之甚少，董仲舒的办法居然也曾起过一些作用，武帝以后的汉代诸帝，一遇地震等大的自然灾害都下诏罪己，主动承担责任，而且一般都伴有改善政治的措施，这比之后世帝王，以及不是帝王的帝王的不畏天、不畏人，无所顾忌地放胆作恶，委实强多了。但董仲舒的这种大胆设教，苟无《易》理的"大人与天地合其德"等思想为基础，是难以成功的。

董仲舒托天管王，但最终的目的还是为了保王，故

《春秋繁露》更多的篇幅在为王出主意，其《离合根》篇说："故为人主者以无为为道，以不私为宝。立无为之位而乘备具之官，足不自动而相者导进，口不自言而摈者赞辞，心不自虑而群臣效当，故莫见其为之而功成矣，此人主所以法天之行也。"

无为并非什么都不为，而是为其所当为、不为其所不当为。那么什么才是王者所当为呢？王者既然法天，自然是以天之所为和不为为准了。《春秋繁露·离合根》说："天高其位而下其施，藏其形而见其光。高其位所以为尊也，下其施所以为仁也，藏其形所以为神，见其光所以为明，故位尊而施仁、藏神而见光者天之行也。故为人主者法天之行，是故内深藏所以为神、外博观所以为明也，任群贤所以为受成，乃不自劳于事所以为尊也。"

如何内深藏以为神，外博观以为明呢？董仲舒在《春秋繁露·立元神》中具体介绍说："故为人君者，谨本详始，敬小慎微。志如死灰，形如委衣。安精养神，寂寞无为。休形无见影，掩声无出响。虚心下士，观来察往。谋于众贤，考求众人。得其心遍见其情，察其好恶以参忠佞，考其往行验之于今。计其蓄积受于先贤，释其仇怨视其所争，差其党族所依为桌。据位治人，用何为名；累日积久，何功不成？"

志者心也，志如死灰即心如死灰。为君为王，表面看来要什么都不想，但实际上什么都要想，而且要想深、想透、想准，周围人的思想情绪，过去的历史，现实的表现，教养情况，社会关系，都要掌握全面。琢磨深透，使其无可隐瞒，不敢欺骗。这就叫"内深藏所以为神，外博观所以为明。"而这些都是由《易》理的"与天地合其德"生化出来的。

董仲舒除了在"天人合一"的原则下将王者法天作了尽可能细致具体的描绘外，还根据《易传》保权守位的思想就如何保住权位作了相当深刻的阐述。如何才能保住权位呢？董仲舒认为，保位的关键在于治人，而治人又主要在于制人，不能制就不能治，不能治便不能守。那么。如何才能制人呢？董仲舒在他的《春秋繁露·保位权》篇中说"民无所好，君无以权也；民无所恶，君无以畏也。无以权，无以畏，则君无以禁制也。无以禁制则比肩齐势而无以为贵矣。"

比肩齐势的人们如何才能被人制服？董仲舒极其深刻地提出了两个字，好与恶。好恶是人之常情，也是产生一切人际关系的基础，也是"王者"统治的基础。有好便有求，有恶才有畏，而人君正是利用人的求与畏来控制人。董仲舒的《保位权》继续说："故圣人之治国也，因天地之性情，孔窍之所利以立尊卑之制。以等贵贱之差。设官府爵禄，利五味，盛五色，调五声，以诱其耳目，自令清浊昭然，殊体荣辱。踔然相驳，以感动其心。务致民令有所好，有所好然后可得而劝也，故设赏以劝之。有所好必有所恶，有所恶然后可得而畏也，故设罚以畏之。既有所劝，又有所畏，然后可得而制。"

好恶之心虽然人人都有，但具体对某事、某物的好恶不一定有，更不一定都有，而无好恶便无求畏，无求畏便无可以制，于是董仲舒又提出了"诱"之一法。本无爱好的诱发其爱好。有爱好便有需求，有需求便有了制人的条件。如某人本无官瘾，为了控制他千方百计使他对官产生兴趣，给他甜头，给他种种优惠政策，种种特权，使他踔然感觉做官的尊贵与荣耀，于是逐渐滋生出兴趣，以至形成瘾癖。做官一旦上了瘾，就会不辨是非，不分青白，狗一样跟着跑了。但诱饵也得适度，不能过多。就像喂狗，不能不喂，然而也不能喂得太饱，喂得太饱，狗的需求已经得到满足，也就不跟着跑了，而且又容易产生别的负作用，所以董仲舒接着又说："制之者，制其所好，是以劝赏而不得多也。制其所恶，是以畏罚而不得过也。所好多则作福，所恶多则作威。作威则君亡权，天下相怨；作福则君亡德，天下相贼。故圣人之制民，使之有欲，不得过节。"

走狗就是走狗，一要走，二要是狗。不跟不亲，无可使用，谓之不走；自作威福，难以驾驭，便不是狗。不走不行，不是狗更不行。圣人之所以圣，就在于能以好恶制人，而奸人之所以奸，就在于能始终将走狗控制在既能走又是狗的限度内。而这些都是发自于《易》而又超越了《易》的思想。当然，那些关心民众疾苦，一切从大众的利益出发，坚持正义而不以谋私为目的的官员，是不应该当做走狗看待的。

第十二讲
辩证哲理、玄妙人生
——扬雄和他的《太玄经》

一、扬雄其人

扬雄（公元前 53 ~ 后 18 年），字子云，蜀郡成都（今四川成都市）人，西汉哲学家、文学家。博学多才，思想深刻，为人口吃，不善言辞。《汉书·扬雄传》说："雄少而好学，不为章句，训诂通而已，博览无所不见。为人简易佚荡，口吃不能剧谈，默而好深湛之思。"难得的是他为人正直，坚持原则，关心百姓疾苦，反对统治者的奢侈腐败，以文学、哲学为手段，不断向最高统治者提出忠告劝谏。自己则清静淡泊，从不计名利。《汉书·扬雄传》说他"清静无为，少嗜欲，不汲汲于富贵，不戚戚于贫贱，不修廉隅以徼名当世。家产不过十金，乏无儋石之储，晏如也"。儋者一人之力所能担负之谓。一个久居庙堂之上，历仕成、哀、平并王莽四朝的京官，家资不过十金，储粮不足一担，其廉洁也就十分难得了。而最难得的是身在朝廷而始终不忘普通百姓的那颗关切民情的良心。

扬雄以文字干预政治始于汉成帝永始四年（公元前13年）。这年正月，汉成帝游至云阳甘泉宫（在今陕西淳化县西北甘泉山），并在那里祭皇帝宗社。因要写御用文章，于是扬雄也随驾前往。据说祭祀那天，有神光汇集紫殿，众人以为大吉，纷纷入贺。成帝高兴，下令"赐云阳吏民爵，女子百户牛酒，鳏寡孤独、高年帛"。"爵"虽然是低贱，但有罪可以抵罪，甚至还可进入市场买卖（尽管当时尚无买卖"爵"的市场）。女子百户一头牛，虽然分来无多，但天子圣恩非浅。倒是鳏寡孤独及年纪特大的给点布帛，不管多少，总算是实惠，当然高兴。但最高兴的还是成帝自己，以为天降神光，说明自己已经成了圣君。这赐爵与牛酒布帛，就是圣君的标志。这样的盛况自然不可不书，更不可无诗了，于是扬雄奉命作《甘泉赋》。赋的一开头，用写实兼带夸张的手法写道："惟汉十世，将郊上玄，定泰畤，雍神休，尊明号；同符三皇，录功五帝，恤胤锡羡，拓迹开统。于是乃命群僚，历吉日，协灵辰，星陈而天行。"

刘汉王朝自汉高祖刘邦开国，经惠帝、高后、文帝、景帝、武帝、昭帝、宣帝，至成帝刘骜，正好十世。这位皇帝有哪些英明举措呢？今日在这里祭皇社，来日将去祭后土，以崇扬祖宗的圣德，使刘氏皇帝，符同三皇，功过五帝；更有后人继起，开拓前进。为此之故，命群臣，选吉日，排列执事，有如天上的星辰，布满蓝天，运行奔走。接下去是用极其夸张的笔法写祭祀的盛况，写甘泉宫的规模，名为歌颂，实则在极力暴露最高统治者不顾民命，满足一己之欲的极度奢华。班固在《汉书·扬雄传》中介绍甘泉宫的历史及扬雄写《甘泉赋》的心境说："甘泉本因秦离宫，既奢泰，而武帝复增通天、高光、迎风。宫外近则洪崖、旁皇、储胥、弩陆，远则石关、封峦、枝鹊、露寒、棠梨、师得。游观屈奇瑰玮，非木摩而不雕、墙涂而不画、周宣所考、盘庚所迁、夏卑宫室、唐虞棌椽三等之制也。且其为已久矣，非成帝所造，欲谏则非时，欲默则不能已，故遂推而隆之。"

甘泉本是秦时的离宫，汉武帝不断增大其规模，宫旁增筑通天、高光、迎风诸宫。近处又筑洪崖等四宫，稍远有石关、封峦等五宫，连同甘泉宫，共十四处，构成一个庞大的建筑群。而且又不是像周宣王、商盘庚以及夏时宫室那样的简朴，全是雕梁画栋，耗尽民脂民血。扬雄对此十分不满，然而毕竟是已经过去的事，这就叫"欲谏则非时，欲默而不能已"。于是就采取"推而隆之"的手法，欲折故扬，明褒实贬。从来的统治者是习惯听好话的，成帝根本就没注意到扬雄背后的用意，大加夸奖，确认扬雄有才。

这年三月，成帝游幸更浓，于是去汾阴（在今山西万荣县），渡黄河，祭后土，游介山，登龙门，观盐池，上历山，望西岳，寻殷周遗迹，"眇然以思唐虞之风"，竟想做个尧舜似的皇帝。因为是从陕西东渡黄河，故命扬雄作《河东赋》。于是扬雄故技重演，极力夸张，歌颂之余融进了自己的一个主题思想：临渊羡鱼，不如退而结网。赋的末段竟用谁都可以看出是挖苦讽刺的笔调写道："遵逝乎归来，以函夏之大汉兮，彼曾何足与比功？建《乾》、《坤》之贞兆兮，将悉总之以群龙！"

纵观古今，哪朝哪代能与继夏统的大汉比？过去的也就罢了，尤其今日，继往开来，建《乾》、《坤》之嘉兆，集群龙之吉祥，更创伟业！可是这因祖宗继承权位的成帝刘骜究竟又有哪些功德呢？什么也没有。当然，功德虽然没有，但这些文字成帝看了是极为舒服的，因为帽子从来总是越高越好。但假的总归是假的，正当他陶醉于自己认为的丰功伟业之中的时候，大汉灭亡的命运已悄悄地走近他的身边了。

许多无聊的人们总喜欢将自己的欢乐建立在别人的痛苦之上，而最高统治者更经常用人民的生命来作自己欢乐的牺牲。元延元年（公元前 12 年），汉成帝为了证实和夸奖胡人的勇猛，能生擒猛兽，于是命右扶风（今户县、咸阳、旬邑各县）农民数十万人上秦岭北面的终南山围捕猛兽，用槛车送至设在今周至县内的长杨宫附近的射熊馆，命"胡人"徒手与猛兽格斗，谁能擒获则猛兽归谁，死亡勿论，汉成帝亲往长杨宫观看。因为捕兽活动正在秋收时节开展，时间长达个多月，以致三县的庄稼烂在地里无人收获。这一活动成帝自然要带扬雄参加，自然又要让他写赋。扬雄对成帝这种扰民、坑民，不顾百姓死活的行为非常气愤，他在《长杨赋》中借假设的子墨客卿的口揭露其事说："子墨客卿问于翰林主人曰：盖闻圣主之养民也，仁沾而恩洽，动不为身。今年猎长杨，先命右扶风，左太华而右褒斜，椓截巘而为弋，纡南山以为罝，罗千乘于林莽，列万骑于山隅，帅军踤阹，赐戎获胡。扼熊罴，拖豪猪，木雍枪累，以为储胥，此天下之穷览极观也。虽然，亦颇扰于农民，三旬有余，其廑至矣，而功不图，恐不识者，外之则以为娱乐之游，内之则不以为干豆之事，岂为民乎哉？且人君以玄默为神，澹泊为德，今乐远出以露威灵，数摇动以罢车甲，本非人主之急务也，蒙窃或焉。"

墨家是最主张节俭的，所以扬雄设计了一个"子墨客卿"的人物。子墨客卿先从古远说起：圣主养民，思露毕沾，动不扰民，然后举出成帝扰民数县的大猎，对比十分强烈。扬雄在这里一反他夸张铺陈的手法，句句写实，字字皆真。"罗千乘于林莽，列万骑于山隅"，都是可信之事。《汉书·扬雄传》同时记载这次捕猎的规模说："命右扶风发民入南山，西自褒斜，东至弘农，南驱汉中。"褒斜即褒斜道，自今陕西眉县沿斜水，经太白县入汉中。弘农即今河南灵宝县。西起眉县，东至灵宝，南抵汉中，如此广阔的地域苟无数十万人如何张罗撒网？人如何能驱动深山老林中的猛兽按照人们预定的路线自投网罗？猛兽捕到了，

"木雍枪累,以为储胥",用木栏围成兽圈,以资储备,然后让"戎胡"拳打脚踢,一头头捉了去,真是天下之奇观极览!观览是观览了,可农民却倒了大霉,捕捉中的死伤不说,"三旬有余,其廑至矣。"再者,虽然是奇观极览,可又不能描之于图,笔之于书,怕那些"见识不到"的以为此举于外只是娱乐之游而于内无补于宗庙祭祀之事,又哪里是为了百姓呢?况且,尊为人君,当以澹泊安静为是,今兴师动众,远游取乐,实非人主急务。这些意思对成帝的针砭可谓是够有深度的了,但扬雄的独有的才华,反话正说,借翰林主人(历来皇帝身边的翰林多为阿谀奉承之辈)之口——批驳了子墨客卿的观点,于是汉成帝此举又是英明伟大之至,而成帝读后也就飘飘然羽化而登仙了。

但做皇帝的也不全是白痴,对扬雄的嬉笑怒骂也不是全无察觉,至少觉得有失敬之嫌。好在早在公元前的西汉比之千余年后文化昌明的清代进步,并不作兴文字狱,扬雄以文章自娱,皇家以权力自重,倒也各自相安,只是扬雄因此终身为郎,未曾得到过任何迁升,老后才为大夫,人称"朝隐",即在朝的隐士。

二、《太玄经》其书

扬雄虽然辞赋不少,也很有名,但真正反映他的思想的还是他的《太玄经》和《法言》,这里只介绍他的《太玄经》。

　　《太玄经》是扬雄模仿《周易》制作的，是一部自作的《易经》。《四库全书·太玄经提要》说："《太玄经》十卷，汉扬雄撰，晋范望注。《汉书·艺文志》称扬雄所序三十八篇，《太玄》十九。其本传则称太玄三方、九洲、二十七部、八十一家、二百四十三表、七百二十九赞、分为三卷，曰一、二、三，与太初历相应。又称有《首》、《冲》、《错》、《测》、《摛》、《莹》、《数》、《文》、《㨖》、《图》、《告》十一篇，皆以解剥玄体，离散其文，章句尚不存焉。与《艺文志》十九篇之说迥异。桓谭《新论》则称太玄《经》三篇，《传》十二篇，合之乃十五篇。……注其书者，自汉以来，惟宋衷、陆绩最著。至晋范望，乃因二家之注勒为一编。"又说："雄书本拟《易》而作，以《家》准卦，以《首》准《象》，以《赞》准爻，以《测》准《象》，以《文》准《文言》，以《摛》、《莹》、《㨖》、《图》、《告》准《系辞》，以《数》准《说卦》，以《冲》准《序卦》，以《错》准《杂卦》，全仿《周易》古本经、传，各自为篇。望作注时析《玄·首》一篇分冠八十一家之前，析《玄·测》一篇分系七百二十九《赞》之下，始变其旧，至今仍之。"

　　所谓"全仿《周易》古本经、传"，指的是《太玄》的体制完全模仿《周易》，《周易》有经、传他也有。但也不是完全模仿，如《周易》每卦都有卦名，而《太玄》没有正式的卦名，"天玄阳家一，天玄阴家二；天玄阳家三，天玄阴家四"之类似乎只是《家》的顺序而难成为它的名目。虽有《中》、《周》、《礥》、《闲》等，范望注本又看作《首》名（也有作卦名的）。再者，《周易》每卦都有卦辞，而《太玄》相当于卦的《家》却没有《家》辞。在构成上，《太玄》与《周易》的区别也不小；当然，也正是这些区别才成为扬雄的独创。如《周易》卦画分阴（－－）、阳（一），扬雄的《太玄》，则分一（一）、二（－－）、三（－－－）。《周易》每卦自下而上有六位，曰初、二、三、四、五、上。《太玄》自上而下分四重，曰方、州、部、家。《周易》遵循的基本原理是"一阴一阳之谓道"，所以用的是二的倍数。所谓"易有太极，是生两仪，两仪生四象，四象生八卦"，八卦相重变成六十四卦。《太玄》遵循的基本原理是"道生一，一生二，二生三，三生万物"，所以采用的是三的倍数。以天下为三方，每方三州共九州，每州三部共二十七部，每部三家共八十一家，每家三表共二百四十三表（今本无表），每表三赞共七百二十九赞。

扬雄作《太玄》，其用意是要说明凡物盈则亏，高则危，极则反，这样一个自然、社会概莫能外的普遍规律。扬雄在《解嘲》一文中以主客问答的形式说明他著《太玄》的意旨说："且吾闻之，炎炎者灭，隆隆者绝。观雷观火，为盈为实。天收其声，地藏其热。高明之家，鬼瞰其室。攫挐者亡，默默者存。位极者宗危，自守者身全。是故知玄知默，守道之极；爰清爰静，游神之廷；惟寂惟寞，守德之宅。"

这段基本上用四言韵句组成的哲理短文，将盛极必衰的道理说得至为深透，读来令人深思，令人惊恐，令人渗汗！冲天的烈火能持续燃烧而不熄灭吗？隆隆的惊雷能连续作响而不停止吗？显赫的世家能代代相传而不衰败吗？最高的权力能始终控制在一人一家手中而不旁落吗？如果能够的话，有谁见到了呢？如果不能的话，那又是为什么呢？扬雄的回答很简单：都是不可能的；其所以不可能是因为盛极必衰。不是么？耳边的雷声，眼前的烈火，惊天动地，倒海翻江，倾刻之间，"天收其声，地藏其热"，沸腾到了顶点的宇宙的某个空间，又复归于宁静。当然，还可能有更大的烈火升起，有更隆的雷声响过，但那是另一团烈火，另一阵惊雷了。那么，现燃着的烈火能否降低点热度，以便燃烧的时间更长，现响着的惊雷能否减少点音量，使自己响的时间更久一些呢？不能！它们必须把能够集中的所有热量和音量用最快的速度，最大的力度，在最短的时间内用最集中的方式表现出来，哪怕只能持续一分钟，一秒钟，都在所不惜，这就是雷火本身运行的规律。

当然，自然物毕竟是无知的，无论是惊雷，是烈火，只按自己固有的规律运动，并不计较时间的久远。那么有知有识的人呢？是否能不像惊雷和烈火一样一发了之，而能考虑长久呢？扬雄要说明的正是这样一个问题。他首先提出了社会生活中常见的也是相互联系的高明亡家、默默存身、位极宗危的三种现象。

高明何以亡家呢？这里所谓的高即突出，而明即是显赫。像山岳一样高耸，像明月一样亮堂的家族，可谓是已经登峰造极了，但就是这样的家庭和家族才衰败得最为迅速、最为彻底，就像通过常年累月的辛苦堆积的干柴最后升起一把烈火一样。原因何在呢？"高明之家，鬼瞰其室"，连鬼都在瞪着两眼看着，何况人呢？这里的人其实主要不是外人，而是内部；即使是外人，也要通过家里人自己起作用。而愈是家大业大的人家内部矛盾愈多，其斗争也愈激烈残酷，故其败亡就愈速愈彻底。

默默者何以存身？就像用柴烧火一样，边添柴边烧火，慢慢添着，慢慢烧着，虽然火力不可能太大，但比之把全部柴草堆积起来烧一阵猛火，其持续的时间就不知道有多少倍了。当然，无论火大火小，凡是已经点燃的终归都是要熄灭的，但它毕竟延长了时间，而且是一切猛火无法与之伦比的时间，生命不主要也是时间么？

人的特点之一就是有一种统治他人的强烈欲望，这是因为人的社会性形成的，所以权位就成了一般人追求不倦的目标。权位给人带来欢乐，带来尊荣，带来其他任何东西都无法取代的价值。然而也和任何其他营业一样：获利愈大者风险也愈大。权力是可以获得一切的，故其风险也得押上一切：身家性命、宗族亲友，所以说"位极宗危"。既然位极，就当泽及宗朋，鸡犬升天了，何以反而宗危呢？原来"炎炎者灭，隆隆者绝"，待权位到了极点，也就无位了。一旦无位，这因权位所获得的得利者，乃至并未得利者，其厄运也就随之而来了。秦末汉初有女名吕雉者，一普通家庭妇女。因嫁了个农村流氓刘邦，夫荣妻贵，后来

做了皇后。刘邦死，竟夺了刘家天下，自己称制，吕氏因
之门庭大振，子侄封侯，权倾朝野。吕雉风光了七八年，
可谓炎炎之极，隆隆无以多加了。但烈火惊雷总是要灭、
要绝的，公元前180年吕太后死，朝臣当即发难，刘章的
《锄草歌》成了此次政变的宣言书，吕氏家族被"锄"得没
了人种。这种位极以后的惨局古来甚多，只是扬雄生在汉
代，未能目睹魏晋之后更为精彩的场面。最可怜是刘宋开
国皇帝刘裕的后代梁顺帝刘昇，萧道成要做皇帝，顺帝必
须让位，他将位置让出来了，以为无事，趁宫中热闹的时
候躲进内殿，没想到跟着就有人进来搜索。他被架走了，
知道不是好去处，边哭边念："愿来世不再生在帝王家！"
他的后来人萧道成的后代更惨，架去被杀时边走边喊："别
杀我呀，不是我愿意要做皇帝的呀！"这孩子喊的也可能是
真话，可是他的先辈并非不想做皇帝，而是杀了别的皇帝
自己做皇帝。以此论之，位极不仅危及宗族，而且危及子
孙了。

　　如上所述，争做位极的王确乎存在风险，矮一等，做
一人之下，万人之上的相是否就好，是否就不在"炎炎者
灭"的劫数内呢？也不一定。为秦始皇出主意焚书坑儒的
大政治家李斯排除异己，钻山打洞地经营，因而做了丞相，
却死在刀笔吏出身的赵高手里。赵高借秦二世之手杀了李
斯，自己做了丞相，却又死在看来十分懦弱的子婴手中。
武帝时的公孙贺深知做丞相的艰难，以做丞相为人生最大
的不幸，公元前103年，武帝命公孙贺做丞相，公孙贺长跪

不起，边哭边磕头，请求饶恕，允许他不做丞相，武帝不许。公孙贺为相小心翼翼，勉强支持了一十二年，最后还是未免厄运，父子双双被杀。

虽则如此，但历史上的政治舞台从来不见空过，人们无不向往，所谓中原逐鹿，惟恐足不先登。其实为王为相也并非全无好的结果，关键在于如何为王，如何为相。如果把为王为相作为敛财的手段，作恶的资本，惟恐敛财不多，惟恐作恶太少，则其覆亡必然，而且必速。也有开始小心谨慎的，然而官场如赌场，到了那步田地，利令智昏，不能自控，于是厄运也就随踵而至了，扬雄的《太玄》正是对此而发。班固在《汉书·扬雄传》中说得好："雄以为赋者将以风（讽）也……往时武帝好神仙，相如上《大人赋》，欲比风（讽），帝反缥缥有凌云之志。由是言之，赋劝不止，明矣。又颇似俳优淳于髡、优孟之徒，非法度所存，贤人君子诗赋之正也，于是辍不复为，而大潭思浑天，参摹而四分之，极于八十一。"这就清楚地说明，扬雄曾经想通过辞赋为皇帝进谏，未能达到预期的效果，而且想到当年司马相如上《大人赋》，本来是想劝武帝不要信神仙方士之术，不想武帝读后，其趣更浓。想用淳于髡、优孟的隐言滑稽之法，又觉得非贤人君子之正。想来想去才找到这个"参摹而四分之，极于八十一"，仿《易》作《太玄》的办法。可见扬雄作《太玄》，完全不在供人占卜，而是启人之思，是一种仿《易》形式的特殊政论。其目的是要告诫世人，特别是告诫那些位居至极，集天下生杀于一身，生来管人而无人能管的帝王或帝王似的人们，千万要谨慎从事，尽可能地放慢脚步，不必疾风闪电似地朝自己的终点狂奔迅跑。

因为《太玄》是仿《周易》的作品，一切全在暗示之中。加之扬雄又喜用古字、生僻字，因而就更难理解。正像扬雄在《解难》一文中借客人之口自我责难所说："客难扬子曰：'凡著书者，为众人之所好也，美味期乎合口，工声调于比耳，今吾子乃抗辞幽说，闳意眇指，独驰骋于有亡之际，而陶冶大炉，旁薄群生，历览者兹年矣，而殊不寤。宣费精神于此，而烦学者于彼，譬画者画于无形，弦者放于无声，殆不可乎？"抗者高也，高其辞而深其说，自然就无法懂了，以致历览兹年而不寤，等于看无形的绘画，听无声的音乐。扬子对此虽然有自己的解释，但说服力不强，概括起来是"势不得已也"。当然是不得已了，扬雄只不过是个隐居朝廷的郎官，有权诛杀他的人比肩而立，他不如此云里雾里，能剩下性命写书吗？但扬雄是个不认输的人，最后借老子的话自我解嘲说："老聃有言，贵知我者希，此非其操与！"说自己在有意学老子，因为老子的名言是"知我者希，则我贵矣"。老子的逻辑是理解自己的人愈少则自己愈高贵，因为一般人不能理解，甚至是不配理解。

扬雄的《太玄》究竟是何模样，限于篇幅，不可能全面介绍，今举第一方第一州第一部第一家为例，并加诠释，以见扬雄立意之一般。所举限于《经》文和置于《经》文前的《首》辞，其他各篇概不涉及。

"☰，中，阳气潜萌于黄宫，信无不在乎中。"

中，卦名（一作首名）。晋人范望注："此首名也，一方一州，一部一家。天玄阳家一，水下下象，中孚卦。"《首》是相当《易传·象辞》解卦的文字。本是一篇文章，范望作注时拆开分属各卦，以统括一卦内容。中是什么？东南西北中，五方之一。五行以中属土，故中为土。土者吐也，一切因土而生。土者藏也，一切终归于土。土色为黄故曰黄宫。一切有生命的东西归根到底都是从地里长出来的，故曰"阳气潜萌于黄宫"。因地之归藏无所不包，故曰"信无不在其中"。《周易》以《乾》卦开篇，起自天；《太玄》以《中》起始，发自地，既与《周易》相对抗，又与《周易》相联系。范望以为《中》相当于《周易》的《中孚》卦，此说的根据主要在于二者同一"中"字，不免有望文生义之嫌。范望作注说："万物萌芽于黄宫之中，故名此首为中也。土为宫性，其色黄，故言潜萌于黄宫也。水色玄，为天，天在地外，天玄地黄，是以为经之首。"范望的这条注释是得其旨趣的，既解释了首名何以谓中，又解释了经名何以为玄。

第一赞："初一，昆仑旁薄，幽。"昆仑即浑沦，《列子·天瑞》："气形质具而未相离，故曰浑沦。浑沦者，言万物相浑沦而未相离也。"万物相浑沦而不相离，指的是万物浑然一体而未区别为各具形态的物。旁薄即磅礴，指气势宏大。幽指隐暗未明之状。"昆仑旁薄幽"，说的是大气充塞于宇宙间的万物萌发兹始状态，是首辞"阳气潜萌"的具体化。古来注家皆以"浑沦"指天，以"磅礴"指地，似不全合扬雄原意。扬雄的原意是要说明万物的起始状态，也就是阴阳二气未分的状态。他在努力揉合《乾卦》有关经、传两个方面的思想材料，以说明宇宙万物的起源。可惜他的立足点有问题，因为宇宙万物自然也包括地，既然阴阳未判，则地也就不存在了。

第二赞："次二，神战于玄，其陈阴阳。"这是阴阳分判的形象描写。陈者示也，有可见之意。意思是说浑沦、磅礴之气通过神秘的摩荡分合，于是判分了阴阳。实则揉合了《易传·系辞》"是故刚柔相摩，八卦相荡，鼓之以雷霆，润之以风雨，日月运行，一寒一暑，乾道成男，坤道成女"的文意。

第三赞："次三，三龙出于中，首尾信，可以为庸。"三龙古来有各种不同的解释，但考虑后两句的句意及参考《太玄文》的有关章节，这里的三龙就是《周易·乾卦》中的"潜龙"、"见龙"以及或跃在渊的"跃龙"，指人在仕途中所处的不用、始用、大用三个不同阶段。信者守也，守所见而无疑也。庸，用也。扬雄《太玄文》："君子修德以俟时，不先时而起，不后时而缩，动止微章，不失其法者，其唯君子乎？故首尾可以为庸也。"意思是说人无论处在不用、始用或大用的任何一个阶段，其知玄知极，知善知恶的思想要信守不变，只有首尾信守，才能首尾可用。言下之意，一旦不守，也就绝无可用。不仅不能用，乃至不能活。这就是扬雄《易》学思想的政治化倾向所在。当然，从阴阳分判到三龙出中，其跨度确实过大，但《易》理本身就带有几分玄的色彩，是无法用通常的逻辑来规范的。

第四赞："次四，卑虚，无因大受，性命否。"谦卑是好的，谦受益，可过满则招损自然、社会同属一理。但"受益"也是有限度的。水趋下是水的特性，卑虚受益是卑虚的特性，但当水一旦将卑虚灌满而卑虚自己不加节制，还在一味接受，则水给卑虚带来的将不是益，而是损，甚至是大损。所以说"无因大受，性命否。"因者故也，"无因大受"说的是无缘无故而过多的接受。"性命否"是说其性其命必否。天下事都是有因有故的，在自然谓之规律，在社会谓之法规，在人情谓之情理。有缘有故是合理的，无缘无故是违理的。无缘无故的接受，已经违规，何况"大受"？无故获利谓之不义之财，无故收受他人钱财谓之受贿，无故升迁谓之权力走私。所有这些，都在无因之列。无因而受谓之违理，无因而大受谓之罪恶；凡罪恶都应得到惩罚，所以有咎。

第五赞："次五，日正于天，利以其辰作主。"这是《周易》中的九五之卦，是人位之极的象征，比之自然如日中天，比之于时正值正午。范望注曰："五为天子，曰君象也。五亦为土。君而有土，参明于日，故为天子也。中央之位，四方之所归，故为主也。日之加，光绍天下，主正四方，故云利也。"需要补充作解的"利以其辰作主"一句。辰者时也。这正天位，为人主也不是无条件的，条件就是"时"。因其时而做，也就是该做的时候才做，不该做的时候，则不能做。什么是该做的时候？百姓需要的时候，社会需要的时候。反之就是不该做的时候，这就叫做"以辰作主"，如此才能"利"，既利于己，更利于人。

第六赞："次六，月阙其博，不如开明于西。"叶子奇注："六在'中'之偏，盛之极，在水行，月，水之精，盛极故缺也。缺则浸消而至于晦，不如开明于西之渐盈也。《玄》以此赞当冬至子之半，盖阴退一分而阳始生一分也。"《太玄图式》将八十一首的七百二十九赞分主一年，每两赞主一昼夜，共三百六十四日半，以夜半为一天的开始，以朔旦为一月的开始，以冬至为一年的开始。开篇的"中"自然是一年的开始，冬至日。"次五"是冬至日的午夜。"次六"自然略有所偏了，所以说"在中之偏"，虽然是极盛，但已开始衰退了。就在月亮开始西斜的时候，太阳开始上升。同样，当太阳开始西斜的时候，月亮又悄悄地升起了。一日如此，一月如此，一年如此。比之人事，考之万物，无不如此。正当某事某物发展到顶点的时候，它的衰退也就随之开始；与此同时，取代它的新事物也就在人们不注意的地方悄悄地发生、成长了。这就是自然，也就是历史，是谁也改变不了的法则，也是扬雄"炎炎者灭，隆隆者绝"的细微观察之所得。炎炎的烈火从什么时候起开始走向熄灭的呢？从它火焰最高最猛的时候。隆隆的雷声是从什么时候开始走向停息的呢？从它声音最重最响的时候。人的生命从什么开始走向衰退的呢？从生命力最为旺盛的时候。

第七赞："次七，酋酋大魁，颐水包贞。"酋，雄也；酋酋，高大貌。颐，养也。高大雄武的身躯，或与之类似的高贵威严的爵位，靠什么来保养、来维持呢？靠的是水一样的柔和与宽容。《老子》云："天下莫柔弱于水，而攻坚强者莫之能胜。"扬雄在《太玄文》中自己解释说："酋酋之包，何为也？曰仁疾乎不仁，谊（义）疾乎不谊（义）。君子宽裕足以长众，和柔足以安物，天地无不容也。不容乎天地者，其唯不仁不谊（义）乎？故水包贞。"惟有和柔宽裕，有水一样的情性和胸怀，才能包你不败。

第八赞："次八，黄不黄，覆秋常。"覆者败也。当黄而不黄，即当熟而无有可熟，便是败坏了秋收的常道。扬雄自己解释说："黄不黄，失中德。"什么叫失中德？范望作注："宜中不中，故失德也。"凡物都有中，都应该"宜"，而《易》最强调中，故中不存在宜不宜的问题。中者正也，应有的德谓之中德。以人事言之，内在谓之德，外化谓之责任，君有君的责任，臣有臣的责任，民有民的责任，当尽的责任而不尽，就谓之"失中"。后世韩愈在《原道》一文中概括君、臣、民的职责说："是故君者，出令者也；臣者，行君之令而致之民者也；民者，出粟米麻丝、作器皿、通货财以事其上者也。君不出令，则失其所以为君，臣不行君之令而致之民，则失其所以为臣；民不出粟米麻丝、作器皿、通货财以事其上，则诛。"韩愈虽然解释了三者的职责，但对君、臣缺乏必要的责任制约。"君者，出令者也"，似乎有了职责，但不出治命尽出乱命怎么办？"臣者，行君之令而致之民"，如果为虎作伥，助桀为虐，或搜刮民财，以公营私，又怎么办？"民不出粟米麻丝、作器皿、通货财以事其上，则诛"，若君出乱命、臣行乱命，致使恶吏横行、冤狱遍地，则其为君，为臣者又该怎么办？韩愈之所以只能成为韩愈，就在于本末倒置，韩愈的《原道》是写给普通百姓读的，而扬雄的《太玄》是写给主宰百姓的君上读的。从来社会之患不在于民，而在于君，君乱而后官乱，官乱而后民乱，民乱而后国乱。

第九赞："上九，巅，灵气形反。"范望注："九为金，万物之所终，九赞亦终于九也。巅，下也。死，气为魂，形为魄。魂登于天，魄归于地，故言及也。登则为神，故谓之灵也。"九为金，金属冬，一年之终；金主杀，故曰万物之终。一卦九赞，故又是一卦之终，但巅不是下。山顶曰巅，指的是人的生命的终点。终点如何？自然是死了。人死了会怎样呢？灵气与形，各归原处。用的是《易传·系辞上》"原始反终，故知死生之说"之意。元朝陈澔著《礼记集说·郊特牲》："形魄归地属阴……魂气归天为阳"，《淮南子》："天气为魂，地气为魄。"灵气即魂气，亦即人的无形的精气。形指有形的骨骸。人死，无形的精气扩散大气之中，所以说"登于天"，骨骸埋在地下，所以说"归于地"。死确实是万物之所终。以人论之，无论他一生如何轰轰烈烈，或平淡无奇，最后的结局无不"形魄归地"、"魂气归天"。死虽然同，但其价值则有轻重之别，故太史公有泰山、鸿毛之论。一般人也就不足论了，为人君、为人上者，一生因权力的支撑而轰轰烈烈，然而死时究竟能给他人留下什么，给自己又留下什么呢？这些似乎都在扬雄总结"一家"的"巅"字中有所暗示了。

对扬雄《太玄经》的评价，历来褒贬不一，大抵汉人多褒而宋人多贬。王充评价说："阳成子长作《乐经》，扬子云作《太玄经》，造于眇思，极窅冥之深，非庶几之才不能成也。孔子作《春秋》，二子作两经，所谓卓尔蹈孔子之迹，鸿茂参贰圣之才者也。"（《论衡·超奇篇》）以为《太玄经》是继孔子作《春秋》之后足能与孔孟相比的著作。张衡则说："吾观《太玄》，方知子云妙极道数，乃与《五经》相拟，非徒传记之属，使人难论阴阳之事，汉家得天下二百岁之书也。"（《后汉书·张衡传》）张衡以为是足可与《五经》相比的汉之二百年来第一部好书。

当然，汉人也有持否定态度的，如扬雄的同事刘歆曾当面对扬雄说："空自苦！今学者有禄利，然尚不能明《易》，又如《玄》何？吾恐后人用覆酱（瓿）也。"其实刘歆说的也是老实话。《周易》是朝廷立了学官的，学者有俸禄，尚且人畏其艰深而少有人弄得明白，何况比《周易》更难懂而又无官费资助的《太玄》？所以刘歆担心扬雄辛辛苦苦写出的这部《太玄经》将来只有用来作酱瓶盖了。扬雄对此，"笑而不应"。这不应也可能有瞧不起的意思，因为刘歆是紧跟王莽的，被奉为国师。

比之汉人，宋人的评价就差得多了。邵雍说："洛下闳改颛帝历为太初历，子云准太初而作太玄，凡八十一卦，九分其两卦，凡一五隔一四，细分之则四分半当一卦。气起于中心，故首《中卦》，太玄九日当两卦，余一卦当四日半。扬雄作《玄》，可谓见开地之心者也。"邵雍虽然肯定《太玄》，但主要肯定他知太初历法，并与自己的推算作了比较，"可谓见天地之心"是肯定他以《首卦》起篇的得当。对《太玄》予以全面否定的是程颐。程颐说："作《太玄》本要明《易》，却尤晦于《易》。其实无益，真'屋下架屋，床上叠床'。他只是于《易》中得一数为之，于历法虽有合，只是无益。今更于《易》中推出来，做一百般《太玄》亦得，要尤难明亦得，只是不济事。"（《程氏遗书》卷十九）

程颐的批评有对的一面，这就是"本要明《易》，却尤晦于《易》"，就是说本来用来说明《易》的，但却比《易》更晦涩难懂，因此无益，等于在屋下再起屋、床上再架床，全是无用之功。说比《易》更加难懂是实，但说"本要明《易》"就不是事实了，因为扬雄在他的《解嘲》中说得十分清楚，他是仿《易》，并不是解《易》。所以，难懂是《太玄》的缺点，明《易》却不是它的任务。批评中也有不实事求是的一面，如说"今更于《易》中推出来，做一百般《太玄》亦得"。一百般就是一百种，不要说再从《周易》中推出一百种来，就是让他程颐再推出类似《太玄》的一种，恐怕也有难度。

攻击《太玄》最为激烈的，莫过明代的王夫之了。他在《周易外传·系辞上传第四章》中批了何承天等人的卜筮方法之后说："乃其尤倍者，则莫剧于《玄》焉。其所仰观，四分历粗率之天文也；其所俯察，王莽所置方州部家之地理也，进退以为鬼神，而不知神短而鬼长；寒暑以为生死，而不知冬生而夏杀。方有定，而定神于其方；体有限，而限《易》以其体，则亦王莽学周公之故智，新美雄而雄美新，固其宜矣。"

王夫之如果从占卜的角度批评《太玄》粗率，是责无旁贷的，因为作占卜之用，《太玄》与《周易》确实不能相提并论。但从政治上批评扬雄与王莽相唱和，是"新美雄而雄美新"，似有失公允。王莽上台之后，扬雄未曾得过任何好处，反而因甄丰的案子吓得跳楼自杀。至于《太玄经》的方、州、部、家是否取之于王莽的行政建制，也非全是事实。天凤元年（14年）王莽还以天下"合百二十有五郡，九州之内，是二千二百有三。"天凤三年（16年）五月定吏禄制度，才有"东岳太师立国将军东方三州一部二十五郡，南岳太傅前将军保南方二州一部二十五郡，西岳国宁始将军保西方一州二部二十五郡，北岳国将卫将军保北方二州一部二十五郡"的说法，但有东南西北四方，而不是三方；部下是郡，而不是家。王莽在地名上是花时间极多的，往往官员任命定了，因地名未定，一等半年。而扬雄死于天凤五年（18年），这时全国的地方体制是否已经定局，还很难说。即便定了，以《太玄经》的规模，也不是一年半载就能写好的。特别值得注意的是扬雄的写作目的，他的目的是要对皇帝有所讽谏，而使他感受最深的是临近灭亡而又以圣君自许的汉成帝。王莽新即位，扬雄开始时对王莽还抱有希望，作《剧秦美新》，故《太玄经》决不是针对王莽而作；如若针对王莽应该歌颂，而不是讥讽，以此作为谀莽的证据是不合事实的。那么《剧秦美新》是否可以作为谀莽的证据呢？既然题为美新，自然是歌颂新莽了。不过那是在王莽的初期。其实不只扬雄，不少学人都对王莽寄予希望，因为王莽不仅是个阴谋家，而且是个大胆的改革家，而他的改革又都是以古制、以儒家经典为据的，熟悉古制而又向往古制的儒生们自然要拥护了。

第十三讲
难 舍 红 尘
——正本清源《爱莲说》

  宋理学开山祖周敦颐的《爱莲说》，是脍炙人口的名篇。一千余年来人们对其主题的理解众说纷纭，莫衷一是。归纳起来，通常有两种看法：一种认为它是周敦颐为了批判陶渊明的归隐和世人的趋炎附势，宣传"莲"积极入世、不同流合污的思想而写作的一篇追求儒家君子人格美的千古绝唱，另一种认为是周敦颐为了宣传佛家"爱莲"的净染思想而写作的一篇佛理颂歌。能否正确理解《爱莲说》，关系到能否正确评价"宋理学之宗祖"周敦颐思想的问题，因此对《爱莲说》的主题很有必要来个正本清源。

  通过全面考察周敦颐思想的发展情况，我们发现通常对《爱莲说》主题的种种看法，都是有误解的。

  我们认为，《爱莲说》是周敦颐欲归隐而又不能的一篇内心独白。周敦颐写作《爱莲说》时内心正交织着"仕"与"隐"的矛盾冲突。他此前已经有了"遁去山林"（《周子全书》），以便潜心钻研理学，"歌咏先王之道"（《周子全书》）的归隐思想和在庐山筑建濂溪书堂的隐居准备。由于各种原因，"隐居"之想当时未能实现。为了表白自己虽然想做而又未能做到像陶渊明那样不为五斗米折腰，毅然辞官归隐，但是还能努力做到不受官场恶习的污染保持君子节操，因而写作了千古名篇《爱莲说》。以上看法，可以通过考察周敦颐归隐思想的形成和发展情况，以及比较周敦颐"爱莲"和陶渊明"爱菊"思想的一致性，得出结论。

一、周敦颐归隐思想的形成

周敦颐的归隐思想是学术界长期忽视了研究的一个重要问题。了解其归隐思想的发展，对正确理解《爱莲说》的主题是十分重要的一环。下面就通过周敦颐几个人生阶段的划分，来考察其归隐思想的形成和发展情况。

一般认为，周敦颐的人生经历可划分为七个阶段：（一）1～24岁（1017～1040年），是周敦颐入仕前阶段；（二）24～40岁（1040～1056年），是周敦颐入川前阶段；（三）40～44岁（1056～1060年），是周敦颐在四川阶段；（四）44～48岁（1060～1064年），是周敦颐在江西虔州阶段；（五）48～52岁（1064～1068年），是周敦颐在湖南阶段；（六）52～55岁（1068～1071年），是周敦颐在广东阶段；（七）55岁以后（1072～1073年），是周敦颐退居庐山阶段。

第一阶段和第二阶段，周敦颐诗文中没有流露归隐思想，因此，笔者认为，入川前周敦颐的归隐思想尚未形成。其归隐思想的形成当是在第三阶段。1056年入川时，周敦颐刚好40岁，人到中年，爬山涉水来到偏远的西南地区做合州判官，他的心情会是怎样的呢？有一则资料表明，周敦颐对为官之高卑是有感慨的。在入川上任不久的1057年正月周敦颐作了一篇《吉州彭推官诗序》，借别人叙述彭推官之德的话，发表了自己的感慨："第为善内乐，殊忘官之高卑，齿之壮老，以至于没。其庆将发于是乎！（度正：《周敦颐年谱》）周敦颐对自己入仕16年还处在"卑官"之列，没有感慨是不可能的，只是周敦颐和彭推官那样追求"内乐"，不愿斤斤计较"官之高卑"而已。不过，这句感慨可以看作是周敦颐开始形成其归隐思想的前奏曲。

周敦颐在四川4年经历了人生的一系列变故，经受了人生的巨大痛苦。据度正《年谱》记载，1057年周敦颐的长子出生，第二年妻子却病故了，为了抚养孩子和照顾自己的生活，1059年娶了蒲宗孟的妹子为继室。面对仕途的不如意和中年丧偶的打击，周敦颐的思想发生了重大转折。纵观1056～1061年在四川的诗作，可以发现周敦颐这个阶段"仕"与"隐"的矛盾冲突开始出现。一方面他开始讨厌官场，有了归隐思想："久厌尘埃乐静缘"、"绯徊真境不能去"（周敦颐：《宿山房》），另一方面又顾虑重重不忍辞官："俸微犹乏买山钱"（周敦颐：《宿山房》），"时清终未忍辞官"（周敦颐：《经古寺》），既担心没有钱买山隐居，又认为"时清"还可以干一番事业，下不了决心辞官而去。

这个时期，他受到四川风土人情和当地崇尚道教思想的影响，经常登山访古寺，追求大自然的乐趣，以转移内心的痛苦，求得宁静和解脱。他开始研读道教著作："始观丹诀信希夷"，学习用"不闻不见"的"希夷"（周敦颐：《读英真君丹诀》）清静养心术调节自己不佳的心理情绪。注重"养心"的圣人之道，专门为"有文有行"的张宗范写了篇《养心亭说》，认为"圣贤非性生，必养心而至之"①，表现出"儒道互补"的思想倾向。这点，跟陶渊明的思想倾向是一致的。陈寅恪先生指出："渊明之为人实外儒而内道。"② 从这方面分析比较，周敦颐和陶渊明思想有一致性。周敦颐"儒道互补"的思想倾向，还可从他这个时期潜心写作《姤说》得到说明。周敦颐的忘年贤友傅伯成说，《姤说》"意远而不迂"。"《周易正义》云："姤，遇也。此卦一柔（－－）而遇五刚（一），故名为姤。"可见，周敦颐作《姤说》意在宣传"以柔对刚"的主静思想，"柔（无为）"的思想倾向强烈，套用陈寅恪先生评论陶渊明的话也可以说这时"周敦颐之为人实外儒而内道"。这时周敦颐出现"儒道互补"的思想倾向，决不是偶然的，它反映出周敦颐"仕"与"隐"的矛盾心理开始出现，"归隐"思想开始形成。1060 年，周敦颐离川时，同事吕陶有

---

① 《周敦颐集》，中华书局 1990 年版，第 50 页。

② 陈寅恪：《金明馆丛稿初编·陶渊明之思想与清淡关系》，生活·读书·新知三联书店 2001 年版，第 229 页。

诗并序赠他。吕陶《送周茂叔殿丞序》说："（周敦颐）常自诵曰：俯仰不怍，用舍惟道，行将遁去山林，以全吾思。"（《周子全书》）这就充分说明周敦颐在四川确实已经开始有了"遁去山林"的归隐思想。

第四阶段，周敦颐从四川又调回江西，任虔州通判。《爱莲说》就写在这个时期的 1063 年初夏莲花盛开之季。这个时期，周敦颐诗作中反映出来的归隐思想越来越强烈，"仕"与"隐"的矛盾冲突加强了。1061 年他在庐山北麓的莲花峰筑建了濂溪书堂，准备卜居其地，以便潜心钻研理学，"歌咏先王之道"（度正：《周敦颐年谱》）。他向好友潘兴嗣公开表白了自己的"卜居之志"（度正：《周敦颐年谱》）即归隐庐山，立志讲学和做学问，以弘扬"先王之道"，宣传自己开创的理学。这反映出周敦颐的归隐是有追求目的的，像陶渊明一样，既然从政不可得，就积极转向对自己事业的追求。陶渊明追求文学事业上的建树（参见魏正申：《陶渊明探稿·论陶渊明以诗文传世的思想》），而他则是追求理学事业的建树。这一点也表明周敦颐与陶渊明归隐思想有一致性，都是遵循了儒教精神的，决不是消极逃避人世的隐居。历史已经证明，陶渊明终于成为伟大的"隐逸诗人之宗"，而周敦颐亦成为"宋理学之宗祖"，他们都在自己的事业上取得了"宗主"地位，成就是许多人无以伦比的。

濂溪书堂建好后，周敦颐自己专门作了一首《题濂溪书堂》。诗中云："元子溪曰瀼，诗传到于今。此俗良易化，

不期顾相钦。"反映出周敦颐对唐朝著名诗人元结立志归隐
而以诗文传世的思想的钦佩，暗示自己人到中年，仕途不
可得，但还要立志去追求自己的理学事业。表示元结归隐
以诗文传世，自己归隐也要以理学事业传世，这种高尚脱
俗追求文学和哲学事业上的建树的做法，在社会上虽容易
化灭，不多见了，但自己还是要放弃一般人热心追求的官
场生活，去庐山讲学做学问。这里，周敦颐所反映出来的
思想，跟陶渊明归隐前的思想是多么相似！（参见魏正申：
《陶渊明探稿·论陶渊明以诗文传世的思想》）无怪乎，在
《爱莲说》中周敦颐要发出："莲之爱，同予者何人？"的感
叹，就像陶渊明的"独"爱菊一样，自己也只是"独"爱
莲而已。自己的"爱莲"与陶渊明的"爱菊"都是在一个
"独"字上相通的。"牡丹之爱，宜乎众矣！"追求富贵和官
场生活的人毕竟太多了，而像自己去追求哲学事业和陶渊
明去追求文学事业的人却太少太少了。"君子同道相吟"，
周敦颐的这一声苦吟，预示以后像他这样能够做到"爱莲"
（更不要说做到敢于与官场决裂去"爱菊"）的人也会"鲜
有闻"，对钻营求官之辈显然是很失望的。一声"同予者何
人？"的叹息，与他三年前在四川时（1060年）发出的
"寻山寻水侣尤难"（周敦颐：《喜同费长官游》）的苦吟又
是多么相同。这反映出周敦颐"仕"与"隐"的矛盾冲突
已经越来越强烈，其归隐思想已经非同一般了。

　　第五阶段和第六阶段，这是周敦颐在湖南和广东做地
方官阶段。如果说此前他已经有了归隐思想和筑建庐山濂

溪书堂的举动，但由于各种原因还徘徊不定的话，那么在这两个阶段，他的归隐思想已经越来越坚定，终于抛弃一切于 1071 年冬上南康印"分司而归"（度正：《周敦颐年谱》），实现了自己多年的"卜居之志"。在第七阶段，他退居庐山后，虽然身体有病，生活又十分困难，但心情很愉快，潜心讲学做学问，"妻子饭粥或不给，旷然不以为意"（度正：《周敦颐年谱》），对自己的选择没有任何后悔，整理修订了自己的理学名著《通书》。而《太极图》旧稿还来不及整理只好附在《通书》后面（《周子全书》），就于 1073 年病逝了。

纵观周敦颐以上归隐思想形成和发展的几个人生阶段的情况，我们发现，周敦颐是在内心正交织着"仕"与"隐"的矛盾冲突时写作《爱莲说》的。因此，我们认为《爱莲说》是周敦颐欲隐未能的苦吟。

周敦颐人到中年后，仕途不得志，想归隐转向潜心讲学和研究理学，这是无可否认的事实，在写作《爱莲说》时他的归隐思想已经非同一般，为什么又未能辞官去归隐呢？这是有周敦颐自己的苦衷的。在写作《爱莲说》的前一年（1062 年）他的次子出生了，长子还只有 6 岁。他要抚养家小，而且自己身体状况经常不佳，手中没多少积蓄，1061 年又筑建濂溪书堂借了些款。他为官清廉没有"外财"，必须靠做官的一点微薄俸禄生活下去。有一次，周敦颐得了病，好友潘兴嗣去看望他，"视其家，服御之物，止一敝箧，钱不满百。"（度正：《周敦颐年谱》）由此可见，他的家境并不好，过着清贫的生活。我们说，他之所以还未辞官归隐，直接原因恐怕主要就在于为生计之故。当然，还有一个重要的原因，就是在写《爱莲说》时，尽管他的归隐思想已经非同一般，但他的"仕进"之心并未像陶渊明那样完全"弃决"。他的"入仕"念头几乎"弃决"那是在 1064 年虔州失火事件发生，他被"对移"（度正：《周敦颐年谱》）通判永州之后。

二、周敦颐归隐思想与陶渊明思想的一致性

明确了《爱莲说》是周敦颐欲隐未能的苦吟后，再来分析比较周敦颐"爱莲"和陶渊明"爱菊"思想的一致性，以澄清前面指出的两种不正确的看法。

在前面分析周敦颐的归隐思想时，已经指出有两点是周敦颐跟陶渊明相一致的思想倾向：一、周敦颐和陶渊明同是主张"实外儒而内道"，具有"儒道互补"的思想倾向；二、周敦颐和陶渊明的归隐思想都是在从政不可得时转向对自己事业的追求，都是遵循儒教归隐精神的，而非消极逃避人世的隐居。对于第一点，周敦颐的"儒道互补"思想，可以从其诗文中对儒、道的态度看出来：对儒家学说，"闲坐小窗读《周易》，不知春去几多时"（周敦颐：《暮春即事》），他对儒家"六经之首"的《周易》潜心钻研收获很大；对道家学说，"始观丹诀信希夷，盖得阴阳造化机"（周敦颐：《读英真君丹诀》），他的"主静"说，很

大一部分就是受了道家思想的影响。他的哲学著作《太极图》、《太极图说》和《通书》，也明显地反映出"儒道互补"的思想。可以说，他开创的宋理学就是在大量吸收和改造儒、道、佛等各家思想的基础上形成的。至于陶渊明的"儒道互补"思想，还可以从周敦颐思想的极力推崇者朱熹的论述中窥视大概。朱熹认为，陶渊明的思想与行为，一方面合乎儒家的"大伦大法"（《朱子语类》），另一方面又承认"靖节之趣多见老子"，"渊明之辞甚高，其旨出于老庄。"（《朱子语类》）即认为陶渊明的思想是一种"儒道互补"思想。我们知道，就儒道两家思想比较而言，儒家重视"善"，道家则贵"真"，陶渊明追求真与善统一的美，这无疑是同周敦颐的美学倾向相一致的。对于第二点，周敦颐和陶渊明的归隐思想都是遵循了儒教精神的归隐。我们认为，儒家的创始人孔子和孟子并不否定归隐的做法。孔子就讲过"天下有道则见，无道则隐"（《论语·泰伯》），甚至自己在到处碰壁、为政不可得时还曾经产生隐世的念头："道不行，乘桴浮于海"（《论语·公治长》），打算到海外去隐居。孟子也说过："得志，泽加于民；不得志，修身见于世。穷则独善其身，达则兼善天下。"（《孟子·尽心上》）而且，孔子自己就终身从事教育事业，讲学和做学问。所以，虽然儒家强调"内圣外王"的理想人格，但在从政不可得时也主张归隐转向对自己事业的追求。周敦颐和陶渊明的归隐思想无疑是符合儒教的，尤其是陶渊明不为五斗米折腰敢于辞官归隐之举，在"天下无道"的情况下，完全是遵循了孔子的"遗训"的，所以他自己说："先师有遗训，忧道不忧贫。瞻望邈难逮，转欲志长勤。"（陶渊明：《癸卯岁始春怀古田舍二首》）他归隐立志以诗文传世，追求自己的文学事业，这一点也得到了儒家的发扬光大者朱熹的肯定，朱熹就主张将陶诗与《诗经》、《楚辞》一起作为诗之"根本准则"来提倡（《晦庵先生朱公文集·答巩仲至第四书》）。由此可见，陶渊明的归隐之举符合儒教当是无疑的。

由上分析可以看出，所谓《爱莲说》批判陶渊明归隐思想说是不足为信的。虽然从周敦颐保存下来的诗文著作中，除一篇《爱莲说》有过对陶渊明的论述外，已经没有办法再找到周敦颐对陶渊明的直接论述材料，但对于陶渊明崇高的不同流合污敢于归隐的精神品格，周敦颐应该是推崇的。这可从周敦颐的"私淑"（见《宋元学案·濂溪学案表》列"私淑"名单）苏轼和周敦颐的极力推崇者朱熹对陶渊明的态度和有关论述中窥视大概。元祐四年（1089年）苏轼作了一首《故周茂叔先生濂溪》，赞颂周敦颐的"廉退"（归隐）之德。这首诗第一个发现了"廉退乃一隅"的周敦颐和"因抛彭泽米"的陶渊明思想的一致性，他认为周敦颐可谓是陶渊明的知音。苏轼本人对陶渊明十分推崇，他被谪居海南岛时按陶诗的原韵和了109首诗，可见他对陶渊明的崇敬之情非同一般。本来陶渊明的诗作生前并不显赫，"直到苏轼这里，才被抬高到独一无二的地步。并从此之后，地位便基本巩固下来。"① 苏轼常说："人言靖节不知'道'，吾不信也。"（《东坡题跋·书渊明饮酒诗后》）苏轼既被《宋元学案》列为周敦颐的"私淑"弟子，他对陶渊明如此推崇的态度，难道不能说明周敦颐对陶渊明是持肯定态度的吗？再看，周敦颐的推崇者朱熹对陶渊明的态度，他不仅把陶诗摆在《诗经》、《楚辞》一样的地位，而且十分推崇陶渊明，他说"予生千载后，尚友千载前，每寻高士传，独叹渊明贤"（朱熹：《陶公醉石归去来馆》），把陶渊明当作自己人生理想的楷模。我们知道，周敦颐的"理学宗主"地位被确立起来，朱熹是起了很大作用的。朱熹对《爱莲说》也特别推崇，他在南宋淳熙六年（1179 年）知南康军时，重修爱莲池并刻《爱莲说》碑立于池畔，还题了《爱莲说》一首："闻道移根玉井旁，花开十丈是寻常；月明露冷无人见，独为先生引兴长。"② 从朱熹对陶渊明和周敦颐的极力推崇，也可以肯定所谓《爱莲说》批判陶渊明归隐思想说是站不住脚的。实际上，就是从《爱莲说》中也看不出批判陶渊明的思想。《爱莲说》中"晋陶渊明独爱菊"，一个"独"字，寄托了作者对陶氏这位"隐逸者"的崇敬之情，世人皆醉，唯他独醒，不为五斗米折腰而毅然去官归隐。由于这种超世俗"隐逸"，需要极大的毅力和勇气，调高和寡，一般人（包括当时的作

---

① 李泽厚：《美的历程》中国社会科学出版社，1989 年版，第 115 页。

② 引自《周敦颐思想学术研讨》，1992 年 7 月《桥梓通讯》编印本，第 249 页。

者本人）是很难做得到的，所以"菊之爱，陶后鲜有闻"，自陶渊明之后就很少有这样敢于去官归园田居的人了。周敦颐用一个"独"字也说明他知道陶渊明的"隐逸"跟其他形形色色的隐逸是截然不同的，不可相提并论的。他也说自己是"独"爱莲，这个"独"宇正暗示了他这位"花之君子"跟陶渊明这位"花之隐逸者"是相通的（历史上隐者与君子常连在一起，例如《史记》就讲过"老子，隐君子也"。说老子既是隐者又是君子。周敦颐是读过《史记》的，而且特别欣赏老子的"主静"思想。隐者与君子，在周敦颐那里通过"儒道互补"思想便紧密联系起来了）。因此，从《爱莲说》本身也或多或少可以看到周敦颐对陶渊明是持肯定态度的，决不是通常被理解的所谓为了批判陶渊明。《爱莲说》的真正思想应当是：表白作者虽然想做而又未能做到像陶渊明那样不为五斗米折腰而辞官归隐，但是还能努力做到不受官场恶习污染，保持君子人格。

三、《爱莲说》并非佛理颂歌

至于那种把《爱莲说》看作是周敦颐为了宣传佛家"爱莲"的净染思想而写作的一篇佛理颂歌的观点也是站不住脚的。我们知道，所谓佛家的净染思想，就是指佛家所主张的"染净互熏说"。佛教名著《大乘起信论》说："真如净法，实无于染，但以无明而熏习故，则有染相，无明染法，实无净业，但以真如而熏习故，则有净用。"这种净染思想包含了佛教的宇宙发生论和人生起源论（即"染熏于净"），亦包含了佛教的解脱论和出世论（即"净熏于染"），说明了世俗世界产生的原因和达到彼岸世界的原因。《爱莲说》显然不是宣传这种"染净互熏说"。一方面，周敦颐不是佛教徒，他并不信仰佛教的宇宙论和人生论，他有自己属于儒家系统的宇宙发生论（见《太极图说》）和人生论（见《通书》）；另一方面，他在《爱莲说》中体现出来的思想，仍然是他一贯主张的"圣人定之以中正仁义而主静"（周敦颐：《太极图说》）的静论思想，这种思想是将儒家"中正仁义"的核心思想与道家"不欲以静，天下将自定"的核心思想互相融会贯通的结晶（这也反映出周氏"儒道互补"的思想倾向）。通观《爱莲说》全篇，虽然找不出一个"静"字，但《爱莲说》出现了两个重要的词或字，即"不染"和"净"，这"不染"和"净"就是使一些人误以为《爱莲说》是宣传佛家"净染"思想的直接原因。实际上，据笔者考察，这里的"不染"和"净"都是其"静"论思想的反映。周敦颐是崇孟的，他对孟子提倡人的主观能动性，主张"存心"、"养性"的内省功夫是十分推崇的。而孟子的内省修心思想深深地影响了中国佛教的天台宗、华严宗和禅宗。中国佛教一改外来佛教以治烦恼污染为清净的提法，变为以静心息念为清净的提法，这明显反映出中国佛教吸取儒家孟子修心养性思想的事实。孟子认为"仁义礼智皆根于心"，一般人是"放其心而知求"，圣人则"反求诸己"，通过内省主静的修养方法，发挥自己的主观能动性。这一思想，被中国佛教的天台宗、华严宗和禅宗接受了。周敦颐精通中国佛教的天台宗、华严宗和禅宗，他吸取这些中国佛教的思想材料，主要也是在静论方面，这无疑跟周敦颐崇孟很有关系。周敦颐还曾说过，"一部《法华经》，只消一个艮字可了"。这样一部佛家大作的思想只要用儒家经典《周易》的一个"艮"字就可以概括了。我们认为，周敦颐的《爱莲说》是有意向中国佛教著作学习，借"净染"讲静心思想，他无疑发现了中国佛教吸取孟子思想的踪迹，"反其道而用之"，这是十分高人一等的做法。周敦颐在其哲学名著《通书》中说："艮其背，背非见也。静则止，止非为也。……其道也深乎"对艮卦之道特别看重。《周易·艮卦》云："艮，艮下艮上"，孔颖达疏："艮，止也，静止之义。"我们知道，艮的卦象是山，山为静境，两艮相叠，静之又静，故"艮"为"静"的代名词。周敦颐用"艮"概括《法华经》的思想，即无疑是就《法华经》的静论思想而言的。周敦颐的《太极图》原稿也是以"阴静"开始来演示其别开生面的宇宙发生论的（见《汉上易传》朱震所录《周氏太极图》）这也说明周敦颐看重的，也只是佛教著作的静论方面，而中国佛教的静论思想本身是吸取儒家孟子思想的结果，这就说明周敦颐的静论思想归根结底还是儒家的，只不过周敦颐善于学习利用佛教著作的某些思想材料和模仿其做法而已。中国佛教著作善于用"净染"来提倡"静心"思想。例如《大乘起信论》就认为"静心息念"为清净，用"心性不动"解释佛教上座部体系提出的"心性本净，客尘所染"的重要命题，认为只有达到"无动"（心静）这种内不起心，外不取境，精神处于绝对静止的境界，才能出现"心性本净"不为"客尘所染"。这样，心静成了"心净"的原因，心动成了"染心"的根源；"净染"思想就跟"静心"思想水乳交融，不分一二了。僧肇注姚秦时鸠摩罗什重译的《维摩诘所说经》卷五"无往为本"条有这样的话："心犹水也，静则有照，动则无鉴。痴爱所浊，邪风所扇，涌溢波荡，未始暂住，以此观法，何往不倒？"又说："无往故想倒，想倒故分别，分别故贪欲，贪欲故有身。既有身也，则善恶并陈，善恶既陈，则万法斯起。自兹以往，言数不能尽也。"此中的"无往"，僧肇即解之为"心动"（心不静），而"有照"则为心静，僧肇也是利用这种"净染"（浊）与"心静"的关系来提倡其静心思想的。"净染"与"心静"本来就是密不可分的。周敦颐自己也常常把"静"解作"净"，或把"净"解作"静"。例如，在《通书·蒙艮第四十》中他就说过这样一句话"山下出泉，静而清也。"这里既说是"出泉"（流动的泉水），则"静而清"的"静"当作"净"解，为"清净"之意。梁武帝《净业赋》也说："《礼》云：人生而静，天之性也；感物而动，性之欲也。有动则心垢，有静则心净"，这里公开用"有静则心净"来解释说明儒家礼学思想，表明"静"与"净"在中国古代儒家思想家那里，早就是联系起来思想的事。所以，我们认为《爱莲说》尽管全篇无一"静"字，但它讲"不染"和"净",实际上就是讲"静"论,宣传他自己的符合儒家孟子学派内省修心说的"主静"思想。这无疑是周敦颐哲学一贯的思想。他在《养心亭说》中曾公开表白自己崇孟,对孟子提倡的"养心莫善于寡欲"的内省修养功夫特别推崇。在其哲学大纲《太极图说》中,他明确提出"圣人定之以中正仁义而主静",他担心别人误解"静"的含义,在"主静"后又自注云:"无欲故静",这"无欲"思想,无疑是与孟子提倡的"寡欲"一脉相承的,着眼点都在于通过内省修心做圣贤之人方面。因此周敦颐提倡"主静"是带有很浓的儒家色彩的,"主静"是为了更好地"修身",以实现儒家"内圣外王"、"修身齐家治国平天下"的理想。这样看来把《爱莲说》理解为宣传佛教"净染"思想,无疑是不正确的。当然,周敦颐《爱莲说》的写作也不是没有受过中国佛教著作的影响。前面我们讲过,他有意向佛教著作学习,借"净染"提倡儒家"静"论思想就是明显的事实。此外,周敦颐不借中国儒士常用的有象征意义的梅、竹、松来讲君子人格,而借莲花来宣讲君子人格,我们也应该承认,这也是因为受了佛教著作常用莲花作为美好事物的象征物的启迪的缘故。虽然儒家经典著作中也曾把君子比喻为硕大而美丽的莲花(《诗经·国风·泽陂》中就出现了"彼泽之陂,有蒲菡萏,有美一人,硕大且俨"的诗句),但这种用法并不多见,远比不上佛教著作常用莲花作比喻。尤其是用"莲花"讲"净染"确是佛教著作的首创。如《大般涅磐经》云:"清净不污，犹如莲花。"《四十二章经》云："我为沙门，处于浊世，当如莲花，不为污泥。"《大智度论》云："譬如莲花出自污泥，色虽鲜好，出处不净。"《华严经探玄记》云："莲花有四德：一香二净三柔软四可爱……谓常乐我净。"史载周敦颐精通天台宗经典《莲经》。这些都说明周敦颐借莲花宣讲君子人格是受了佛教著作的影响。但是，我们说，虽然《爱莲说》借用了佛家有关"净染"和"莲花"的思想材料，但并不能说《爱莲说》的主题就是宣扬佛理。《爱莲说》体现的君子人格思想和主静论思想还是倾向于儒家传统的，它宣传的是儒家的君子人格。所以，《爱莲说》追求儒家君子人格是真，把它理解为批判归隐和宣传佛理都是不正确的。

第十四讲
宋理宗缘何只对瑶族发给"特许状"
——理学开山祖周敦颐与《平王券牒》

瑶族珍贵历史文献《平王券牒》（又名《评皇券牒》、《过山榜》等），国际瑶族研究协会将其列入瑶族研究三大问题之一。对《平王券牒》作过深入研究的日本上智大学白鸟芳郎教授和湖南瑶族研究专家李本高同志皆认为《平王券牒》是南宋王朝发给瑶族的"特许状"，他们所作的考证和分析的确是令人信服的。[①] 问题是，南宋有许多的少数民族，为什么朝廷只对瑶族发放《平王券牒》而不给其他少数民族发给类似的"特许状"呢？

有论者认为，"这是由瑶民当时所处的特定生存环境和

[①] 参见白鸟芳郎编《东南亚山地民族志》第二章、李本高著《瑶族<评皇券牒>研究》第一章。

英勇斗争所决定的。"① 无疑，瑶族的特定生存环境和英勇斗争是南宋朝廷发给瑶族"特许状"的两个重要因素。但是，仅仅这两个因素还是不够的，何况其他少数民族也共备这两个因素。我们认为，宋理宗缘何只对瑶族发给"特许状"，最关键的因素在宋理宗对"宋理学之宗祖"② 周敦颐的推崇，而周敦颐又是湖南"道州千家峒"瑶族十二姓中周姓瑶家子弟的缘故。

一、周敦颐是千家峒瑶家子弟

周敦颐（1017～1073 年），宋代理学的开山祖，也称濂溪先生。其学派被称为"濂学"，但他生前地位不高、影响亦不大，直到死后一百多年才受到重视。他的哲学理论成为南宋、元、明、清朝代的官方统治哲学。南宋著名学者度正曾作《濂溪先生年谱》对周敦颐的家世作过认真而详细的考证，认为"宋真宗天禧元年丁巳五月五日，先生生于道州营道县之营乐里楼田保"。③《宋史·周敦颐传》亦说："周敦颐，字茂叔，道州营道人。"④ 道州营道营乐里楼田保，即今湖南省道县久佳乡楼田村。"营乐里"的名称今

① 李本高：《瑶族＜评皇券牒＞研究》，岳麓书社 1995 年 8 月第 1 版第 5 页、第 14 页。

② 见《性理精义》康熙语。

③ 周文英：《周敦颐全书》，江西教育出版社 1993 年 9 月第 1 版第 6 页、第 353 页、第 356 页。

④ 见《宋史》卷四百二十七《道学传》。

已不复存在，但楼田村附近有个村寨还称"营乐源"（当地土话"营乐源"和"营乐里"读音相同）。营乐源一带是宋代著名的"道州千家峒"瑶家村寨分布地之一。瑶族珍藏历史文献《始祖遗传简历》、《千家峒源流记》和《千家峒古本书》经常提到"营乐源"——"忽一日重兵来到道州容罗岭村上扎营"[1]。道州太阳（爷）差兵来看，容六岭小招兵[2]、"兵将数千驻扎于茶罗岭"[3]、"天皇兵来到道州容落岭村上扎营'，[4]，这里的"容罗岭"、"容六岭"、"茶罗岭"和"容落岭"就是《濂溪先生年谱》讲的"营乐里"，也就是今天的营乐源村一带。我曾于1991年秋去道县参加"周敦颐思想暨濂溪书院学术研讨会"时，前往周敦颐的家乡进行过实地调查，楼田村和营乐源村（宋代管属营乐里）一些周姓、唐姓村民都说自己是千家峒瑶民后代。中南民族学院政治系宫哲兵教授就于1982年11月来过这一带调查，营乐源村的一位村民说："我们是从本县久佳公社团结大队达村迁来的，是盘护（应为'瓠'——引者注）的后代，属狗头瑶。解放初期，我们害怕受欺负，自报为汉族。

---

① 江永县民族调查组：《湖南省江永县瑶族古籍资料选编（一）》，1986年4月编印本第9页。

② 宫哲兵：《妇女文字和瑶族千家峒》，中国展望出版社1986年5月第1版第217页。

③ 江永县民族调查组：《湖南省江永县瑶族古籍资料选编（一）》，1986年4月编印本第4页。

④ 江永县民族调查组：《湖南省江永县瑶族古籍资料选编（一）》，1986年4月编印本第12页。

后来看到党的民族政策很好，又要求恢复瑶族身份，但一直没有得到批准。听达村的老人讲，我们的祖先是从广西灌阳的千家峒逃出来的，收藏有一节牛角，代代相传。"①从容乐源往西南方向走大约三十华里，跨越韭菜岭茅平峒就进入了广西灌阳和湖南江永、道县交界之处的历史上所说的"道州千家峒"（或称"广西灌阳千家峒"）的中心——今江永县千家峒瑶族乡。因此，营乐源一带的周姓、唐姓村民说他们是这支千家峒瑶民的后代，的确是可信的。这一带发现的《评王券牒书传为记》就肯定周姓、唐姓属于千家峒瑶族十二姓："一赐七男姓周名元，封都尉判使……一赐十男姓唐名元端，定国公尚书"。②据笔者调查得知，从容乐里楼田村迁到江永县夏层铺乡雄川村的一支周敦颐家族的后裔，前几年曾拿出《周氏族谱》向江永县民族事务委员会提出恢复瑶族身份，经过有关部门的认真审查，现在已如愿以偿了。雄川村的周敦颐后代都一致认为自己属于千家峒瑶族，说明"周敦颐是瑶族"是可信的。

从周敦颐故里所藏《周氏族谱》来看，周家属于"周平王的后代"，"始祖归仁公世家山东青州"，后又由青州迁到湖北襄阳，再由襄阳经过澧水流域迁到湖南。周敦颐的祖先迁道州已有十二世，故《宋史》称其为"道州营道

---

① 宫哲兵：《妇女文字和瑶族千家峒》，中国展望出版社 1986 年 5 月第 1 版，第 285～286 页。

② 《瑶族（过山榜）选编》，湖南人民出版社 1984 年 6 月第 1 版，第 100～101 页。

人"。把周家族谱记载的情况与瑶族文献《平王券牒》等记载的情况相比较，周氏家族的迁徙路线完全跟"千家峒瑶民"的迁徙路线相吻合。周敦颐属于"道州千家峒"十二姓瑶人子弟是无疑的（关于瑶族迁徙的历史情况，详见李本高著《瑶族＜评皇券牒＞研究》第四章，这里不多谈）。

二、宋理宗对周敦颐的推崇

宋理宗时期（南宋末）正是历史上"道州千家峒"这支瑶族最旺盛的时期，他们居住在从今天的江永县千家峒到道县韭菜岭、容乐源一带的都庞岭山上山下的大片地区，这里"山环水秀、地广人丰"，"森林茂密，土地肥腴，植物丰富"，千家峒瑶民"开荒种稻植物数千，老少安居乐业"，过着和睦相处、团结友爱的生活。[①] 而形成鲜明对照的是，南宋朝廷此时正值疆土日蹙，危机四伏之际。宋理宗为重振朝纲，大力推崇周敦颐开创的理学。史载其在位四十年"升濂洛九儒，表章朱熹四书，士习丕变，有功理学"[②]。所以得了"理宗"的庙号。宋理宗对周敦颐的推崇备至具体表现在：第一，理宗淳佑元年（1241 年），下诏说："联惟孔子之道，自孟轲后不得其传。至我朝周敦

---

① 江永县民族调查组：《湖南省江永县瑶族古籍资料选编（一）》，1986
年 4 月编印本第 3～4 页。

② 蔡东藩：《宋史演义》，上海文化出版社 1982 年 9 月第 1 版，第 390
页。

颐……千载绝学始有指归。……朕每观五臣论著，启沃良多。今视学有日，其令学官列诸从祀，以示崇奖之意。"①自此，周敦颐便与周公、孔子同在庙庭受到祭祀。第二，下诏后，宋理宗通过认真阅读有关周敦颐家世的奏章，三天后又加封周敦颐为"汝南伯"有意确定其为周平王的后裔（《姓源》云："平王之子，封汝南，其后为周氏。"可见"封汝南伯"自然就与"平王之子"联系在一起了。）第三，理宗宝佑五年（1257年），御赐九江"道源书院"匾额，以表彰周敦颐在九江庐山建濂溪书堂首创理学之功绩。第四，理宗景定四年（1263年），御书"道源书院"四字赐南安军，以表彰周敦颐生前在南安军教授二程（指理学大家程灏、程颐二兄弟），开启道学（理学）源头之功绩。第五，理宗景定四年二月，御赐"道州镰溪书院"匾额，以纪念周敦颐出生之地。我们知道，宋理宗死于景定五年（1264年），其死前一年已体弱多病，且国事不济，但还积极为纪念周敦颐的"道源书院"和"道州濂溪书院"亲笔题写院名，其推崇周敦颐之心确是非同一般。

从宋理宗加封周敦颐为汝南伯，可以知道，宋理宗是了解周氏家世的，特别是为周敦颐那偏僻的家乡营乐里开办的道州濂溪书院题写院名，更是一种对周敦颐出生和生活过的瑶寨——营乐里的特殊纪念，所以当时道州守臣杨

---

① 周文英：《周敦颐全书》，江西教育出版社1993年9月第1版，第353页。

允恭拿着御书感慨万千地说："星奎启运，洪儒杰出于潇源……顾惟父母之邦，未沐帝王之宠，阙然巨典，郁若舆情。不量远地之微臣，妄冀上天之妙笔……永作九嶷之辉映，光风霁月，喜同多上以咏归。"① 读罢这段引文，我们对瑶族文献中经常出现理宗"景定"的年号之谜或许可以揭开了。对于"道州千家峒"瑶民（包括地主瑶酋们）来说，像营乐里这样的偏远瑶区，过去是从未沐浴过"帝王之宠"的，由于出了一个"理学宗主"周敦颐，宋理宗倍加厚爱才推恩瑶山，"阙然巨典，郁若舆情"，使九嶷山区"辉映"起来。瑶族人民是很重感情的优秀民族，他们总是把受过恩典的事记下来，代代流传下去。宋理宗在瑶族文献中被尊称为"正忠"，"正"和"忠"都是瑶族心目中最美好的词语，所以许多《平王券牒》一开头就说"正忠景定元年"。这里的"正忠"就决不是像一些人所说的仅仅是"理宗"的通假词而已。宋理宗由推崇周敦颐而引起对周氏故里的关注，在湘南瑶族居住区鼓励兴办书院，进行理学教育，客观上对当地瑶民起了开化作用，功不可没。宋理宗在位四十年，大力推广理学教育，其当政时期书院大盛，史载"书院之建……至理宗时尤伙，其得请于朝、或赐额、或赐御书及间有设官者"达 18 所之多②。而书院往往是私家办学，学生来源广，所以瑶家子弟受教育才有了更多机

① 周文英：《周敦颐全书》，江西教育出版社 1993 年 9 月第 1 版，第 356 页。

② 见《续文献通考》卷五十《学校考》。

会。正是由于这样，现在发现的许多瑶族文献都标明写于南宋时期就不是没有原因的。1987年在古代"道州千家峒"瑶族地区——湖南江永县发现的手抄本《盘王歌》，全诗上万行，洋洋大观且颇有文学色彩，而此诗就产生于南宋飞龙乙丑年（1265年）[1]。即宋理宗死后一年。这就说明当时江永县一带的"道州千家峒"瑶族子弟中写作能力较强的"瑶家秀才"并不罕见（无独有偶，奇特的江永"女书"亦传说产生于宋朝）[2]。我们说正是由于大量地出现了这样能写的瑶家秀才才可能有《平王券牒》中讲的"今得王瑶呈状"情形的出现。李本高同志曾论述强调："《评皇券牒》中记述了瑶族始祖盘瓠龙犬的故事，以及瑶族的历史与迁徙等，对于如此复杂的问题，只有一些文化和熟悉瑶族的历史的瑶酋才比较清楚。"[3] 这是符合历史事实的。我认为，那些有文化和熟悉瑶族历史的瑶酋就是当时"道州千家峒"一带的瑶家地主秀才们（宋时瑶族大多分布在道州南岭一带），他们呈状给宋理宗，而理宗那时又正对属于千家峒瑶家贵族子弟的周敦颐推崇备至，所以才大开龙恩，唯独对瑶族签发了《平王券牒》这份"特许状"。

既然如此，为什么此事不见宋王朝皇家史料（日历、

---

① 蒲朝军等：《中国瑶族风土志》，北京大学出版社1992年10月第1版，第332页。

② 杨仁里等：《永明女书》，岳麓书社1995年5月第1版，第2页。

③ 李本高：《瑶族＜评皇券牒＞研究》，岳麓书社1995年8月第1版，第14页。

实录）和《宋史》记载呢？我想原因有二：一是宋王朝发给瑶族"特许状"对瑶族人民来说是一件大事，但对汉族封建统治者来说就算不上什么大事了，所以记不记录下来无关紧要，且当时战事频繁，南宋王朝正处于风雨飘摇的多事之秋，所以不少事件在皇家的日历、实录中也顾不上记录了。二是元人修《宋史》虽号称最为庞大但"成书十分仓促"①，特别是南宋史料未认真搜集与整理，所以记载南宋之事明显过于简略，许多史实不清，漏掉宋理宗颁发《平王券牒》一事也就可想而知，不足为奇。

《平王券牒》的颁发与周敦颐有某种关系，还可以从"道千家峒"瑶民中珍藏的《评王券牒书传为记》文字中发现端倪。该牒云："一赐七男姓周名元，封都尉判使"②，我们知道，宋宁宗嘉定十三年（1220 年）下诏赐谥周敦颐为"元"，后人乃尊称为"元公"，这类《平王券牒》指明周姓瑶族先祖"姓周名元"，很难说与周氏赐谥为"元"没有关系，而且周敦颐又确实担任过判官，所以有"封都尉判使"之记录。我认为，《平王券牒》所标瑶族十二始祖名及职官虽不可完全相信是事实，但在当今资料不足暂时还弄不清底细时，最好持慎重态度，不要轻易武断地给予全盘否定。有鉴于此，我们对大多数《平王券牒》及其它文献

---

① 《中国大百科全书·中国历史——辽宋西夏金史》，中国大百科全书出版社 1988 年 5 月第 1 版，第 291 页。

② 《瑶族（过山榜）选编》，湖南人民出版社 1984 年 6 月第 1 版，第 100 页。

上标明的"景定"年号是不应该下"乱标"之断语的。

至于宋理宗发给瑶族的特许状缘何得名《平王券牒》，这亦与周敦颐有关系。周氏族谱强调周家为周平王的后代，远祖被封在汝南（今河南平顶山市附近），所以宋理宗在淳佑元年要追封周敦颐为汝南伯，为的是尊重周氏族谱记载，有意提高周敦颐家族地位（当然周家为周平王之后，也许确是事实，但事久年湮，实难讲清）。因此，宋理宗发给瑶族特许状名叫《平王券牒》就不能不说其中没有深意。世传瑶族的始祖盘瓠乃是高辛氏手下的一名龙犬猛将，而高辛氏的都地在有辛（今河南商丘），离河南汝南并不远，而且又传说盘瓠与平王之女结婚后，平王将盘瓠送到"南京十宝洞下"[①] 生活。据考这里讲的南京是指宋朝的应天府，宋大中祥符七年将应天府改为南京，南宋高宗即帝位就在南京，即今河南商丘县，所以周氏族谱讲其远祖曾在河南生活过，属于周平王的后裔（史载周平王东迁于洛邑，即今河南洛阳）跟千家峒瑶族十二姓中普遍流传的其始祖曾生活在河南；属于平王皇家的后裔，是完全相吻合的。由于资料不足，《平王券牒》中的"平王"是不是就是指周平王，瑶族始祖盘瓠帮助的平王亦是不是就是指周平王，现在还难以考证清楚，但是宋理宗追封周敦颐为汝南伯及发给瑶族特许状名为《平王券牒》，说明宋理宗是相信瑶族的

---

① 《瑶族（过山榜）选编》，湖南人民出版社1984年6月第1版，第29页。

祖先的确是有功于周平王，是周平王后裔的。所以我们说从《平王券牒》的得名，亦证明宋理宗独许瑶族特许状与推崇周敦颐是有直接联系的。要指出的是，《平王券牒》中讲："自后生男育女，传奏平王闻知，传下圣旨，男女皆可称王瑶子孙。"这里，指明"王瑶子孙"显系为了有意强调说明瑶族属于平王的后代，又由于"平王闻知，传下圣旨"，所以宋理宗颁发的《平王券牒》前面就要标明"仿照前朝盘王券牒更新出给"字样，目的是表明平王曾经传发过"圣旨"（盘王券牒），现在颁发的特许状《平王券牒》不过是"仿照"之举罢了，这样就可避免其他少数民族也提出要求向朝廷要"特许状"了。

第十五讲
湖湘文化的理学传统

一、湖湘文化理学传统的形成和发展

湖南地处内陆，其自然，经济，人文环境都比较封闭，因而能够形成有别于其他地域的文化特征，影响着本区域的文化生活和学术发展。我们认为，湖湘文化的发展和繁荣，并在华夏文化中占有突出的地位，主要是由于宋代湖南出现了一个理学传统的缘故。宋湖湘文化发展取得了很高的成就，这是与理学传统的形成分不开的。

"理学"是北宋时期出现的一种新的社会思潮，它体现了当时思想界要挣脱汉唐"传注"之说的桎梏，追求一种"圣贤气象"的境界的时代精神。张恒寿先生认为理学家的共同精神有二："（1）世界是真实而不是虚幻的，人的道德在宇宙中有其根源，应以身心性命的修养践履为本，达到优入圣域的境界。（2）道德修养不局限于内省修身范围，必须和人伦日用，治国淑世的事业结合起来，完成有体有用之学。"张先生还指出："这个粗略的概括，可以作为衡量某一学者或某一思想体系是否属于理学的标准。"① 我们讲的湖湘文化的"理学"传统，就是以张先生的这一论述为基本内涵的。

有人问，湖湘文化中是否有一个理学传统？我们的回答是：在源远流长的湖湘文化中存在着一个理学传统，它开创于北宋时期的周敦颐，形成于南宋时期的胡宏，张栻和朱熹，并由程朱学派的门人弟子发扬光大，影响着元、明、清各代湖湘文化的发展，并且这个理学传统成为后来集中国古代唯物主义和朴素辩证法思想之大成的湖南王船山理学的重要学术渊源之一。郭嵩焘指出："盖濂溪周子与吾夫子（即王船山——引者）相去七百载，屹立相望。揽道学之始终，亘湖湘而有光。"② 这就明确肯定了湖湘文化中有一个从周敦颐到王船山的理学传统，而这种看法无疑是有深刻道理的。

周敦颐作为理学之鼻祖已人所共知，但对于他还开创了湖湘文化的理学传统，并对以后七百多年湖湘文化的发展产生了深远的影响，则论述较少。

据史料记载，周敦颐在湖南曾通过官学传播过自己的理学——濂学思想。庆历八年（1048 年），周敦颐出任郴州

---

① 《中国社会与思想文化》，人民出版社 1989 年版，第 295 页。
② 《郭嵩焘诗文集》，岳麓书社 1984 年版，第 538 页。

郴县县令，一上任就"首修学校以教人"①。治平四年（1067 年），周敦颐以永州通判权知邵州，"始迁建州学，倡明教法，学徒渐广"② 周敦颐常常于处理公务之暇去州学讲课，"诲诸生如亲子弟"，从此，邵州人学习理学蔚然成风。③ 这就大大促进了邵州理学的发展。可见，周敦颐生前的"设教"活动为开创湖湘文化的理学传统奠定了一定的基础。无怪乎李肖聃著《湘学略》叙述湖南学术思想的发展，第一节便是"濂溪学略"，这就肯定了周敦颐在湖湘文化理学传统开创者的地位。

衡阳市图书馆黄耀武同志在《周濂溪与衡州》一文中，提到濂溪理学对王船山的故乡衡阳的传统文化影响很大。他说："据地方史记载，衡州西湖，是濂溪先生幼年读书之地和成名后来衡讲学之地，他的哲学思想促进了衡州理学的发展，自宋开禧年间至清末，衡州内就建有濂溪书院，濂溪祠，爱莲亭等纪念地、自宋代至今已有近八百年的历史，成为衡州传统文化中的一个重要组成部分。"我们说，虽然以上史料还有待考证，但是，周敦颐开创的湖湘文化理学传统对衡阳文化和船山理学的形成，的确是影响很大的。这一点，是没有什么怀疑的。

周敦颐去世后，在湖南各地出现的为纪念他而设立的收徒传播其学说的书院不少，这也反映出周敦颐开创湖湘

---

① 《周子全书》卷二十。
② 《宝庆府志·礼书三》，道光版。
③ 《宝庆府志·礼书三》，道光版。

文化理学传统的事实。现将湖南各地的有关主要书院列出：

（1）濂溪书院，道州州学西。宋景定四年（1263年），宋理宗赐"道州濂溪书院"额。元至正二年（1342年）重新之，明复建。康熙二十五年（1686年）赐"学达性天"额，内有朱熹书《太极图说》碑。①

（2）濂溪书院，永州府北门内，顺治十四年（1657年）知府魏绍芳建。②

（3）宗濂书院，永州府学后，明府尹黄干建。③

（4）爱莲院，邵阳县城，即濂溪观莲处。④

（5）文昌书院，新化县东南，明嘉靖中建，祀濂溪。⑤

（6）周茂叔书堂，郴州城内。在薪山中，有木尊石，张舜民刻铭其上。⑥

（7）濂溪书院，郴州南门外，宋建。⑦

（8）濂溪书院，郴州桂阳县学内，明洪武中建，塑濂溪像。⑧

（9）濂溪书院，在衡阳城西凤凰山宋龙图阁学士郑向故宅，濂溪先生，郑向甥也，少孤，鞠于舅氏，后人因建

---

① 《周濂溪集》康熙版。
② 《永州府志》卷四上。
③ 王先谦《湖南全省学故备考》卷十二，光绪十四年五月刊本。
④ 王先谦《湖南全省学故备考》卷十二，光绪十四年五月刊本。
⑤ 王先谦《湖南全省学故备考》卷十二，光绪十四年五月刊本。
⑥ 王先谦《湖南全省学故备考》卷十二，光绪十四年五月刊本。
⑦ 王先谦《湖南全省学故备考》卷十二，光绪十四年五月刊本。
⑧ 王先谦《湖南全省学故备考》卷十二，光绪十四年五月刊本。

书院于其地。①

（10）濂溪书院，邵阳府东山，张栻于乾道九年（1173年）作《邵州复归学记》。②

通过这些书院的大力传播，周敦颐开创的湖湘文化理学传统，影响了宋、元、明、清诸代湖湘文化的发展，造就了一批历史有名望的湖湘理学家。理学发展到南宋时期，在湖南出现了一个"湖湘学派"。《宋元学案·南轩学案》称"湖南一派，当时为最盛。"我们认为，"湖湘学派"的出现正是湖湘文化理学传统形成的重要标志。"湖湘学派"是宋理学的一个重要流派，这个理学流派是由胡安国（1074～1138年），胡宏（1105～1155年或1102～1161年）父子开创，而张栻（1133～1180年）集大成的。他们以衡山碧泉书堂，岳麓书院和城南书院为基地讲学授徒，极大地促进了湖湘文化理学传统的形成和发展。

胡安国、胡宏都是理学大师二程（程颐，程颢）的私淑弟子，他们主讲碧泉书堂，著书立说，对理学很有研究，培养了一批有影响的理学学者。胡安国花30余年功夫著《春秋传》，主张《春秋》经世，"华夷之辨"，是明清以来的太学教材，影响很大。胡宏的理学杰作《知言》对理学的发展，更是产生了深远的影响。所以，全祖望说："中兴诸儒所造，莫出五峰之上，其所作《知言》，东莱以为过于

---

① 《清泉县志》卷四，乾隆版。
② 《周濂溪集》康熙版。

《正蒙》，卒开湖湘之学统。"①

张栻是胡宏的门人，是和朱熹、吕祖谦齐名的理学大师（他们三人被称为"东南三贤"），他把"湖湘学"发展到一个鼎盛的新阶段。他主持岳麓书院前后共有七年之久，开辟了一个闻名全国的理学基地。当时不少湖湘学子纷纷前来岳麓书院学习理学，从此，湖湘文化的理学传统被发扬光大起来，影响着南宋的政治界和学术界，无怪乎他同时代的陈亮称赞他为"一代学者宗师"。②

我们说，"湖湘学派"的理学大师及其门人对湖湘文化理学传统的形成和发展作用是很大的，但是朱熹及其门人弟子在湖湘文化理学传统的形成和发展中也占有不可忽视的重要地位。朱熹作为两宋理学的集大成者，在中国哲学史上具有十分重要的地位，这是大家公认的，然而，朱熹理学的成就及其在哲学史上的地位，实是与"湖湘学派"的宗师张栻的学术交往分不开的，而恰恰又是这种交往推动了湖湘文化理学传统的形成和发展。据历史记载，朱熹曾有两次湖南行。一次是1167年8月至11月来湖南访问张栻，两人"志同道合，乐与之友，至或识见少异，亦必讲磨辩难，以一其归"。③朱、张在岳麓书院会讲，传播理学思想，影响很大。当时书院"学徒千余，舆马之众，至饮

---

① 《宋元学案》。
② 《陈亮集》卷二十一。
③ 《朱子行状》。

池水立竭，一时有潇湘洙泗之目焉"。① 这样"二先生相与发明，以续周、程之学，于是道学之开，如日之升，如江汉之沛。"② 另一次是 1194 年 5 月至 9 月任湖南安抚使，他曾兴学岳麓更建书院。据《朱子行状》讲，朱熹在政事之暇，曾于郡斋与书院，亲自与诸生讲论理学。"湖湘士子素知学，……先生为之讲学不倦，四方之学者毕至。"③ 朱熹两次湖南行，极大地弘扬了湖湘文化的理学传统，对后来诸朝代湖湘文化的理学传统一直不衰影响很大。

朱熹门人弟子，诸如蔡元定（1135～1198 年）、真德秀（1178～1235 年）、魏了翁（1178～1237 年）等也对湖湘文化理学传统的发展起了一定的作用。《宋史·儒林传》说，蔡元定"至舂陵（今属道县——引者）。远近来学者日众，州士子莫不趋席下以听讲说"，蔡元定被谪湖南道县，仍宣讲理学不停，影响是巨大的。《真西山文集》讲真德秀在嘉定十五年（1222 年）以湖南安抚使知潭州（今属长沙），"以周敦颐，胡安国，朱熹，张轼学术源流勉其士"，弘扬湖湘文化的理学传统，影响很大。而魏了翁在靖州城内建鹤山书院，宣传朱熹理学，湖湘之士，不远千里负笈求学，影响也是不小的。

总之，由周敦颐开创的湖湘文化理学传统，经过"湖湘学派"和朱熹及其门人弟子的发扬光大，在宋、元、明、

---

① 《岳麓志》卷三。
② 《张南轩文集》卷七。
③ 《朱子行状》。

清诸代一直不衰，影响着湖南的政治，经济和学术发展。湖南自宋以来素称"理学之邦"，理学传统渗透到湖南各阶层的日用伦常，社会习俗之中，这是客观存在的事实。我们从湖湘学者历代著述的理学著作居全国之首的情况也可看出湖湘文化中理学传统的巨大影响，毫无疑问，研究湖南崇尚理学的传统，是很有意义的。

二、湖湘文化理学传统与船山理学的关系

湖湘文化的理学传统是由周敦颐开创的，却是由明末清初湖南衡阳的大哲学家王船山作总结的。我们说，王船山继承了由周敦颐开创的湖湘文化理学传统，并把它发展到一个更高的阶段，对宋明理学作了唯物主义的总结和批判，创立了船山理学。

我们知道，由于湖湘文化的理学传统开创于周敦颐，所以理学家胡宏，张栻和朱熹对周敦颐是十分崇敬的。周敦颐深刻的理学思想也正是由于胡宏，张栻和朱熹的尊信誉扬而传播开来，产生极大的社会影响的。胡宏这样说："周子启二程以不传之妙，一回万古之光明，如日丽天；将为百世之利泽，如水行地；其功盖有孔孟之间矣。"[①] 他推崇周敦颐开创理学之功，看作仅仅次于孔孟创立儒学。张栻也赞扬周敦颐"于千载之后，独得微旨于残编断简中，

----

① 《宋元学案》。

推本太极以及阴阳五行之流布，人物之所生化，于是知人之为至灵，而性之为最善，方理有其宗，万物有其则。① 朱熹作《濂溪先生像赞》亦称赞说："道丧千载，圣远言湮。不有先觉，孰开我人。书不尽言，图不尽意。风月无边，庭草交翠。"② 尽管胡宏，张轼，朱熹和周敦颐的学术观点不尽相同，但他们都是维护周敦颐开创的理学传统的，所以极力推崇赞扬理学开山周敦颐。那么，王船山对湖湘文化理学传统的开创者周敦颐，态度又怎样呢？毫无疑间，王船山对周敦颐的评价是很高的。他说："宋自周子出，而始发明圣道之所由，一出于太极阴阳人道生化之终始，二程子引而伸之，而实之以静一诚敬之功，然游谢之徒，且歧出以趋于浮屠之蹊经。"③ 可见，王船山这种说法，与胡宏，张轼，朱熹关于周敦颐"启二程以不传之妙"、"得圣贤不传之学"之说是一脉相承的。他肯定了周敦颐提出的"无极而太极"的宇宙生成论理学观，赞成二程使之发扬光大之功，也批评了二程后学染上释老之说的弊端。他的态度是明显地维护周敦颐"发明圣道"的理学正统的。

王船山不仅肯定了周敦颐的宇宙生成论理学观，而且恢复和坚持了周敦颐提出的唯物主义的自然观，批评了"误解"周敦颐学说的人，继承和发展了周敦颐理学中的朴素辩证法思想。他说："濂溪周子首为《太极图说》，以究

---

① 《宋元学案》。

② 《周濂溪集》康熙版。

③ 《张子正蒙注》。

天人合一之原，所以明夫人之生也，皆天命流行之实，而以其神化之粹精为性，乃以为日用事物当然之理，无非阴阳变化自然之秩叙而不可违。"这就肯定了周敦颐提出的"无极而太极"是唯物主义的，[①] 这个"无极"是宇宙万物最根本的实体，其中包含有阴阳变化的规律，体现了"天人合"的根本原理。他还指出："误解《太极图》者，谓太极本未有阴阳，因动而始生阳，静而始生阴，不知动静所生之阴阳为寒暑、润燥、男女之情质，乃固有之蕴，其细缘充满在动静之先，动静者即此阴阳之动静。"[②] 这里，王船山批评了"误解"周敦颐学说的人，他同周敦颐一样，不但认为阴阳二气是互相"交感"渗透的，而且"动"与"静"也是互相"交感"渗透的。从这些论述，我们可以看出真正理解周敦颐唯物主义和朴素辩证法思想的正是王船山，虽然王船山对周敦颐唯物主义和朴素辩证法思想的改造也是明显的，但王船山真正坚持了周敦颐理学中的唯物主义和朴素辩证法思想却是不可否定的事实。

王船山就始终认为周敦颐的理学和张载的理学都是坚持了唯物主义路线的，他说："盖张子之学，得之易者深，与周子相为发明。"[③] 把张载和周敦颐的理学看作是"相为

---

① 关于周敦颐提出的"无极而太极"是唯物主义的命题，详见梁绍辉先生所著《太极图说通书义解》的上篇"太极图说义解"有关论述。此书1991年由海南出版社和三环出版社出版，书前有中国哲学史家张岱年先生的序文，亦可参阅。

② 《张子正蒙注》。

③ 《张子正蒙注》。

发明"的，我们说王船山不愧是周敦颐理学的真正的继承发扬光大者。所以《清史稿》本传称王船山的理学是"言必征实、义必切理"的，他的确是坚持了周敦颐和张载两位理学大师阐发的唯物主义的理学传统的。

王船山的理学思想继承和发展了湖湘文化的理学传统，这还可以从王船山对待"湖湘学派"理学大师的态度中看出来。他对"湖湘学派"创始人胡安国的《春秋传》就很欣赏。他说："尝读胡氏《春秋传》而有憾焉。是书也，著攘夷尊周之大义，入告高宗，出传天下，以正人心。而雪靖康之耻，起建炎之衰，诚当时之龟鉴矣！"① 十分崇敬胡安国的爱国主义思想。他对胡宏也是推崇的，他说："五峰曰：'天理人欲同行异情。'醳哉，能合颜、孟之学而一原者，其斯言也！"② 对胡宏人性论的思想就是称赞的态度。并且综观王船山的理学和"湖湘学派"的理学思想，也有不少相似之处，反映出王船山对"湖湘学派"理学思想的继承和发展，是坚持了湖湘文化的理学传统的。后来，崇尚湖湘学的曾国藩刻刊《船山遗书》也许正是看到了这一点，而意在弘扬湖湘文化的理学传统吧。

我们认为，王船山的理学思想无疑是受了湖湘文化理学传统的影响的，湖湘文化的理学传统正是船山理学的重要理论渊源之一。据史料记载，王船山自幼就生长在湖南

---

① 《宋论》卷十。
② 《读四书大全说》卷八。

衡阳一个深受湖湘文化理学传统影响的"书香门第"之家，其父王朝聘"少从乡大儒伍学父定相受业"① 崇尚程朱理学，是个饱学的秀才。王船山在这样的家庭环境中自然受到理学传统思想的熏陶。他4岁与其兄"同席受读"，14岁便考中了秀才。在20岁入岳麓书院这所"湖湘学派"的摇篮读书后，王船山更是受到书院理学传统的影响，深入研读过周敦颐开创，张载继承的唯物主义理学"正统"思想，并使之发扬光大起来。因此说，湖湘文化的理学传统对王船山理学思想的形成是有着不可忽视的影响的。熊十力先生就说王船山理学是"宗主横渠，而和会于濂溪，伊川，朱子之间"，"其骨子里，自是宋学精神"② 这是有一定道理的。按照张恒寿先生提出的判断某一思想体系是否属于理学的标准，应该肯定王船山是个理学家，他的哲学思想由于深受湖湘文化理学传统的影响，所以未能超越理学的大门，但是"道学不等于唯心主义"，③ 船山理学是坚持了湖湘文化理学传统中周敦颐开创的唯物主义路线的，它集中国古代唯物主义和朴素辩证法思想之大成，达到了中国古代哲学的最高峰，这是应该给予充分肯定的。

---

① 《姜斋文集·显考武夷府君行状》。

② 《十力语要》卷一。

③ 冯友兰：《中国哲学史新编》第5册，人民出版社1988年版，第20页。

第十六讲
兴衰之《易》理
——王船山以《易》讲史

王夫之（1619～1692 年），明清之际启蒙思想家、哲学家、史评家。字而农，号姜斋，湖南衡阳人。因晚年居衡阳之石船山，故世称船山先生。清兵南下，曾举兵抗清，失败后至广东肇庆，效力南明王朝。南明灭亡，从广西桂林潜回湖南，隐伏于湘、西山区（"湘"指湖南、"西"指广西，指湖南衡阳与广西桂林的瑶家山区，具体指湘桂之间的云台山、邵阳耶姜山、衡阳石船山等地），刻苦著作四十年，有《船山全书》传世。王夫之一生著作甚多，号称百余种。今本《船山全书》收《周易内传》以下七十种，三百五十八卷，千余万字。

王夫之学识渊博，对中国传统学术思想作过全面深入的研究，于哲学、史学、文学诸多领域有自己的独到见解。其于《易》学更有他独特的研究方法。王夫之《易》学的最大特点是继儒家传统以史解《易》，从精微博大的《易》

理中探究人事之所以兴衰，以人事之兴衰验证《易》理的精微博大。王夫之认为，天下万物都有它自身存在和发展的规律，任何事物的存在和发展必须遵循这一规律而不可违抗，"顺之则昌，逆之则亡"，这个可验而不可见、可循而不可违的规律就是博大精微的《易》理。王夫之解释《易》的基本含义说："文王乃本伏牺之画，体三才之道，推性命之原，极物理人事之变，以明得失吉凶之故，而《易》作焉。"（《周易内传》卷一）"三才之道"指的是三画成卦的结构，"推性命之原"是说《易》的功用，"极物理人事之变，明得吉失凶之故"，就是事物本身的规律所在，得之则吉，失之则凶。

王夫之认为，无论物理人事，吉凶得失是一致的，"失则相易而得，得则相易而失"（同上。所引王夫之语，凡未注明出处者，均引自《周易内传》）。基于这一观点，所以王夫之特别注重于引史解《易》。所著《周易内传》，征引史实多达一百二十六处。所引大体可分历代兴亡教训、大臣进退吉凶、古圣先贤事迹、志士仁人行事以及学人修养得失五类。征引最多的是历代兴亡教训。

王夫之征引史实解释卦爻，虽然也注重象数分析，但分析的目的不是由此推断出吉凶祸福，而是用以解剖征引的史实以说明何以会有此吉凶祸福。这样通过《易》理的深刻阐发，加上对史实的精当评点，使人从生动具体的事实中受到教益。故王夫之的易学实际上是合象数、义理于史实而以总结历史经验教训，指导人们行止为目的的"实用易学"。

一、关于《随》

《随》是《周易》六十四卦之一，卦体是《震》下《兑》上（☱）。卦辞是："元亨利贞，无咎。"什么叫"随"，什么叫"元亨利贞无咎"？王夫之解释说——

"以下从上之谓'随'。此卦《震》阳生于下，以从二阴。《兑》阳渐长而犹从一阴，蹑其后而顺之行，故为《随》。阳虽随阴，而初阳得资始之气，以司帝之出，得《乾》元亨之德。四、五渐长，阳盛而居中，以大正而利物，得《乾》利贞之德。如是则虽顺阴以升，若不能自主，如长男之随少女，而阳刚不损其健行，可以无咎。使非具四德，而系恋乎阴，以丧其刚健中正之实，则周赧、汉献之为君，唐高、宋光之为夫也，其咎大矣。"

什么叫随呢？下从其上叫随，如子从父，妻从夫，等等。反之，就不能叫随。《随》卦卦体是《震》下《兑》上，《震》为长男，《兑》为少女。如果少女跟着长男，这就叫"随"，而现在的情况恰好相反，少女在上，长男在下，长男跟着少女，这就反常，不能叫随，自然不吉利。与之相类似，君跟臣、父跟子等一切以上从下的现象，都不能叫"随"，都不吉利。但也有例外，如果跟着妻子、儿子、臣下的人自己有主见，有"元亨利贞"之德，不致事事听人指挥，自己能当家做主，也不会出事，所以说"元亨利贞，无咎"。但一般跟着别人跑的人很难有"元亨利贞"之德，所以也就难免受制于人，难免有咎。如果是寻常百姓，也就罢了，败一事只有一事，败一家只有一家，如果是一国之君，那就惨了。王夫之举出了两组例子，一组是受制于臣下的周赧王姬延和汉献帝刘协，一组是受制于自己老婆的唐高宗李治和宋光宗赵惇，所以说"则周赧、汉献之为君，唐高、宋光之为夫也，其咎大矣"。

周赧王姬延是东周国王，慎靓王之子，公元前314～前256年在位。当时正是战国末年，各国之间的争夺十分激烈，周赧王名义上是周朝天子，实则处处受制于人，而且负债累累。相传因躲债避居宫内台上，周人谓之债台。赧王虽然过着寄居躲债的艰苦日子，但在位时间竟长达五十九年，直至公元前256年，周朝被秦攻灭，赧王才去世。

汉献帝刘协（181～234年），东汉最后一个皇帝，190～220年在位。即位时东汉政权已名存实亡，大小事务，全操纵在军阀董卓手中。献帝是董卓的傀儡。初平元年（190年），关东诸郡起兵讨伐董卓，董卓裹胁献帝由洛阳迁都长安。兴平二年（195年），献帝逃亡至安邑

（今山西夏县西北禹王城），后又逃回洛阳，衣食无着，"百官依颓垣残壁，饥困不堪。"正在万分困难之际，曹操派兵迎献帝至许昌，从此不愁吃穿，但献帝从此又成了曹操的傀儡，成为曹操挟天子以令诸侯的工具，直到建安二十四年（219年）曹操死，汉献帝延康元年（220年），曹丕废汉献帝为山阳公，自称皇帝，是为魏文帝。魏青龙二年（234年），汉献帝死。汉献帝活了五十三岁，做了三十年皇帝，同时也做了三十年囚徒。

唐高宗李治（627～683年），在位三十四年，是个著名的柔懦之主。王夫之在《读通鉴论》中论述其人说——

"夫高宗，柔懦之主也，柔者易以合，然而难以离也。乃合之易而离之亦易者何也？惟其疑而已矣。疑者，己心之所自迷，人情之所自解者也。刚而责物已甚也则疑，柔而自信无据也则疑，两者异趣同归，以召败亡一也。"

唐高宗是以柔败事的典型。永徽六年（655年），唐高宗受武则天迷惑，不听大臣劝谏，废王皇后，立武氏为皇后，从此被武则天所左右。其中也有两次因武氏的过于跋扈，高宗想废掉她，但决心不大，未能成为事实，最后造成武则天篡位。这就是王夫之所说的："柔者易以合，然而难以离也。"

其实唐高宗也不全是易合而难离，只是对武则天易合难离，而对朝廷大臣则易合也易离。李治用人轻率，王夫之评论说——

"高宗在位三十四年，尚书令仆、左右相、侍中、同平章事皆辅相之任，为国心膂者也，而乍进乍退，尸其位者四十三人，进不知其所自，退不知其所亡，无有一人为高宗所笃信而固任者，大臣之贱，于此极矣。长孙无忌、褚遂良、于忠宁、高季辅、张行成，太宗所任以辅己者也，贬死黜废，不能以一日安矣；保禄位以令终，唯怀奸之李勣耳，自是而外……皆节不足以守笾库，才不足以理下邑，或循次而升，或一言而合，或趋歧径而诡遇，竞相踵以赞天工。至其顾命托孤、委畀九鼎者，则裴炎、刘景先、郭正一，二三无赖之徒也。呜呼！恶有任辅弼大臣如此之轻而国可不亡者乎？"（《读通鉴论》卷二十一）。

宋光宗赵惇（1147～1200 年），孝宗赵昚第三子，绍兴三十二年（1162 年）封恭王，乾道七年（1171 年）立为太子。淳熙十六年（1189 年），孝宗禅位于太宗，赵惇继位，是为光宗。继位当年，皇后孝氏要求立自己的儿子嘉王赵扩为太子，光宗表示支持，但还在做太上皇的孝宗不许，于是皇后李氏在光宗面前埋怨太上皇孝宗，并说太上皇有废立之意。光宗是个"以阳从阴"的皇帝，信以为真，因而怀恨在心。绍熙五年（1194年）六月，孝宗死，光宗称疾不出，以致丧事无人主持，朝廷骚动。太皇太后吴氏应大臣赵汝愚等所请，立皇子嘉王赵扩为皇帝，尊光宗为太上皇。

二、"干母之蛊不可贞"

"干母之蛊不可贞"，是《周易·蛊卦》九二爻辞。《蛊卦》卦体为（☲），《巽》下《艮》上，《巽》为长女，《艮》为少男。如果一个婚姻家庭是女大男小，自然是女的当家。如果是血缘家庭。女大男小，自然是母子关系，母亲当家。不仅卦象如此，就各爻爻位而言，亦有此象。王夫之分析说——

"内卦以一阴承二阳于上，有父母同养之象焉。二阴位在中，为母；三阳位在上，为父。于此二爻不言本爻之德，而言初六所以事之者，盖《蛊》本以阴承养乎阳为义，而所承之阳其得失可勿论已。《易》之以本爻所值之时位发他爻之旨，若此类者众矣，在读者善通之。子之承事父母，柔顺卑下，唯命是从，《蛊》之正也。但二以刚居柔，母德不能安静，以顺三从之义，——顺而下之，则且有如汉之窦后，专制内外，而权

移于外戚，甚则人彘之祸，伤心含疾而不可如
何，故干母之蛊者，有权存乎其间，因其刚而调
之，期不失于敬爱而止；必以柔承之而无所裁，
则害延于家国，故曰不可贞。"

外卦是《艮》，内卦是《巽》，重叠起来，所以一阴
在二阳之上。以血缘家庭论。一母有二子，自然是母亲当
家了。母亲在上，儿女在下，作儿女的应该孝顺，乃至唯
命是从，这是正常的伦理关系，所以说"《蛊》之正也"。
无奈这位母亲不是一般的慈母，刚有余而柔不足。从哪里
体现呢？下卦第二爻是阴位，本该为阴（--），而现在却
是阳（—），是刚，这样的母亲就难对付了。如果要一味
顺着她，就有如汉朝的窦太后，专制内外，导致外戚专
权。再甚一点，就会出现"人彘"之祸，徒有伤心而无可
奈何。所以，王夫之认为，"干母之蛊"其中有个权宜的
原则，止于敬爱而已，不能无原则地迁就，以害延家国。

窦太后指后汉肃宗章帝刘炟的皇后，大司空窦融的曾
孙女。建初二年（77 年）入宫，章帝一见倾心，第二年
被立为皇后。

窦皇后才貌双绝，然而狠毒异常。和她同时进宫的宋
贵人、梁贵人都生了八子，宋贵人生皇太子刘庆，梁贵人
生刘肇，而窦皇后无子，心怀忌嫉，经常在章帝面前挑
拨，使其疏远。然后诬告宋贵人挟邪取媚，逼其自杀，皇
子庆废为清河王。建初八年（83 年），窦后以飞书（匿名

信）诬告梁贵人之父梁竦，梁竦死于狱中，梁贵人忧愤而死，于是窦后养刘肇为己子。章和二年（88年），汉章帝死，太子刘肇继位，是为和帝，尊窦后为皇太后。和帝年仅十岁，窦太后临朝，以其兄梁宪为侍中，执掌朝政。从此梁氏专权，朝廷大事，上自皇帝，下至大臣，莫能过问，而和帝始终柔顺，不置一词。

"人彘之祸"说的是汉高祖刘邦皇后吕雉虐待戚夫人的故事。吕雉是刘邦做亭长时的结发妻子。生子刘盈。刘邦做了皇帝，立吕雉为皇后，刘盈为太子。刘邦在做汉王时娶定陶戚姬，称戚夫人，两人十分相得。此后吕后多留守长安，而戚夫人随刘邦征战。戚夫人生子，取名如意，甚得刘邦欢喜。太子刘盈，虽然是刘邦、吕雉亲生，但为人仁慈柔弱，既没有刘邦的刚毅，更没有吕雉的凶狠，而如意越长越像刘邦自己，于是刘邦产生了废刘盈而立如意的念头，加之戚夫人成天在一旁诉说，刘邦废立的决心越来越坚定。眼看刘盈没有指望了，急得吕后团团打转，最后用留侯张良之计，请出四皓，使刘邦误以为人心都向刘盈，才保住了刘盈的皇太子位。刘盈位置虽然无虞，但戚夫人与己争宠，为子争位之恨犹积胸中，准备到时报复。刘邦也知道吕后日后必定报复，于是封如意为赵王，远离长安，而且派了最不讲情面的周昌为相，以保住赵王不致被害。只要赵王无虞，戚夫人也不会有事。

汉高十二年（前195年），刘邦死，太子刘盈继位，是为惠帝。尊吕后为太后，史称高后。就在这年，吕后开始了她对戚夫人的报复。她先将戚夫人抓了起来，剃去她的头发，命她穿上囚犯的衣服，关在一条长巷子里，让她日夜春米。戚夫人一生是只知道围着刘邦转的，刘邦既死，失去依养，成了砧板上的鱼肉，自然只有任吕后宰割了。她惟一可以告慰的是还有赵王如意这样一个儿子。但儿子远在邯郸，哪里知道自己如今的处境？一面春米，一面在想，想着想着，不禁哼起歌来，歌曰："子为王，母为虏；终日春薄暮，常与死为伍。相离三千里，当谁使告汝！"

戚姬这歌也无非哼哼罢了，所谓长歌当哭，哼了出来，哭了出来，心里便舒服些，殊不知这样一歌一哭，惹怒了吕后，也提醒了吕后："啊，是了，这贱人还有个做王的儿子，不杀此子焉能制服贱人！"于是派使去邯郸，召赵王如意回京。也是刘邦有眼力，看准了周昌，周昌死活不肯放人。使臣接二连三，全都空手而还。周昌最后表示说："只要我周昌在一日，太后就休想要人！"又是周昌提醒了吕后，于是下令调赵相周昌回京。周昌有理由不放赵王，却没有理由自己不服调遣。周昌回京，赵王如意也随即就被召回长安。

惠帝刘盈知道母亲要害弟弟赵王，亲自到霸桥迎接。入宫之后，让赵王和自己住在一起，吃饭自己先尝了再叫弟弟吃，喝水自己先喝了再叫弟弟喝，处处防范，一连数月，使吕后无法下手。一天，惠帝要出去打猎，本来要带赵王去，无奈赵王年小贪睡，临走还未醒来，未能随行。

待惠帝打猎回京，赵王已经死了。惠帝十分后悔。赵王既死，吕后开始进一步折磨戚姬。先将她手足砍去，将眼睛刺瞎，又把耳朵熏聋，但戚姬嘴巴还在嘶喊，于是又灌哑药，使她无法出声，然后将她猪一样关在一间空屋里，称之"人彘"。吕后为了教训儿子，特让惠帝去视察人彘。惠帝问清楚是戚夫人之后，哇的一声大哭不止，因而害病。这就是王夫之说的"伤心含疚而不可如何"。

三、"消不久也"

"消不久也"是《临卦·象辞》的最后一句："'至于八月有凶'，消不久也。"为什么到八月又有凶了呢？"消不久也"，凶咎消失不能长久，也就是祸患的根子未能去掉。所以王夫之解释说："除恶务尽，则消而不复长也。"为了说明这个问题，王夫之在分析了卦象之后举历史事实证实说——

> "苻坚虽败，慕容、拓拔复据中国；吕惠卿乍黜，章惇、蔡京复争绍述。必待其根株永拔而后成乎泰，非一旦一夕之效也。"

苻坚即是以百万大军败于淝水之役的前秦宣昭帝苻坚。苻坚虽以多败于少，但却是历史上度量最大的皇帝，建元六年（370年），苻坚灭前燕；十二年（376年）灭前凉；同年又灭代，从而占有了整个黄河流域的广大地区。苻坚在兼并战争中一改过去屠城坑杀的恶习，凡是投降的，不仅不杀，还大胆使用；如果不服，允许再叛再降。他灭燕，用燕王慕容暐做尚书，原吴王慕容金为京兆尹，原中山王慕容冲为平阳太守。也正是苻坚的宽容，所以前燕虽灭，慕容氏的势力尚存，苻坚淝水战败后，很快又建立起了南燕政权。与之相仿佛，苻坚虽败，但北方的民族分裂势力仍然存在，不久，拓拔氏建立起更加强大的北魏政权，继续与代表中原的南朝政权相对抗。这就证明只要根子存在，隐患消除是不可长久的。

吕惠卿、章惇、蔡京，都是王安石新法的先后拥护者。吕惠卿是王安石变法的得力助手，参与制定青苗、免役、水利等新法，起草奏章，与司马光等人开展辩论，坚持变法主张。熙宁七年（1074 年），王安石罢相，吕惠卿任参知政事，继续推行新法。章惇，元丰三年（1080 年）任参知政事，与司马光力辩免役法之不可废罢。哲宗亲政，章惇任尚书左仆射兼门下侍郎，使用蔡京、蔡卞等人，倡"绍述"之说，恢复青苗、免役等法。王夫之引诸人事迹的意思是说，主张新法的王安石虽然不在了，但因为新法的影响还在，所以王安石之后有吕惠卿，吕惠卿之后有章惇，章惇之后有蔡京，不断倡导。

四、"以宫人宠，终无尤也"

"以宫人宠，终无尤也"是《剥卦》的六五《象辞》。意思是说不越过自己的名份，就不会有问题。《剥卦》卦体是《坤》下《艮》上（☶），除了最上一爻是阳外，其他全部是阴，而六五是诸阴之长。所以王夫之解释道——

"能率群阴以承事乎阳，可无尤矣。阴虽处极盛之势，固有救过之道。后唐明宗焚香祝天，愿中国早生圣人，庶几此义焉。"

王夫之受传统思想的影响，认为阴永远只能是阴，而不能成阳。所以虽处极盛之势，也要寻找"救过之道"。"救过"不是挽救过失，而是拯救过头。于是举出了后唐明宗李嗣源的事迹以资说明。

李嗣源是沙陀平民，本无姓氏，因长于骑射，被庄宗李克用收为养子，从此跟随李克用征战，出生入死，屡立战功。李嗣源目不识丁，但为人谦和廉静，有功不自夸，有赏不自得，因而深受部下爱戴。后唐天成元年（926年）四月，洛阳兵变，庄宗李克用被杀，李嗣源受百官推戴就皇帝位。

李嗣源做了皇帝，从不放纵自己，也为百姓做了不少好事。他的宫廷组织非常简单，只有任职事的宫女一百人，宦官三十人，教坊（宫廷乐队）一百人，鹰坊二十人，御厨五十人，其他各种有名无实的衙门，并无实事的差委，一律撤销。以往百姓纳粮，每年另纳省耗一升（即多征百分之十），他下令只收正数，不得再收"省耗"。规定各节度使和防御使只在春正、端午等四节才给皇帝"量事进奉"，而且只是"达情而已"，不得铺张，其费用开销只能在州府常例中圆融，不得苛敛百姓。他下令各州县，不得以修葺城池为名向百姓苛派，更不得假公之名营造私宅。尽管如此，他总觉得自己是少数民族沙陀人，不该做中国皇帝，以致"焚香祝天，愿中国早生圣人"。

五、"黄离元吉"

"黄离元吉。"是《周易·离卦》六二爻辞。王夫之解释说——

"其在治天下之理，则开创之始，天子居中而丽乎刚明之贤，以尽其才，则政教修明而中和建极。若中叶以后更求明焉，虽虚己任贤，论治极详，且有如宋神宗之只以召乱者。此六二之吉，所为吉以元也。占者得此，当以始念之虚明为正。"

王夫之在这里举宋神宗事迹的目的是为了说明《离

卦》六二爻辞"黄离元吉"只主元吉，也就是只有开头吉，其中、其后都不吉，不仅思考如此，行事如此，治天下国家亦复如此。王夫之认为，任何朝代创业之初几乎都是贤明的，但中叶几代以后，即使想贤明也不会有好结果，于是举出了宋神宗行新政的事例。

宋神宗赵顼（1048～1085年），英宗之子，治平三年（1066年）立为太子，治平四年即位。北宋王朝自真宗"澶渊之盟"以后，对外屈服，内部腐败，祸敝相因，国虚民弱，人民负担极其沉重。特别是差役，因为是按人口摊派的，以致"有父求死以免子当役者，有嫁其祖母及与母分家以避役者"，国家到了危急关头，人民处境更是水深火热。十九岁的神宗登位，极想有一番振作，"思除历世之弊，务振非常之功。"熙宁元年（1068年）四月，也就是神宗即位的第二年，他召见议论高奇的翰林院学士王安石。王安石说："今天下之财力日益困穷，风俗日益衰坏，患在不知法度，不法先王之政故也。法先王之政者，法其意而已。"并说"大有为之时正在今日"。神宗问从何入手，王安石回答："变风俗，立法度，正方今之所急也。"神宗十分欣赏，谦逊而诚恳地说："朕自视眇躬，恐无以副卿此意，可悉意辅朕，庶同济此道。"熙宁二年（1069年）二月，神宗以富弼为宰相，王安石为参知政事，设置三司条例司，起草改革方案。五月，王安石建议兴学校，罢诗赋，以经义取士。七月，立淮、浙、江、湖六路均输法，凡籴买、税敛上供之物，一律就近、就贱收购，使商贾不得擅轻重敛散之权。九月，行青苗法，以钱贷民，利息二分。十月，因阻挠改革，富弼罢相。熙宁三年（1070 年），王安石任宰相，大张旗鼓地推行新法，司马光、富弼、曾公亮、文彦博、韩琦、欧阳修、苏轼等数十人因反对新政，一律罢官，唐介甚至活活气死。因为阻力太大，加之新法不够完善，推行又急，而神宗又左右动摇，最后王安石的变法宣告失败。

新法虽然失败，但宋神宗仍然不失为一个有为的皇帝。他命王韶开辟熙、洮五州，设熙河路，史称"熙河开边"。命章惇开拓梅山地区，史称梅山之役。进行官制改革，史称"元丰改制"。但因改革失败，国内政治局面无法扭转，经济不能复苏，国力仍然薄弱，与辽和西夏的战争屡战屡败，总的成效不大。王夫之因对王安石的改革有偏见，所以说徒以召乱。

六、"日昃之离"

"日昃之离"是《周易·离卦》九三爻辞的第一句，原文是："九三：日昃之离，不鼓缶而歌，则大耋之嗟凶。"意思是说，时间不早了，再不抓紧进行，就太晚了，所以说"凶"。王夫之根据卦象解释说——

"九三以刚居刚而为进爻，前明垂尽，不能安命自逸，而怀忿忮以与继起争胜，不克则嗟，所谓日暮途穷，倒行逆施者也。生死者，屈伸也，乐以忘忧，唯知此也。卫武公耄而好学，非自劳也，有一日之生则尽一日之道，善吾生者善吾死也，乐在其中矣，"大髦之嗟"岂以忧道哉！富贵利达，名誉妻子之不忍忘而已，马援跂足于武溪，卒以召光武之疑怒而致凶，况其下焉者乎！"

"日昃"指的是太阳西斜，有事情接近尽头、生命接近末尾之意，对人来说就是"大髦之年"了。人到暮年应该如何对待？王夫之将它一分为二，就生命而言，应该"有一日之生则尽一日之道"，直至最后一息，这就叫善吾生者善吾死。但就富贵利达而言，就应该知难而退，不必和年轻人争强好胜了。所以说人到老年，自暴自弃，什么都不在乎不对，但人不服老，去争富贵利达更不对。于是举出卫武公和马援作为两种不同类型的例证。

卫武公，姓姬名和，康叔之后，卫国第十代君主，在位五十五年。武公一生注意学习、而且愈老愈注意学习，愈注意约束自己。《国语·楚语》记载道——

"昔卫武公年数九十有五矣，犹箴儆于国，曰："自卿以下至于师长士，苟在朝者，无谓我老髦而舍我，必恭恪于朝，朝夕以交戒我；闻一二之言，必诵志而纳之，以训导我。"在舆有旅贲之规，位宁有官师之典，倚几有诵训之谏，居寝有亵御之箴，临事有瞽史之导，宴居有师工之诵。史不失书，蒙不失诵，以训御之，于是乎作《懿戒》以自儆也。及其没也，谓之睿圣武公。"

所谓"无谓我老耄而舍我"，就是不要以为我老而宽纵，而不作要求，不提意见。武公不仅要求朝臣不管听到什么意见，要随时告诉自己，而且在平时处处布置人对自己的言行加以监督，以便及时提醒。

车上有武卫勇士，出入大门有官师，坐下时有诵训，寝睡有近御，临事有瞽史，宴居有乐工。所有这些，既是武公的臣属，又是武公的老师，以此处事不失，死后被称为圣明君主。

马援（公元前14～后49年），汉扶风茂陵（今陕西兴平东北）人，字文渊。曾任郡府督邮，一次押解重囚犯，马援见其可怜，私自释放，自己逃至北地（今甘肃庆阳西北）。不久遇赦，马援便留在北地，从事畜牧，至有牛马羊数千头，谷物万斛，尽与亲友，自己身着羊裘，另谋出路。王莽末年，任汉中太守。莽败，依附割据陇西的隗嚣，任绥德将军，甚见信任。后汉光武帝刘秀即位，隗嚣与光武帝对垒，马援奔走其间，为之调停，深得刘秀仰慕。建武四年（28年），马援充当隗嚣使臣，奉书洛阳，见于宣德殿。刘秀起身迎接，笑着说："卿遨游二帝之间，令人惭愧，更令人佩服。"马援回答说："当今之世，非独君择臣也，臣亦择君矣。臣与公孙述同县，从小友善，臣前至蜀，述戒备森严。臣今远来，陛下何知非刺客而不防备。"刘秀笑着回答说："先生实非刺客，说客罢了。"相顾大笑。刘秀将马援作贵客接待，接着马援随刘秀巡视黎丘（在今湖北宜城西北），转至东海（今江苏灌云县），再返回洛阳。然后由太中大夫来歙"持节送援西归陇右"。

马援回到陇西，"隗嚣与援共卧起，问以东方流言及京师得失。"马援说："前到朝廷，皇上引见数十次，每饮宴共语，自夕至旦，才明勇略，非人敌也。且开心见诚，无所隐伏，阔达多大节，略与高帝同。经学博览，政事文辩，前世无比。"隗嚣又问："何如高帝？"马援十分干脆地回答："不如也。高帝无可无不可，今上好吏事，动如节度，又不喜饮酒。"隗嚣因而不悦，也无投汉之意。不久，马援投靠了光武帝刘秀。

马援投汉，任太中大夫，建武十一年（35 年），任陇西太守。建武十七年（41 年），以马援为伏波将军，统兵镇压交趾女领袖徵侧、徵贰，封新息侯，赐兵车一乘，朝见时位次九卿。建武二十四年（48 年），武威将军刘尚击武陵五溪蛮夷（今湖南湘西沅陵一带），因为深入，全军覆没。马援闻讯，自告奋勇，要求率部出征，这时他年已六十二岁。光武帝念他年老，好言相劝之。马援不服，一再要求，还披甲上马，当面表演给光武帝看，表示自己可用。于是"遂遣援率中郎将马武、耿舒、刘匡、孙永等，将十二郡募士及驰刑四万余人征五溪。"

马援率大军来到今湖南沅陵地界，前面有两条进军道路，一条由壶头山沿沅江直逼今沅陵、辰溪，一条绕道由大庸经吉首进入凤凰、麻阳。前者路近，但山高水险，后者路较平坦，但里程太远，运输困难，耿舒主张走今大庸，马援为了尽快平定极乱，坚持走壶头。"三月，进营壶头，贼乘高守隘，水疾，船不得上。会暑甚，士卒多疫死，援亦中病，遂困，乃穿岸为室，以避尖气。贼每升险鼓噪，援辄曳足以观之。左右哀其壮意，莫不为之流涕。"

马援陷入了绝境。耿舒写信给他哥哥耿弇，说了进军路线的分歧问题。耿弇上奏光武帝。光武派梁松赶赴军中调查，并代援监军。恰好梁松是马援对头，添油加醋，说了许多坏话。而马援已经病死，无可对质。光武帝大怒，撤销了马援新息侯的封号，缴回了印鉴。

马援以一个遨游于二帝之间的风云人物，投汉后又屡立战功，封侯拜将，可谓荣耀一时，却以六十二岁的暮年争强好胜，以致身败而名裂，确实是"大髦之嗟"了。

七、"突如其来，焚如，死如，弃如"

这是《周易·离卦》的九四爻辞。《离》卦卦体《离》下《离》上（☲），《离》为火，火是有光的、明亮的，所以说《离》，丽也。什么最为明亮呢？一是太阳，二是月亮，所以《象辞》说"日月丽乎天。"现在上下都是《离》，自然是太阳和月亮了。太阳和月亮轮番照耀大地，太阳下去月亮紧接而来，月亮还未完全落土太阳又紧接而出，一个紧接一个。上下卦衔接的是三、四爻，这里上卦九四紧接九三而来，所以说"突如其来"。《离》是火，所以说"焚如"。火是能烧死人的，所以说"死如"。死了自然要抛弃了，所以说"弃如"。如，衬音助词。王夫之解释说——

"前明甫谢，余照犹存，而失位之刚遽起而乘之，羿、莽是也。占此者，小人虽盛，可勿以为忧。"

太阳的光芒刚刚收敛，余照犹存，月亮就取而代之了，反之亦然。推之人事，此类现象亦不少见，羿与王莽就是例子。

羿即后羿，也叫夷羿。相传是夏时有穷国的国君，趁太康外出游猎，夺了他的帝位。《尚书·五子之歌》说——

"太康尸位以逸豫，灭厥德，黎民咸贰，乃盘游无度，畋于有洛之表，十旬弗反。有穷后羿，因民弗忍，距于河。厥弟五人，御其母以从，徯于洛之汭，五子咸怨，述大禹之戒以作歌。"

后羿趁太康外出游猎未返而夺帝位，于情确有不合，但太康身为帝王，丢下国事不管，渡河游猎十旬不返。而且表现不仅是这一次，贪玩成性，"尸位以逸豫，灭厥德"，以致人民都对他有二心，后羿是因民之不忍而拒他于河外，太康应负主要责任，所以"五子咸怨"主要是怨太康的久游不归。王莽篡位的形情就不一样了，被篡的对象是个无辜的小孩。

王莽（公元前45～后23年），继西汉之后新王朝的创建者，8～23年在位。字巨君，汉元帝皇后王政君之侄。王莽小时丧父，在满门公侯的王家中他是最苦的一个。也因为家中贫苦，促使他勤学向上，在王家满门纨绔中他又是表现最为突出的一个。阳朔三年（公元前22年），王莽的伯父、执掌国政的大司马、大将军王凤病重，王家子侄没一人拢边，而王莽精心护理，煎汤煮药，日夜不离左右。王凤十分感激，临死，含着眼泪把王莽托付给王太后和在位的成帝。王凤死，成帝以王莽为黄门郎，不久迁射声校尉。永始元年（公元前16年）封新乡侯。王莽表现谦虚，济人缓急，以致家无余资。绥和元年（公元前8年），王莽继他七叔王根任大司马，更加礼贤下士，节俭爱人。一次王莽母亲害病，满朝官眷来家拜望，王莽夫人粗布短裙在门口接待，人们以为是他家仆人。后来知道是大司马夫人，无不为之赞叹。元寿二年（公元前1年），哀帝死，九岁的刘衍被立为平帝，王太后临朝称制，委政于王莽，号安汉公。元始四年（4年）加"宰衡"称号，位为上公。接着四十八万七千五百七十二人次上书，要求加封王莽，王莽的声望被抬到了无可复加的地步。就在这年，平帝死，王莽立两岁的子婴为帝，接着自称假皇帝，以子婴为皇太子，称孺子婴。改元居摄。居摄三年（8年）王莽接受"神禅"，正式即皇帝位，改国号曰新，立儿子临为皇太子，废孺子婴为定安公。宣读诏书之后，王莽握着子婴的小手，泪流满面地说："我本来像周公对待成王一样，还位于你，迫于天命，实在不得已了。"说罢放声大哭，由于王莽的假戏真演，朝廷居然觑歔一片。其时最初起用王莽的王太后还健全，确实是"余照犹存"，而王莽竟毫不客气地篡位了，可谓迫之太甚。

八、"六五之吉，离王公也"

这是《周易·离卦》六五《象辞》，是解释六五爻辞的。《象辞》分两部分，一是解释卦辞的，叫《大象》，一是解释爻辞的，叫《小象》。《离卦》六五爻辞："六五：出涕沱若，戚嗟若，吉。"意思是说，面临大事，必须诚惶诚恐，甚至流泪痛哭，悲戚哀伤，才能吉。那么这样的大事又是什么样的大事，这里的吉又是指谁的吉呢？《象辞》解释说："六五之吉，离王公也。"原来是讲的王公大公就位、就职的事。王夫之解释说——

"离，谓丽乎其位也。仰其先烈而欲嗣其耿

光，非忧危以处之，不胜其任矣。元祐诸贤辅其君以改熙、丰之政而求快一时，无恻怛不得已之情，未能无过。若曹丕定嗣而抱辛毗以称快，魏之不长，妇人知之矣。此专为嗣君而言，然君子守先待后，亦可以此通之。"

元祐诸贤指宋神宗死后于元祐年间重新上台的司马光、吕公著、文彦博等人。元丰八年（1085年）三月，宋神宗去世，十岁的皇太子哲宗赵煦即位，由太皇太后高氏"权同处理军国事"。高太后是新政的反对派，一上台就下令罢黜吕惠卿等推行新政最得力的大臣十余人（此时王安石已死），罢户马、保马诸法，立即召回司马光，司马光在回京的路上一路宣传革除新法，"救急如救火"。于是一切新法全废，主张新法的人全罢，旧党人士弹冠相庆。但谁也没有想到，八年之后，高太后死，十八岁的哲宗亲政。而哲宗竟是个新政迷，重新起用新党，又将旧党全数赶下台，这就是王夫之说的"以致熙、丰之政而求快一时"的后果。

曹丕是曹操的长子，但他立为太子却通过长期的艰苦努力。曹操有嫡子四人，依次为曹丕、曹彰、曹植、曹熊。四子中以曹植最为聪明，十多岁就能出口为论，下笔成章，曹操每次向他提出各种疑难都能应声而对，因此最得曹操喜欢。且生性简朴，不尚华丽，又有丁仪、杨修等一批才士辅佐，曹操几次下决心立他。但立太子的原则从来是立嫡立长，故又举棋未定，没有最后拍板。

曹丕非常着急，他请教太中大夫贾诩，贾诩回答说："待人崇德有礼，事父孜孜不违子道。"曹丕施展各种手段，笼络人心，以致左右无不说他好，但在父亲面前却拿不出什么感人的东西。每次曹操出征，他们兄弟送行，曹植称述父亲功德，祝福征伐胜利，以及表达自己思念之情，出口成章，娓娓动听，曹操听了，十分欢喜。曹丕虽然聪明，但被这八斗高才的弟弟压着，黯然失色，甚至根本说不出话来。一次，眼看曹丕的尴尬局面又要出现了，站在旁边的吴质轻声对曹丕说："你不会说，难道还不会哭么？"一句话提醒了曹丕。他想到将来可能的失败，鼻子一酸，居然伤心地抽泣了起来，于是假戏真唱，趁势深深地向父亲拜了下去，曹操被感动了。论者以为曹植多华辞，而诚心不及曹丕。建安二十二年（217年），曹操结束了多年的犹疑，毅然立曹丕为太子。

曹丕胜利了，抱着他好朋友辛毗的脖子，像孩子一样连跳带蹦地说："辛君，知我喜不？"辛毗不以为然，回到家里把曹丕的高兴劲告诉女儿宪英。宪英叹道："如此，魏国就不会太长久了。"这就是王夫之说的"魏之不长，妇人知之矣"。当然，王夫之继承孔子的观点，轻视妇人，是不对的。

九、"见险而能止"

"见险而能止"，《蹇卦·象辞》原文是："《象》曰：蹇，难也，险在前也。见险而能止，知（智）矣哉。"《蹇卦》卦体《艮》下《坎》上（䷦），《艮》为止而《坎》为险。前面有险，所以说难，遇险而止，所以说智。但遇险是否一定要止才算"智"呢，而止又该如何止法呢？王夫之发表自己的看法说——

险者天下之必有，以刚果之气临之，则虽有险而不见其险；以柔慎之心处之，则集木临渊，常存乎心目之间，于是始终于柔，止而不迫，则天下之情理无不得，大知（智）之所以善用其止也。抑唯当位而贞，则本无乖异危疑纷乱之境须急于拯救，故可以见险而遂止。为汉文帝之抚南粤，而不为唐太宗之征高丽；为窦融之束身归汉，而不为马援之据鞍上马。斯以为知（智）。若时在阴阳交战倾危之际，畏难而不敢进，则为宋高宗之称臣于女真，与持禄全身保妻子之张禹、胡广。又其下者，闭户藏头，祸将自至，下愚不肖之尤者，何称知（智）哉！

王夫之认为，"险者天下之必有"，是无时无处不存在的。关键在于一是以什么样的心态对待险，二是善于区别是什么样的险。如果不是危疑纷乱之境而不必急须解决的，可以见险而止，比如汉文帝解决南粤问题，就深得其法；而唐太宗之征高丽，就显得过急，当止而未能止了。相反，如果处在斗争的紧急关头，在完全不该止的情况下中止，则是最大的失误，宋高宗向女真称臣，就是典型的事例。

汉文帝是如何抚南粤的呢？南越王尉佗，真定（今河北正定县）人，姓赵，秦时为龙川令（今广东龙川县），趁秦末之乱，占领桂林、象郡，自立为南越武王。汉高祖定天下，承认他为南越王，地与长沙国接界。高后时因关市铁器问题与长沙王结怨，自号南越武帝，发兵攻长沙，与中原对立。高后派兵征讨，无功而还。汉文帝即位，并不派兵，而是派使臣去真定，修复被毁坏了的赵佗祖坟。赵佗家有堂兄弟，文帝给他官职。然后派陆贾去南越，责问赵佗何以要自称帝号。赵佗谢罪，去帝号，表示愿长为藩臣。因为当时赵佗并未对刘汉王朝构成威胁，文帝以"见险能止"的和平方法加以解决，所以收到了良好的效果。

与汉文帝相反，唐太宗处理高丽却是另外一种态度，也是另外一种效果。贞观十六年（642年），高丽盖苏文杀高丽王建武，立武弟藏为王，自专国政，接着，高丽与百济联合，发兵攻新罗，新罗向唐求救。贞观十八年（644年），唐太宗决定出兵攻高丽，十九年二月，太宗留太子监国自统大军攻高丽，三月至定州（今河北定州市），四月渡辽水，拔盖牟城（在今辽宁抚顺市北），继而破辽东。六月，破白岩城（即今辽阳市东燕洲城）。于是以辽阳为辽州，盖牟为盖州，白岩为岩州。唐军到达安市（今辽宁海城南营城子），大破援军。九月，唐军久攻安市不下，加以天寒粮少，只好下令班师。王夫之在《读通鉴论》卷二十中评述其事说——

"隋之攻高丽而不克也，君非其君，将非其将，士卒怨于下，盗贼乱于内，固其宜矣。唐太宗百战以荡群雄，李世勣、程名振、张亮，皆战将也，天下抑非杨广狼戾以疲敝之天下，太宗自信其必克，人且属目以待成功，乃其难也，无异于隋，于是而知王者行师之大略矣。太宗自克白岩，将舍安市不攻，径取建安，策之善者也，而世勣不从。高延寿、高惠真请拔乌骨城，收其资粮，鼓行以攻平壤，而长孙、无忌不可。乃以困于安市城下而狼狈班师。夫世勣、无忌岂不知困守坚城之无益而阻挠奇计，太宗自策既审，且喜闻二高之言而终听二将以迁延，何也？唯天子亲将，胜败所系者重，世勣、无忌不敢以万乘尝试，太宗亦自顾而不能忘豫且之戒也。向令命将以行，则韩信之度井陉，刘裕之入河、渭，出险而收功；即令功堕师挠，固无系于安危之大数，世勣、无忌亦何惮而次且哉？"

王夫之批评的是唐太宗的亲征。如果不是亲征，各将无顾及"万乘"安危之忧，放手作战，自不致有此局面，而欧阳修则根本反对这次的出兵。他评论太宗李世民一生的功过说："其除隋之乱，比迹汤、武，致治之美，庶几成、康。自功征兼隆，由汉以来未之有也。至其牵于多爱，复立浮图，好大喜功，勤兵于远，此中材庸主之所常为。"唐太宗竟成中材庸主了。

对高丽无论是该不该出兵，或者该出兵而无需太宗亲征，都反映了唐太宗在这个问题上的处理过急，当止而未能止，所以就成了汉文帝的反面教材。

宋高宗赵构（1108～1187 年），徽宗第九子。宣和三年（1121 年）封康王，靖康二年（1127 年）三月，金人掳徽、钦二帝北去，在李纲、宗泽、汪伯彦等人的极力主张下，同年五月一日赵构在应天（今河南商丘市）即位，是为高宗，改年号建炎，从此开始了历史上的南宋王朝。

高宗即位，采取了一些缓和各方面矛盾的措施，稳定了局势。六月，李纲辅政，提出国是、巡幸、赦令等十议，在前段稳定局势的基础上着手惩办汉奸，表彰死节，裁减机构和冗员，招抚各地义民，构筑防御工事，沿黄河、淮河、长江设置帅府，总兵力达到九十六万七千五百人，别置水军七十七将。同时使江淮诸路造船，京东、京西造车，河北西路购马。另于陕西、河北等地新募兵十万，调大军轮番入卫商丘。用坚决主张抗金的名将宗泽为东京留守，知开封府。被掳的徽宗从敌营中撕下半只衣袖写回"便可即真来救父母"几字，一同被俘的邢夫人脱下手上金环，托人说："幸为我白大王，愿如此环，得早相见也。"于是高宗激愤，下决心要自留中原，与金人决战。

商丘虽然是宋太祖赵光胤建基之地，但毕竟不是理想之乡，而且面临前敌，不易防守，于是议论迁都。李纲提出去长安，他引历史的经验教训说："自古中兴之主，起于西北则足以据中原尽有东南，起于东南则不能复中原而有西北。盖天下精兵健马皆在西北，若委中原而弃之，陛下虽欲还阙，不可得矣。"宗泽比李纲更加激进，他主张仍回开封。当时金兵驻黄河北岸，与开封"金鼓之声日夕相闻"，但宗泽自有成竹在胸，他不仅屡败敌人的进攻，而且造战车一千二百乘，根据形势，于开封周围立坚壁二十四所，沿黄河建立"连珠寨"，连结河东、河北各山、水寨抗金民兵，陕西、京东、京西诸路人马也自愿听从节制，于是黄河成了抗金的天然屏障，而开封则是统帅诸路人马、联络各方抗金力量的前敌指挥部。宗泽认为，以开封为都，既显示了抗金的决心，坚定上下抗金意志，又能更好、更集中地调动全国各方抗金力量。但高宗没有这个胆略，听信汪伯彦等人的逃跑主张。"驾幸"扬州，接着便开始了对抗金人士的镇压，李纲三番两次阻拦迁都扬州。于是罢李纲宰相；太学生陈东为李纲辩护，于是杀陈东；抚州欧阳彻步行至商丘上书，于是又杀欧阳彻；许翰表示支持李纲，同情陈东、欧阳彻，于是被罢官；河北招抚使张所力主还都汴京（开封），被送岭南"安置"。轰轰烈烈的抗金热潮被镇压下去了。高宗怕宗泽在开封成了气候，又派投降派郭仲奇为副使，对宗泽进行监视，宗泽忧愤成疾，临死，反复念着杜甫的两句诗："出师未捷身先死，长使英雄泪满襟。"

高宗在一伙投降派的簇拥下离开应天南奔扬州，不想金兵从后追赶，于是马不停蹄，由应天而扬州，由扬州而镇江，由镇江而苏州，最后逃到杭州。以后又丧失多次反攻机会。绍兴十一年（1141年）十一月，宋金议和，金方提出"划淮为界，岁币银绢各二十五万，割唐、邓二州"为义和条件，高宗不敢违抗，绍兴十二年二月，宋高宗晋表于金，割地称臣，三月，金熙宗完颜亶派使去杭州，册封赵构为宋帝，从此"大宋皇帝"成了金的儿皇帝，勉强守着个残缺的半壁河山，在西湖之畔朝歌夕舞。正因为他在应天"畏难而不敢进"，所以才称臣于女真（金）。

十、关于《夬》

《夬》卦卦体《乾》下《兑》上（䷪），一至五爻全是阳爻，但"六"为阴爻。王夫之分析卦象说——

"为卦，阳盛已极，上居无位，下大办众志；

一阴尚存，而处之于外。阳已席乎安富尊荣，而绝阳于无实之地，以是为刚断之已至矣。乃阴终乘其上而睥睨之，阴固不能忘情乎阳，阳亦岂能泰然处之而不忧？故爻辞多忧，而《象辞》亦危。"

在《周易》的卦象中，阴总是不吉利的。阴虽然不吉利，但处于五阳之外，阳居天位，上下同心，形势大好，于是阳坐在富贵尊荣之中而对旁边的"阴"毫不介意。但"阴"并不甘心长处绝地，时时睥睨，等待时机起事。因为有这样一个基本的卦象，所以全卦爻辞多忧，而《象辞》也多危象。这就告诫人们，千万不能忽视小问题，小问题可以发展成大祸患。王夫之接着进一步发挥卦义说——

"阴之为德，在人为小人，为女子，为夷狄；在心则为利，为欲。处女子、小人者，置之于中而闲之；处夷狄者，抑之使下而抚之。若使亢焉化外，而徒摈之以重其怒，则其为忧危之府，必矣。以义制利、以理制欲者，天理即寓于人情之中；天理流行而声色货利皆从之而正。若恃其性情之刚，遂割弃人情以杜塞之，使不足以行，则处心危而利欲之乘之也，终因间而复发。二者皆危道也。故统帅群阳以摈一阴，而且进且退，终窒碍而不得坦然以自信焉。"

王夫之以为这样抽象评议意犹未尽，于是又联系历史事实发挥说——

"呜呼！天下岂有五阳同力，而不能胜一阴也哉！唯恃其盛而摈之以为不足治，乃不知彼之方逸居于局外，以下窥我之得失也。故三代以下为王者不治夷狄之说，自以为道胜无忧，而永嘉、靖康，凭陵祸发，垂至于祥兴海上之惨，今古同悲。野火之燎，一熸未灭，乘风而燹，岂在大乎？五王诛武氏，而三思犹蒙王爵；《要典》焚而冯铨犹以故相优游辇下，皆此象也。其在学者，则三月不违之仁，尤当谨非礼于视听言动之著见。伯禹戒舜，罔若丹朱；召公陈《旅獒》，拟之商纣。一私未净，战战慄慄，尤在慎终，可不戒夫！是以知夬者忧危之府也。日之朔，月之望，有薄蚀焉；盛夏之荣，有靡草焉。天地且然，而况于人乎？"

以小人、女子、夷狄比阴之德，这是古人的偏见，不足为训，但作为次要矛盾上升为主要矛盾的潜在危险，是值得高度注意的。王夫之是明末清初人，当时明朝已经被过去全不起眼的满清贵族所灭，确实是今古同悲，但作为亡国的遗民，不便明言清兴明亡之事，于是借古论今，笼统地说三代以下之不治夷狄，并举出西晋、北宋及南宋的灭亡作为经验教训。

永嘉是晋怀帝司马炽的年号。西晋永兴三年（306年），晋惠帝死，"太弟"司马炽即位，是为怀帝，改年号曰永嘉，历时十六年的八王之乱也宣告结束。但怀帝的命运并不比他哥哥惠帝好，由于西晋王朝长期处内乱之中，北方少数民族势力乘机而起，频繁向中原进攻。永嘉元年，汲桑、石勒攻破邺城（今河南安阳），火烧邺宫，大火旬日不熄。永嘉二年（308年）刘渊攻占平阳（今山西临汾），随后迁都平阳。永嘉四年，刘曜、王弥等攻京城洛阳，城内饥荒、秩序大乱。永嘉五年，刘曜再攻洛阳，杀官吏士民三万余人，火焚洛阳城，掳怀帝至平阳，封为阿平公。永嘉七年（313年）正月，汉主刘聪大会群臣，命怀帝着青衣行酒，侍中庾珉号哭，刘聪厌恶，遂杀怀帝，怀帝死，司马邺在长安即位，改元建兴。是为愍帝。当时长安已十分凋零，居民不满百户，公私车辆一共才四乘。建兴四年（316年），刘曜攻长安，愍帝出降，刘曜掳愍帝回平阳。刘曜大会群臣，命愍帝行酒洗盏，晋臣在座者失声痛哭。不久，刘曜杀愍帝，西晋亡。因为刘聪、刘曜都是北方少数民族，故王夫之归之于"不治夷狄"。

靖康是宋钦宗赵桓的年号。宣和七年（1125 年）十月，金兵在完颜宗翰、完颜宗望率领下分两路攻宋，宋将郭药师以兵三十万及燕山诸州县降金。宋徽宗赵佶见事不可为，准备逃跑，禅位给皇太子赵桓，自称道君皇帝，东逃亳洲，于是赵桓即皇帝位，号钦宗，改元靖康。

赵桓即位，群臣刚刚朝贺完毕，败兵从黄河北岸涌来，接着金兵渡河，钦宗害怕，也想逃走，李纲苦劝不从，最后因卫队不愿离开开封，加上城外已经有了金兵，钦宗害怕当俘虏，不得已才留在城内。

正月初七日晚，金兵攻宣泽门，李纲募敢死队二千人，英勇拼杀。金兵见城中有了防备，天亮后自行撤退。第二天，斡离派吴孝明为使，入城见钦宗，说以往诸事都不计较，现在少帝（指钦宗）登基，两国和好，可派亲王、宰相入营谈判，开价金五百万两，银五千万两，牛马万头，衣缎百万匹，割中山、太原、河间三镇之地，并以宰相、亲王为质。金人一面谈判，一面加紧进攻，以为威胁。李纲亲自督战，杀金兵数千人。但钦宗害怕，答应全部条件，下令搜括民家金银，自己也宣布减膳节用，费尽力气才筹得金二十万两，银四百万两。钦宗命令起草降书，称金主为"伯大金皇帝"，自称"侄大宋皇帝"，贡币、割地、人质，一如其言。十三日，命沈海持降书及三镇地图至金营，说明其他银两将陆续筹集交付，从此金兵住城外，日夜催促银两，钦宗在城内，百计筹措金银。徽宗见大局无碍，也回开封。因时间太久，宋兵各路援军陆续来到开封，竟达二十余万，而金兵才六万，于是战局重开。靖康元年（1126 年）十一月二十五日，金兵攻陷开封。三十日，钦宗亲往金营请和。金以别立新君相要挟，坚持割让河东、河北之地，索金一千万锭、银二千万锭，帛一千万匹，并指定取宫中少女一千五百人，押钦宗于营中为质。靖康二年（1127 年）四月一日，金人以牛车数千辆，分二路载徽、钦二帝及太妃、太子、宗戚四百七十余人北去，"凡法驾、卤簿、皇后以下车辂、冠服、礼器、法物、大乐、教坊乐器、祭器，以及官吏、内人、内侍、伎艺工匠、倡优、府库蓄积，为之一空"，史称靖康之耻。

祥兴是南宋最后一个皇帝赵昺的年号。南宋德祐二年（1276 年）三月，元伯颜攻破宋都临安（今浙江杭州），掳宋金太后及六岁的恭帝赵㬎北去。五月，陆秀夫等在福州立九岁的益王为帝，改元景炎，是为端宗。十一月，元兵入福州，陈宜中、张世杰等奉端宗乘海船南逃至惠州（今广东惠州市）。元兵追至惠州，又继续南逃至井澳（今广东珠江口外之中山南海中）大小横琴岛海湾间，遇飓风坏船，端宗惊吓成病，于景炎三年（1278 年）四月十四日死于今广东吴川县西南的小岛上。十六日，陆秀夫立八岁的广王赵昺为帝，杨太妃一同听政。五月，改元祥兴。六月，徙居厓山（在今广东新会县南海中）。

祥兴二年（1279 年）正月，元兵攻崖山。张世杰集结巨舰千余艘于海中，用大索连接，四周起楼棚，有如城墙，赵昺居于其中。元军几番攻击，舰队岿然不动。元军改用火攻，宋军大败。

二月六日，元兵开展全面进攻，从清晨激战至黄昏，宋军尸体堆积成山。陆秀夫背负赵昺投海而死，南宋亡。这就是"祥兴海上之惨"。

附　录：

国学贵在弘道

——忆石峻先生思国学使命

　　石峻先生（1916～1999）长期从事中国哲学、佛学的教学和研究，学术成就卓越，影响深远，是德高望重的国学大家和教育家。学界尊称他"石公"。他于1916年10月25日生于今湖南省永州市零陵区石山脚乡吾山里村。作为永州籍的同乡，我有幸在上个世纪80年代末期结识了石公，并在1990年石公回永州参加纪念李达诞辰100周年研讨会之际，正式行过拜师礼。从1989年到1999年，我与石公保持了十年的通信。特别是1995年夏天我在中央党校参加第三期校刊编辑培训班学习期间，石公多次不厌其烦地给我讲授中国近代哲学和国学。他那和蔼可亲的音容笑貌还时常浮现在我的眼前，他那乡音浓浓的永州家乡话还不断萦回在我的耳边，他那关爱同乡、提携晚辈、宽厚处世、人品高尚的哲人风范总是鞭策着我认真读书，用知识和智慧去战胜各种困苦。

一、百姓情怀

1989 年初夏我从家乡去北京办事，时任永州地区冷水滩市物价局局长的石凡写了一封信让我转交他哥哥石公，并托我带一块五公斤重的永州江华瑶族地方生产的樟树木板给石公，供切菜用。出发前，我打了一个电话给石公，他要我别带任何礼品，木板太重，要我在长沙转车时赠给省委党校的一位老教授，并顺便将这位教授借了他好几年的一本很薄的民国线装书《湘学略》带回北京。我都一一照办了。乘火车到达北京后，我打了一辆面的车直接开进了中国人民大学校内，并很快找到了石公家。走进去，我看到屋子四周和桌子上下都摞着厚厚的书。这些书是石公一生的钟爱，有上万本，他都一本本看过，被学界誉为"活字典"。一些难以找到的古籍记载，往往一问石公就能准确找到出处。我因为酷爱读古书和收藏线装书，所以与石公一见面交谈，就提起读书和藏书之事。石公是视书如生命的大学者和藏书家，他五十岁以前将所有收入几乎都用来购书和将业余时间全用在读书上了，以致没有多余的钱、时间和精力考虑婚姻大事，结婚相当迟。通过谈读书和藏书之事，一下子就拉近了我们的距离，使两个年纪相差五十岁的永州同乡成了忘年之交，建立了师徒关系。我告诉石公在北京期间，准备去国家图书馆查些古籍资料，于是石公主动将他的大学同学、从 1987 年起担任国家图书馆馆长的任继愈先生介绍给我。并建议我明年（1990年）报考人民大学哲学系硕士研究生，以便将来有机会跟他或任先生攻读博士学位。石公说，他与任先生都是1934年考入北京大学哲学系的，熊十力、汤用彤、贺麟、钱穆诸教授是他们的授课老师。入学时全班有11名学生，到毕业时只剩3人，而他和任先生便是这3人中同寝室最要好的志同道合者。在石公的学术道路中，对他影响最深的也许是大学三年级的那次经历。1937年"七七事变"后，北大南迁，石公随校辗转至湖南衡山脚下的北大文学院，期间石公步行回距离学校很近的家乡看望过亲人，半年后文学院又迁往设立在云南蒙自县的西南联合大学。当时他21岁。他与240多名北大师生一道，组成湘滇旅行团，从湖南长沙经广西到云南昆明，风餐露宿，徒步跋涉1300多公里，历时两个月。途中，他耳闻目睹了中国西南地区的落后和贫困，与此同时，也深深感受到中国老百姓的顽强的生命力，而这一切促使他思考：最底层的老百姓承受着无数的苦难，却依然坚贞不屈；中华民族有非常坚定的信仰，有很强的凝聚力，是什么样的力量在支持着这个五千年的文明古国不怕风浪、傲然挺立？石公对我说："我相信做学问，要有爱国爱民之心，不能离开哺育我们的祖国大地。我后半生之所以集中精力研究中国近代哲学，就因为中国近代史最能激发爱国心。从此，我带着一种百姓情怀来探究中国哲学。"而这种"百姓情怀"也贯注在他一生学术研究之中。他特别欣赏平民哲学家慧能大师，多次叮咛我下工夫读懂慧能的《坛经》，正是这种百姓情怀的体现。

二、恩师情深

石公帮我设计的报考人民大学哲学系的硕士研究生，以便有机会跟他或者任先生攻读博士学位的理想，由于我大学毕业呆在远离北京的湖南家乡而成了永远难圆的美梦。尽管在北京的一些湖南籍好友当时无私地想帮我圆梦，如现任中国人民大学哲学教授的李萍师姐帮我寄考试用书和资料，并一再写信要我克服困难树立信心。但我还是在现实的巨大压力下退缩了。现在回想起来，在从湖南迁入北京的前二十年时间我的工作、学习和生活确实经历了太多的苦难，如我服从组织安排忘我工作却无端地被势利小人嫉妒而遭到莫须有的陷害、我业余时间拼命读书却患上严重疾病动手术几乎走上死亡，仕途不顺、身体患病，一次次毁灭性的打击，让我从小就喜好的易学成了我每天都离不开的安身立命的精神食粮。"生于忧患死于安乐"学说的倡导者、有浩然正气的孟子成了我发挥主观能动性向苦难抗争的精神领袖。我所在工作单位的优秀同仁诸如廖名春、严衡山、黄盛华等一个个通过考博士或者提升官职而离开湖南，我却悲哀地因为担任领导副手、熟识业务而不允许报考外地的博士生招生考试，使我终与石公、任先生两位国学大师的"门内弟子"——他们的博士生擦肩而过，成为终身遗憾。石公知道我的处境，多次写信给我鼓气，要我低调做人，提醒我不要笨鸟先飞：当今之世，不到三十岁当上处级领导并非好事情，累坏了身体、耽误了学业，又引起周围的人嫉妒就麻烦了。石公认为我作为永州之野的瑶民后裔，从小在山中长大，为人直来直去容易吃亏，建议我放弃行政职务，专心读书做学问。石公乐观地对我鼓励说："你年纪轻轻就有忧国忧民情怀、又受中医之家的熏陶爱好读古书，只要静下心来下一番苦功夫，是可以学有所成的。"石公用我们永州历史上出了两位大哲学家周敦颐和李达为例，激励我以中国哲学为研究方向。为此，石公教了我学习中国哲学史的具体方法：先从精读原著入手，儒、释、道、法、墨、兵六家的著作可选读：朱子《四书章句集注》、郭朋《坛经校释》、河上公《老子章句》、王先慎《韩非子集解》、孙诒让《墨子间诂》、宋本《十一家注孙子》，这些书要选中华书局出版的，其编校质量是最可靠的。当然，若有线装古本和影印本的，最好直接读线装书和影印书。同时读两套系统的《中国哲学史》教材，石公推荐我读张岱年先生的《中国哲学大纲》和任继愈先生主编的四卷本教材。在与石公交往的十年中，石公赠送了我三十多本书，其中有他主编的16本《中国佛教思想资料选编》、2本《汉英对照中国哲学名著选读》，我在我的博士论文后记中专门记录了石公赠我书的事，这是石公关爱同乡、提携晚辈的高尚品德的写照。我虽然没能成为石公的门内弟子，但我比他的一些门内弟子享有了更多的教诲，因为我那时远离北京，在湖南家乡工作，所以石公多次在百忙之中给我回信，回答我打电话询问的读书碰上的一些难题，一共大约有9封之多，这些书信曾令石门高足、我的好友杜寒风、杨庆中兄长羡慕不已。可惜我这20多年多次搬家，原托我母亲替我保管的一批信件在大批量托运书籍时丢失了，中央党校博士生冯建辉、顾建军在帮我整理我的藏书时，在一些书的书页里发现了石公、任继愈、张立文、陈谷嘉、刘大钧、罗炽诸教授给我的信的信封，但信封内的书信皆不在了，他们皆叹息不已。今天，我在中央党校从事中国哲学史的教学并成为该校首位中国哲学专业的博士生导师，这无疑是与石公多年培育分不开的。我多年来受惠于石公的教诲与石门弟子的帮助甚多，他们的深情厚谊永远是我前进的无穷动力。

三、贵在弘道

石公一生淡泊名利，他曾经帮助许多向他求教的学者无私提供自己的思考心得、修订写作提纲、反复修改论文、查寻相关资料，但从不让这些学者在书中感谢他，更不愿署上虚名。1997年夏天，我去北京聘请校刊顾问，给石公颁发了聘请书后，石公留我在他家一起吃晚饭，碰巧遇上我认识的一位中青年学者，这位学者当时正在写作其一部今天已出名的著作时，遇上困难写不下去了，来石公家寻找灵感。石公听了那位学者的提问后，竟然将自己准备写成文章的一些十分珍贵的思想毫不保留地贡献出来，后来这些思想被那位学者完全采用，写进了自己的书中，成了书中亮点。那部书获了奖，石公很高兴，但那位学者竟然对石公的观点只字不提。我心中不快，打电话问石公，石公说虽然这些思想火花是他启发那位学者的，但自己当时的想法也不够成熟，这位学者写出来的却是系统而成熟的思想，是下了功夫的，不应该去讨功劳。石公对我说，学术是公器，贵在弘道，不在追名逐利。我问他什么是中国哲学的道？石公回答说："中国哲学中的儒、释、道、法、墨、兵等各家都讲道，只有融会贯通，打通儒、释、道，才能悟出真正的道，这个道是大哲理，孔子说朝闻道夕死可矣，古代圣贤求道传道的精神可嘉啊！"石公进而指出，条条道路通罗马，我们研究中国哲学史一定要掌握科学的方法论，坚持唯物史观，心胸开阔，不要拉帮结派，乱扣帽子，要为民族振兴提供积极向上的人生哲理，这才谈得上弘道。石公说他经历过八年抗日战争那段历史，深深体会到一个民族落后了就会被外族欺负。所以他们这一代人通过血与火的洗礼懂得了个人的事再大也是小事，国家和民族振兴才是大事，一个哲学工作者应该知行并重、注重自身修养，自觉舍弃自私自利，致力于求道弘道，而不是为了个人扬名才写书写文章，如果仅仅为了图利还不如去做生意，没有必要附庸风雅。

1999 年 4 月 15 日石公在北京病逝。当时我正在国外开会。回国后，我马上组织纪念文章，特邀杨庆中兄长撰文介绍石公的哲人风范、高尚品德。记得在这篇文章的标题右侧，我还特别安排了一幅我与石公的合影，以表达我对恩师的缅怀之情。我还打电话给人民出版社哲学编审方国根兄长，让他出面请张立文教授为我刊撰写纪念文章。因为我深信石公虽然离我们远去了，但他的精神风范与日月同辉。一代国学宗师石公将永远活在我们的心中！

后　记

　　我在党校系统工作 20 余年，国学始终是我研究和讲课的重要内容。国学是活生生的能塑造民族之魂的中华文化，不是失去生命力的"老古董"，所以我不主张用"中国古代的文化"和"中国传统的文化"来狭隘地与"国学"一词对等、混同！时下"古代的"与"传统的"这些词与"过去的"、"过时的"、"陈旧的"、"落后的"几乎同义。这是近代以来，长期用西方话语体系研究中国文化的产物。当今伴随着全球性的生态危机和人文危机，中华文明的固有价值又重新得到全世界有识之士的重视，正昂首走向复兴之路，所以作为炎黄子孙我们必须改变歧视国学的做法。

　　不错，国学产生于中国数千上万年的传统文明的沃土之中，与传统有割不断的血脉，至今仍然生机勃勃，是全世界中国人的同根同源同种文化。这种中国文化不仅曾经创造出世界一流的"中华礼仪之邦"，而且必将再创未来和谐中华之辉煌！

　　为振兴国学，建设好中华民族共有的精神家园，早日实现复兴中华民族的中国梦，我在世界生产力科学院院士、华民慈善基金会理事长卢德之博士、"理解万岁"口号提出者刘勇部长、中央民族大学熊坤新教授、中纪委陈铭主任、国务院参事任玉岭研究员、河北省委办公厅刘晓军秘书、中石油川庆党委李爱民书记、岳阳市委讲师团蔡吉跃副主任、濮阳警察装备研究所李章云所长、永州历史文化研究会伍志军会长等诸位友人的鼓动和支持下，将多年来与各级领导干部、企业家、研究生上课的讲稿选择一部分整理成册，交出版社公开出版，以扩大受众范围，满足社会各界人士"学国学、用国学"的需求。这些讲稿虽然还有许多不尽人意之处，无奈杂事纷纷，也暂且如此矣。

　　我所在的单位是一支优秀的团队，李晓兵主任常说："我们哲学部人才济济、藏龙卧虎，个个身手不凡。"此言不虚，多年来通过与诸位前辈、同仁的学习交流与学术探讨，使我受益匪浅；华民现代慈善研究院理事长、著名湘籍出版家卢仁龙先生慷慨地赠予我一套其负责编辑的影印本《古今图书集成》，为我的研究提供了极大的方便；平时联系不多但却让我倍感亲切的一些湖南籍同乡高贤，诸如黄大赛、黄震、金潇明、李萍、李新华、梁绍辉、廖墨香、廖阳生、刘海藩、屈冬玉、孙圣翠、唐铭炜、唐中明、滕文生、万俊人、伍芷仪、肖君华、徐晨光、杨仁里、张超金、张国骥、赵安民、周逢民、周文毅等良师益友，以及与我共同探讨交流过国学问题的曹松、陈绍官、陈振宇、方国根、郭彧、郭志民、贾传宏、李朝辉、李学勤、林忠军、刘洪浩、马宝善、丘亮辉、秦升益、任福民、孙熙国、盛岩、王保庆、王国政、王俊龙、杨庆中、于泳、张传芳、张其成、赵清文、周志茹、朱宝玉等诸位先生大德（以上排名皆按姓氏拼音字母的自然顺序，有些好友对我帮助很多却不让提名，只好作罢），他们在我的学习、工作和生活的各个方面都给予了热情关心、无私帮助和大力支持，有的用闪光的智慧帮助我走出理论思维的困境，有的在我突发疾病和情绪低落时雪中送炭关怀备至，有的慷慨馈赠我研究急需的珍贵资料及其大作，有的不辞劳苦积极出面去解决我所遇到的现实难题，有的直接参与料理我父亲的后事等等，使我能静下心来写作和修改书稿；中央党校第50、52期省部班（"战略思维与领导能力"研究专题班）的学员、巡视员、组织员、项目组指导老师们对本书中的若干内容提出过一些富有启迪的修改意见，胡和平书记提供了十分珍贵的《清华大学藏战国竹简》（一、二），齐三平将军提供了难得的线装本《孙子兵法》，傅惠民、顾军、韩晓武、怀进鹏、秦保中、吕滨、雷鸣山、李昌平、林蕙青、孟晓驷、潘逸阳、齐平景、沈南宁、宋太平、王汝鹏、王晓翔、王毅、徐谦、张建国、周福启和诸鑫强诸位领导在与我交流探讨问题时亦对我的写作给予了殷切鼓励和关心，在此一并致谢。

　　此书之问世，还要感谢中央党校、湖南省委党校、湖南师范大学、中国人民大学有关领导、师友们的多年关心和帮助，感谢中国领导科学研究会、中国自然辩证法研究会、中国伦理学会、国际儒学联合会、国际易学联合会、华民慈善基金会、华夏国际易道研究院、长白山书院、无极书院和太湖书院诸方家同仁的大力支持，尤其要感谢我读研究生、博士生和博士后的传道授业恩师罗国杰、唐凯麟、李志逵、刘普生、刘湘溶、张怀承和姚新中先生。这七位哲学家的深厚学养和孜孜耕耘精神，永远都是值得我学习的。我读中学和大学的诸多任课老师诸如邓立勋、毛海如、吴珏、杨景文等先生对我谆谆教诲、帮助极大，让我至今仍在受益。北京思存文化传播中心的同仁大力弘扬国学，为推动本书顺利出版发行，做了许多艰苦而细心的工作。中国书籍出版社相关领导和资深出版人于建平同志，对本书精心策划和编辑，亦是功德无量。

　　我的父亲为千家峒瑶族后裔，有很深的民族情结，行医50多年，经常为贫困病人义务采草药治疗，一生行侠仗义，做人直来直去，生活十分简朴，是一个历经苦难却安贫乐道之人。他从小练就好武功，十几岁就参加湘南剿匪，曾日行百里爬山涉水帮助区长送文件，被土匪暴打而坚贞不屈。后来他被组织保送衡阳学医，在湖南千家峒成立新中国第一家瑶族卫生院，并出任首任院长。在"文革"动乱年代为捍卫瑶族同胞的切身利益，率先组织山峒战团，是现代千家峒运动的重要倡导者和实践者。武汉大学著名民族和宗教哲学家宫哲兵教授在其名著《千家峒运动与瑶族发祥地》第 32 页中特别提到了我父亲的名字，并充分肯定了这一举措，为其平反昭雪。我父亲因为山峒战团而蒙冤几十年，他常常用陈毅元帅的一首诗自勉："大雪压青松，青松挺且直。要知松高洁，带到雪化时！"因为"文革"中高压在他身上的莫须有帽子一直在折磨着他，让这位真正"高洁"之士不得不把冤屈深深埋在心中！然而，尽管受着冤枉气，可他从不气馁，走到哪里就行善到哪里，有几份热就发出几份光。永州籍晚辈石尖董事长在致悼辞时亦高度评价了其曲折而光辉的一生。受其影响，我们全家都崇尚朴实做人、与人为善的瑶家美德，宁可别人负我、我决不去负别人。有缘就自觉珍惜、无缘也表示理解，哪怕被人误解也要去积极做好该做的事情。父亲希望我能博览群书静心做学问，反对去作秀似的满天飞讲课和放弃人格跑课题（有的学者因热衷于商业演讲和跑课题赚钱，从"人才"退化成"人渣"，十分可悲！）。因为在他看来简单而朴实的生活，才真正是美好心灵的安顿之所。在人性和诚信缺失的年代，保持一颗向善、感恩和淡泊之心，不求世人理解，只要内心无愧即可。父亲时常告诫我："能与人为善，心胸开阔，甘于寂寞，发奋读书，勤奋写作，才是好学者！"此书初校毕，正值壬辰年的中秋，而父亲已经仙去，永远的离别让我伤感万分，不禁望着明月吟起一首旧作：

水调歌头·中秋寄台湾友人

人世有烦恼，笑问广寒仙。繁星布满天阙，难数又移迁，寄语天涯黹夜，尽是红尘旧梦，何处听乡音？天地一沧海，隔岸几人咽！人不寐，晓风卷，又黎明。麓山呓语，残月还是照书园。曲断高山流水，歌罢枫桥夜泊，万事去云烟。游客望归雁，相忆又一年。

斯巳年初夏终校于艮止斋